本书的出版得到了成都大学思政专项与武侯区城市社区政治生态研究项目的资助，本书也是成都大学人文社会科学高级别科研项目"'三治'融合下的基层社会治理要素研究"（2021GJBKYXMPYJJ01）与"成都市社区政治生态建设的理论与实践"（CDQL202402）的阶段性成果。

县制与县治

四川新县制的实践研究

（1939—1949）

樊英杰　著

人民出版社

责任编辑：陆丽云　刘　畅

封面设计：汪　莹

图书在版编目（CIP）数据

县制与县治 ： 四川新县制的实践研究 ： 1939—1949 ／ 樊英杰著 . -- 北京 ： 人民出版社，2025. 5. -- ISBN 978 - 7 - 01 - 026902 - 3

Ⅰ．D693

中国国家版本馆 CIP 数据核字第 2024G4W524 号

县制与县治：四川新县制的实践研究（1939—1949）
XIANZHI YU XIANZHI SICHUAN XINXIANZHI DE SHIJIAN YANJIU (1939—1949)

樊英杰　著

人民出版社 出版发行

（100706　北京市东城区隆福寺街 99 号）

北京汇林印务有限公司印刷　新华书店经销

2025 年 5 月第 1 版　2025 年 5 月北京第 1 次印刷

开本：710 毫米 ×1000 毫米 1/16　印张：22.25

字数：308 千字

ISBN 978 - 7 - 01 - 026902 - 3　定价：108.00 元

邮购地址 100706　北京市东城区隆福寺街 99 号

人民东方图书销售中心　电话（010）65250042　65289539

目 录

自　序

一

　　自 2012 年开始读博士，进入专门史研究领域，我一直在寻找适合的选题。读博期间，我曾经在成都市档案馆和四川省档案馆查阅过各类档案资料，尤其关注清末民国时期的地方档案。当时想过做国际法与晚清成都——以私立华西协和大学为主的考察，以及以成都请愿警为例的四川警政制度，但因各种原因只写过一些小论文，没有成为最终的博士论文选题。2013 年，似乎是上天的安排，导师里赞教授立项国家社科基金重大项目"民国荣县档案的整理与研究"。作为辛亥首义县的荣县因地处四川省内陆，基层档案未在战时遭到过多破坏，留下的档案资料较为完整，涵盖县政府、县参议会、县党部、秘书处、民政、司法、兵役、教育、法院、商会、财税等不同类别的档案材料。师门为突然能够接触到大量档案材料作为研究资料感到兴奋。在面对丰富的第一手新材料所带来兴奋感的同时，另一个问题来了，我应该以什么主题作为我的研究方向呢？

　　出于对制度条文的敏感，在翻查档案过程中，我发现了很多从上至下整整齐齐的各类公文。在各类公文、函件、图表、簿册等文书资料整理过程中，一种交织于制度中的网络呈现眼前，这让我对制度与实践有了新认识。尤其是 1939 年民国新县制推行后，1940 年正式在四川公布实施，档案中可见自中央发布到省、行署、县政府及以下乡镇、保甲等关于新县制推行的具体政令与文书，也有县级社会及以下乡镇、保甲甚至士绅个人等对新县制实施过程中的实际反映与上呈公文。档案中对新县制推行过程的记录，既有县政府、区署或保甲自行制定的相关制度，又留存有来自中央及省、行政督查专员公署等自上而下各层级政权组织所发布的训令、规章及制度等誊抄。这一系列材料的呈现为制度史研究提供了可资比较的素材，为基层社会制度与实践研究提供一动一静双层样本。

传统中国社会，县之下区域一般而言是不设治的。维持治安、保证交通、征集赋税一般由地方精英或宗族、乡绅配合州县予以解决，多数县以下民众在这类"无为而治"的"自治"范畴下倒也相安无事，和谐有序。但近代以来，新的来自西方的"制度"不断引发一种质疑——中式这种"无为"自治是否"合理""科学""有序"？因此，以"师夷长技以制夷"为初衷开展的清末新政从学"器物"到寻求"体制"之变，构建城乡地方自治体制也成了清末在基层的制度求新。虽然清末颁行的《城镇乡地方自治章程》和《府厅州县地方自治章程》并未成功施行，但终究是在国人心中埋下了种子。

之后，历经北洋政府、南京国民政府，又先后遭遇大的战事，尤其是抗战的爆发，使得由中央至基层均经历巨大创伤。自1929年南京国民政府颁布《县组织法》作为首部关于县行政制度的正式法律，试图重整县级社会的行政力量，加强基层政权建设，然而，在全国若干实验县、实验村推行后，感觉基层政权建设并不如当初所想。随着1937年之后战事的加紧，对基层资源的整合需求越发迫切。在《县组织法》实施不到10年时间里，行政院开始酝酿新的县行政制度。此时淞沪战场打得热火朝天，1937年10月29日，中国国防最高会议召开，蒋介石作了题为《国府迁渝与抗战前途》的讲话，明确提出迁都重庆，以四川省为抗日大后方，继续抗战。

抗战时期，国民政府为利于基层资源汲取，重新统筹基层社会，于1939年9月19日行政院公布《县各级组织纲要》（以下简称《纲要》）推行了以新县制为中心的基层县制改革。作为大后方的四川省是全国较早开始施行和重点推行新县制的省份。四川省自1940年开始在全省范围内推行新县制，并取得相当成绩。美国电影公司曾入川拍摄新县制"模范县"的宣传片，供全国范围内推广学习。四川省于《纲要》颁行后不久旋即制定了《四川省县各级组织纲要实施计划》《四川省实施县各级组织纲要三年计划大纲》以及《四川省县各级组织实施纲要实施上补充注意事项》。按照新县制推行的要求，在四川省内全县实施，预计于1940年3月—1943年7月完成。

本书立足民国时期的四川省，根据省政府、省参议会到基层县政府、县参议会、乡镇、保甲档案资料中有关的代电、布告、法令、条例、规则、办法、训令、指令、命令、批示、呈、报告、计划、笔录、传票、保状、判决、裁定、函件、图表、簿册、会议记录等文书资料的记载与整理，辅以个别案例、地方志、地方文史资料、社会调查报告、报纸与期刊、专著及部分演讲稿等，分析新县制推行的理论背景、实践过程及现实意义，进而深刻认识当时的基层社会面貌，为理解当时新县制改革过程中的国家与社会关系变迁提供了较好的契机。

二

本书以民国新县制在四川的实践为主要研究对象，通过县制改革了解新县制如何开始。从新县制前后的基层政权变化观察基层权力如何运行，以此形成基层行政权力结构基本面上的观察。通过县级以下基层公务人员的构成、选拔、考核、被控等实践，从点上观察个体与个案在基层社会因新县制推行所产生的变化及受到的影响。通过基层社会中以"保"和"甲"作为"户"（家庭）之上的微单元，观察其在新县制施行前后的变化，尤其是在重新编组保甲后形成的对基层社会的影响。通过基层社会救济与抚恤体现出新县制前后，在国家力量缺失下，基层社会组织自发形成的团结与互助。通过新县制在四川基层县域社会所形成的实践，反观社会转型过程中基层自治共同体的形成。

本书适合于关注中国近代史、基层社会、中国法制史、政治制度史等相关研究领域的读者，对四川省地域制度与文化感兴趣的读者，以及对县制问题与县域治理有兴趣的读者。本书具有如下几个特点：第一，史料珍贵：大部分第一手史料来源于1939—1949年期间，是新县制在四川省基层县域社会推行时所留下的原始档案材料整理而形成的制度文本资料。第二，注重个案研究：对新县制在四川省实践的细节性展示，以真实历史档案为支撑，以个别县域社会下的乡镇保甲或个体案例为对象，突出新县制推行过程中在四川省基层社会实践的个案。第三，全景式展示：以四川省县域基层社会为主体进行考察，展现出静态新县制改革中的制度下沉与动态基层社会治理实践的互动，希望尽量展现新县制在四川实践的部分经过。

本书的研究方法立足以微观视角对某一区域范围内进行观察与思考。因受地区范围与差异之限，不可能实现以追求普适意义的结论为目的，这也使得许多制度在"因地制宜"的背景下开展实践变得更有意义。在对材料与文本处理方面，之前因忧虑区域史研究是否会造成与宏大历史环境的割裂与分离，不具有整体意义的表述是否会让读者的阅读兴趣与热情消退。这些担心使得我对某些文本和材料处理考虑得有些"裹足不前"。但随着思考与写作的深入，逐渐发现正是小人物的经历与自下而上发生的各种故事，才可能支撑起宏大的历史叙事与时代趋势。这不仅是微观史研究的乐趣，也是展现基层社会变迁的时代价值与历史意义。

三

不得不说，博士期间的积累与博士论文的完成是形成这本书的主要基础。博士毕业后，进入新的高校工作，工作的转型与忙碌，加之一直觉得博士论文并不成熟，也未有出版的念头。直到 2020 年，我得到国家留学基金委公派博士后项目的资助，到德国哥廷根大学做博士后。这让我开始有了一段自由的时间和空间，重新从历史视角思考近代以来中国传统县域社会转型过程中的制度变革与治理实践问题。之前的博士论文在立足于荣县研究基础上，经过整理、补充和反思，我将观察视角扩展到战时大后方四川省，且放置于全国这一宏观背景下，考察推行新县制的实践状况，同时结合以四川省境内的县作为微观的观察方式，完成了对本书的整体构思。

本书得以成型首先要感谢我的博士导师里赞教授。里师之恩，"譬如大云，起于世间，慧云含润，雷声远震"。若没有他引我入博士研究的大门，也许我也不会选择走上一条以读书作为生活方式的道路。在写作过程中，我还要感谢在德国做博士后期间的导师施耐德（Axel Schneider）教授。教授为我博后期间开展研究提供办公空间与自由氛围，为进一步查阅资料进行学术研究提供诸多方便，在德期间参加的学术会议与讲座也潜移默化地助我有所思所悟。读博士期间我还受恩于四川大学历史文化学院与法学院、西南民族大学法学院、四川师范大学历史文化学院、成都体育学院等诸多教授与老师们的点拨、关心与支持，他们的启发都使我获益匪浅，当铭记于心。

本书得以出版还要感谢思政专项资助与成都大学的领导和教授、师友们的支持与鼓励。本书亦是成都大学人文社会科学高级别科研项目"'三治'融合下的基层社会治理要素研究"（2021GJBKYXMPYJJ01）的阶段性成果。人民出版社的陆丽云老师、刘畅老师等为本书的出版付出了辛勤的劳动，谨申谢忱。查阅资料与档案过程中得到四川省档案馆、成都市档案馆、荣县档案馆、四川省图书馆、四川大学图书馆等单位的领导与老师们所提供的方便，谨致谢意。最后，我要深深感谢我的家人，他们一直默默地在精神和物质上支持我的任何决定，包容我的任性，给予我最大的支持与谅解。

　　本书试图以新县制在四川县域社会的实践所提供的一种视角来反观国家与社会关系。在历史宏大叙事的背景下，希冀借助多种史料进行微观场景的观察，以求对新县制推行这一历史事件进行场景式描述，尽力还原新县制推行过程中四川县域基层社会的真实制度呈现、治理状况与基层实践。本书的成型也希望融入我们之前所做的相关地方档案整理、研究与出版系列，为之后进一步开展微观史研究发挥些许作用。尽管我心存这一努力方向，但可能仍会有未尽善之处。

　　当然，写作过程中所出现的一切谬误都由我自己负责，尚祈读者指教。

樊英杰

2024 年 4 月

绪　论

第一节　研究缘起

近代以来清末新政及地方自治的推行并未成功，北洋政府统治之下的川省地方多年又处于军阀混战状态，使得川省县级以下基层政权一直不太稳定。"二刘大战"之后，1933年刘文辉败走西康，刘湘暂时统一川政。1935年，蒋介石借"围剿"红军之机，对川军进行整编，中央军势力入川，南京国民政府统一川政。川政统一之后，国民政府在川仿效鄂、豫、皖等省缩小政区的办法，把四川划分为18个行政督察区及西康行政督察区。基层政权再建设成为了统一川政后基层治理的首要任务。新县制改革的推行在此背景下展开。1939年已迁都重庆的国民政府颁布《县各级组织纲要》（附件1-1，后文中均简称为《纲要》），试图在全国推行新县制，重新划分乡镇，选任基层公务人员，编组保甲，开展基层防务与社会救恤等方面的改革。蒋介石兼任四川省主席期间在四川尤着力推行。对于重庆国民政府政权最后十年所推行的新县制在基层是如何施行的，其效果如何，从目前历史学、政治学、社会学、法制史等方面的研究看来，尤其是落脚到具体县域范围内，以一省所辖县为主要对象来进行观察的相关研究着墨较少。因此，新县制在县域地方的实践情况是一个值得研究的课题。

四川省诸多县虽地处内陆，仍然积极参加革命，亦有可圈可点的典型县为例可资观察。清末民初，四川保路运动和保路同志军起义成为辛亥革命的又一导火索。在保路运动中，荣县人吴玉章、龙鸣剑和王天杰组织发动的反清武装起义使四川产生了辛亥首义县——荣县。该县于1911年9

月 25 日宣布独立，彼时中华民国临时政府尚未建立，荣县成为民国基层政权组织中具有代表性的首义县。清政府被推翻后，地处内陆的四川再次因战事对人财物的需求激增，重新整合基层资源成为中央开展县制改革的重要动因，使得四川在民国时期又成为基层县制改革的内陆大省。川政统一后，四川省按照"南昌行营"颁布的《"剿匪"省份各县政府裁局设科办法大纲》及《"剿匪"区内各县编查保甲户口条例》等法规，对县及以下机构进行调整。各县政府实行裁局改科，除专员兼县长的县份外，其余均设三科，第一科掌理民政，第二科掌理财政，第三科掌理建设和教育。抗战以后，因要实行征兵，于是 1938 年 7 月在民政科之下设兵役股，后改为兵役科。1939 年 9 月《纲要》颁布后，10 月蒋介石兼理川政，四川省各地在其指挥监督下筹备《纲要》的实施，新县制在四川省正式推行。

蒋介石兼理川政期间，先后召集过两次行政督察专员会议，拟定《四川省县各级组织纲要实施计划》（附件 1-2），以为川省实施新县制的准备。预计自 1940 年 3 月 1 日普遍实施，预定三年完成，为如限完成，又制定《四川省实施县各级组织纲要三年计划大纲》（附件 1-3）及《四川省县各级组织实施纲要实施上补充注意事项》（附件 1-4），以为分期推进的准则。第一期为自治准备时期：以调整县以下各级组织纲要、培养基层干部、健全行政机构为中心，自 1940 年起至 1941 年 6 月止。第二期为自治培养时期：以组织民众、训练民众及完成地方自治所必需之事业条件为中心，自 1941 年 7 月至 1942 年 12 月止。第三期为自治开始时期：以建立自治组织、推行自治业务、发展自治技能，以进于地方自治之确立为中心，自 1943 年 1 月起至同年 7 月止。每一期之工作要项均可在三年计划大纲中见其详细制度规定。

因蒋介石兼理川政，使得新县制在四川省的推行先于全国，且成为重点推行省份。四川省自 3 月 1 日起开始实施新县制，而其他各省有的自 7 月 1 日，有的自次年元旦始推行。不仅时间当先，就其推行范围而言，四川省系全县实施，其他各省则只选择几个县份去试办，然后逐渐推行到其他各县。四川多县还因推行新县制得力被评为模范县。四川在新县制推行过程中的所作所为及其成效，为了解这一重要的历史事件与历史活动提供了一个不可多得的样本。

为何新县制在四川省推行既时间当先，范围又普遍？用当时主持川省民政工作的胡次威的话来讲，"由于委员长兼理川政，很希望全川早日实施新政，俾为各省模范的缘故"①。而川省实施新县制的具体计划则分为两方面。第一，调整县以下的各级组织：3月改组县府、4月改组区署、8月以前改组乡镇、12月前改组保甲。第二，实施管教养卫：乡镇保改组以后，乡镇长兼中心学校校长、国民兵乡镇队队长，保长兼国民学校校长、国民兵保队长，施行三位一体。②

以四川省作为新县制实践的研究对象，不仅因其作为内陆地方曾经发生过许多重要历史事件，还在于川省范围内多个县的地方档案得到发掘及整理，无疑也为区域地方社会制度及实践研究提供了令人兴奋的新材料。清末民国时期的四川地方档案因地处内陆，未被战争完全毁损，保存较为完整，基层县域内的档案其时间跨度从清末民初直到新中国成立，涵盖整个国民政府时期。其中，抗战时期内迁大后方、新县制推行时期的地方档案较为丰富，尤其是此时期内县级基层政权组织、基层制度建设、基层公务人员的选任、民间团体组织、社会救济与抚恤等各类材料中均有国家制度的下渗与基层制度的建立所留下的痕迹。以四川为样本所窥视的新县制在基层的实践，国家制度如何深入基层，对县及以下政权组织的影响如何日渐增大，基层制度的脉络如何逐渐清晰，为我们进一步研究基层制度与治理问题提供了难得的史料。

此外，基层社会治理不仅是一个制度与实践的问题，也是制度变迁延续性的问题。制度因其根源于深厚的历史文化资源而具有本源意

---

① 《采访四川省民政厅长胡次威》，《地方自治（成都）》1940年第1卷第6期。
② 《采访四川省民政厅长胡次威》，《地方自治（成都）》1940年第1卷第6期。

义。①"县"作为中国古代的初级政区，无论朝代更迭后的政权结构怎样变化，它始终作为基层社会的主要形式保留下来。清末以来，改变了传统社会在县以下不设治的状况，开始建立各种区乡行政。胡次威曾经在《民国县制史》中对民国的县行政制度与区乡行政制度进行过详述。② 因此，以历史沿革而论，"县制"一词常用来指称中国各个历史时期的基层行政制度，包括县级行政及县以下的区乡行政。

从基层档案中所发现的新县制改革推行过程中的记录，既有县政府、区署或保甲自行制定的相关制度，又留存有来自中央及省、行政督察公署等自上而下各层级政权组织所发布的训令、规章及制度等的誊抄。这一系列材料的呈现为制度史的研究提供了可资比较的素材，为基层社会的制度与实践研究提供了一动一静双层样本。在各类公文（代电、布告、法令、条例、规则、办法、训令、指令、命令、批示、呈、报告、计划、笔录、传票、保状、判决、裁定）、函件、图表、簿册等文书资料的整理过程中，一种交织的制度网络呈现于眼前，从而对国家制度与基层实践有了新认识。

"以史为镜可知兴替"。若要深入理解县级社会行政权力的性质，及维持并强化这个权力的制度因素，需要将这一机制放置于历史和制度结构这一大背景之下，对目前现存的县级基层政权建设进行"历史性因果关系"的梳理，才可能对当代中国社会中的县级政权的发展路径、制度变迁、社会治理及未来方向有较为深入的理解。由于基层社会群体存在着空间上的稳定性与时间上的连续性，使得历史与现实联系起来的综合考察与研究具有意义。正是基于新县制的理论背景及其推行的现实意义，使得新县制的理论研究为深刻认识民国时期基层社会面貌，理解县制改革过程中国家与

---

① 周庆智：《基层治理：一个现代性的讨论——基层政府治理现代化的历时性分析》，《华中师范大学学报（人文社会科学版）》2014 年第 5 期。

② 魏光奇：《官治与自治：20 世纪上半期的中国县制》，商务印书馆 2004 年版，第 1 页。

社会关系变迁提供了较好的契机。不盲目追寻西方的制度模式，善于发掘本土的智慧，构建适用于解决中国问题的学术方法，以历史的视野进行分析，挖掘制度的当代价值，对于现代基层社会治理过程中的制度配置与成型具有历史价值和现实意义。

第二节　研究现状

近几十年来，国内外学术界关于中国近代以来的政治制度史与区域社会史的研究，均对县制问题有所关注，但大多作为政治制度中的某一部分或区域社会研究中的背景材料予以述及，并未曾深入展开。中国县制问题进入学术研究者视野肇始于国民政府统治时期。因此，对近代以来县制及县政改革的研究主要集中在三个方面：一是民国时期的研究，二是新中国成立之后的研究，三是海外的研究。

一、民国时期的研究

民国时期，《县组织法》的颁行并未如预期一般改变基层社会的格局。在普通民众看来民国的县长与前清的县知事似乎差不多，政治作风也大致类似，这一现状使得民国县政建设积重难返，少有成绩。县地方自治事业与孙中山先生在《建国大纲》中所提出的"唤起民众，发动民力，加强地方组织，促进地方自治事业"相去甚远。基层社会的衰败与各种矛盾交织，特别是随着抗战的发生，危机日益严重。对此，20世纪30—40年代，关于基层政权建设、乡村建设、基层政治等方面的讨论在当时的知识分子中间掀起高潮，甚至政府也参与其中。这一过程表现为乡村建设、实验县、实验乡的建设如火如荼地开展，反映出民国时期不同的人员、机构、组织对于县制理论与地方自治理论的探讨与实践热情。

　　关于县制理论方面的研究，包括：胡次威的《民国县制史》[①]，对北洋政府时期及南京国民政府时期的县制发展以通史的形式进行了介绍，其特点在于简略，基本是关于制度设计方面的叙述，很少涉及具体的施行情况；程方的《中国县政概论》[②]，对中国县政制度史做了简要追述，还对省县行政关系、县行政组织、县政建设实验、县吏治、县财政、县教育、县警政、保甲及经济社会建设等方面均有所述及；陈柏心的《中国县制改造》[③]，主要提出县制改造方面的几个实际问题，如县区的整理、县等的划分、县各级组织的设置、议事机关的建立、新农村制度的实施、地方公民权的运用、各级政府事权的划分、县财政的整理，以及县人事的革新等等，都是民国实施县制改革以来集中讨论的问题。

　　县制理论方面的研究著作，多重于理论阐述与构想，而轻实际状况。其大多照搬或模仿西方的制度建设与行政机构设置，而忽略了中国传统社会至近代以来所生之"三千年未有之大变局"的背景。因此，从最初的《县组织法》出台后，并未在基层社会得到充分贯行，到之后《县各级组织纲要（草案）》的讨论，均体现出顶层制度设计过程中理论家的构想与现实的距离，这一问题在民国时期关于县制问题的诸多论著中得到体现。

　　除此之外，在县制的框架下，民国时期也有对某些专项制度展开过通史类的整理与研究，比如闻钧天在《中国保甲制度》[④]一书中，对"何为保甲""保""甲""古代保甲法制之旨趣""吾国自治之体制与保甲"五个问题进行了全方位的分析，系统地叙述了我国传统社会的保甲制度及其沿革。江士杰在《里甲制度考略》[⑤]一书中，以"里甲"为线索，探讨中国历代里甲制度自上而下发展演变的规律，同时，作者还从财政、税收等角

[①]　胡次威：《民国县制史》，大东书局 1948 年版。
[②]　程方：《中国县政概论》，商务印书馆 1939 年版。
[③]　陈柏心：《中国县制改造》，国民图书出版社 1942 年版。
[④]　闻钧天：《中国保甲制度》，商务印书馆 1935 年版。
[⑤]　江士杰：《里甲制度考略》，商务印书馆 1944 年版。

度考察了里甲制度的历史演变过程。

对县制问题研究的关注在当时县政建设过程中占有重要地位，表达出基层社会开展县政改革是政治实践的重大期待。对于这些问题，各研究就制度演变原委、实际推行情况，用理论与事实并重的方法，分析当前制度、阐发意义、检讨缺陷等，对县制改革今后应趋的途径与实施上应注意之处作出列举。县制理论方面的研究为之后县制实践的推行奠定了不可多得的理论基础。在此基础上，制度在推行过程中的实践是本书所关注的重点。

关于县制理论在实践中推行的研究，主要集中在新县制推行过程的相关研究成果中。随着新县制的推行，民国时期掀起了一股新县制的理论与实务的研究高潮。各种论著、论文及专刊相应出现，所探讨的主题种类丰富，不仅仅限于单纯的理论研究，还包括新县制下的乡镇、新县制的实施与基层干部问题、新县制与县政建设、实施新县制与土地行政、县长与新县制、新县制与保甲、新县制与兵役、新县制与地方教育行政、新县制与青年服务、新县制与区政改进、新县制与训练、新县制的理论与实践、新县制实际工作的检讨、再论改善政治与实施新县制、实施新县制的基本问题、实施新县制的几个中心问题等方面不一而足。

比如李宗黄所著的《新县制之理论与实际》[1]，对新县制的理论、特性、实施，新县制与三民主义、新县制与抗战建国、新县制与宪政、新县制与党务、新县制与心理建设、新县制与管教养卫的运用等各方面的理论进行了梳理，为新县制的推行提供了理论基础与实践参考。陈柏心的《地方自治与新县制》[2]，对地方自治与新县制之关系进行总体介绍，对地方自治若干基本概念进行了阐述，对于地方自治的意义、效用、实施以及过去自治运动均作了简要的论述，同时分析了新县制的总体内容，是研究新县制与

---

[1]　李宗黄：《新县制之理论与实际》，中华书局 1943 年版。
[2]　陈柏心：《地方自治与新县制》，商务印书馆 1942 年版。

地方自治理论实践的参考资料。胡昭华的《新县制概论》[1]，从均权制度、地方自治等理论出发，介绍了新县制颁行前我国县制与地方自治、新县制的理论与实际、新县制实施后各种有关实际问题研究等方面，包括县府组织、人事制度、自治财政、国民教育、户籍行政、合作事业、民意机关等实际内容。胡次威的《怎样实施新县制》[2]，是以其曾任实验县县长，参加过新县制的讨论，并且以四川省推行新县制将近七年的研究与经验写成的一本关于新县制实践方面的著作。他通过新县制的实施、通论、设计、着手的办法、各级组织纲要的调整、干部的培养和选择、民意机关的经过以及结论等部分，用实践的经验回答了怎样实施新县制等若干问题。该书非理论研究，更多地是对新县制实施过程中相关问题的解答。

关于新县制在四川省的施行情况，曾展开过多次专题讨论。比如曾任荣县县长的刘觉民做过关于《新县制与计划政治——现阶段四川县政之检讨》[3] 的专题讨论，分别对新县制实施之必要性、四川省实施新县制之经过及其影响、新县制往何处走、进步的四川政治、四川政治症结之姿态、县政症结之补救方法几个方面展开了讨论。在关于调整行政机构方面，吴耀椿的《如何建设新四川？调整省行政机构与推行新县制》[4]，其对省行政机构处理县行政事务中的多种弊端予以分析，并对其提出相互配合之意见，对于推进新县制的实行，提供一些参考。高登海的《四川实施新县制之检讨》[5]，对四川实施新县制的概况进行了介绍，并对关于县政府之组织及人员待遇者、关于督导制度之运用者、关于乡镇区划及组织者、关于乡镇保甲者、关于保甲编查及户口异动登记者、关于业务之推进者等实施情

---

① 胡昭华：《新县制概论》，商务印书馆 1942 年版。

② 胡次威：《怎样实施新县制》，大东书局 1947 年版。

③ 刘觉民：《新县制与计划政治——现阶段四川县政之检讨》，《服务（重庆）》1941 年第 5 卷第 3/4 期。

④ 吴耀椿：《如何建设新四川？调整省行政机构与推行新县制》，载《新四川月刊》1940 年第 1 卷第 10—11 期。

⑤ 高登海：《四川实施新县制之检讨》，《服务（重庆）》1942 年第 6 卷第 1 期。

况进行了检讨，并提出了相应的改进意见。除此之外，还有贺国光的《如何建设新四川？建设新四川与推行新县制》[1]、沈鹏的《对于四川省实施新县制之几点贡献》[2]、叶新明的《四川省实施新县制之商榷》[3]、胡次威的《现阶段的四川新县制》[4]、程厚之的《地方自治运动的回顾与新县制的展望》[5]等，碍于篇幅，以上所列之各种关于新县制在四川省施行的研究内容概况不再一一列举。由此可见，民国时期对于县制及新县制推行后的理论与结合地方实践方面的研究是相当丰富的。但当时所进行的研究，多以时事政治视角下的行政制度性研究为主，或者以地方自治视角下的地方实践性研究为主。

二、新中国成立之后的研究

新中国成立之后，关于民国县制问题的研究与新县制方面的专著与论文在经历了一段时期的萧条之后，随着民国历史研究的升温以及对基层政权建设的关注加强，其成果也逐渐增加。研究范围更广泛、视角更多样化，对制度史、制度建设、基层政权、地方自治、乡村社会文化变迁等方面均有涉及。

对近代以来中国县制的演变脉络和改革得失的讨论，以魏光奇的《官治与自治：20世纪上半期的中国县制》较为全面，其认为："民国时期的县级政权建设徘徊在官治与自治之间，成功的方面在于建立了现代性质的县行政组织，确立了区乡一级行政，对于地方自治实行了不同模式的探

---

①　贺国光：《如何建设新四川？建设新四川与推行新县制》，《新四川月刊》1940年第1卷第10—11期。

②　沈鹏：《对于四川省实施新县制之几点贡献》，《训练月刊》1940年第1卷第3期。

③　叶新明：《四川省实施新县制之商榷》，《现代读物》1940年第5卷第2期。

④　胡次威：《现阶段的四川新县制》，《政教旬刊》1941年第24期。

⑤　程厚之：《地方自治运动的回顾与新县制的展望》，《新四川月刊》1940年第2卷第4期。

索，对强势国家行政和民主制度的结合进行了探索。民国县制主要问题在于没有能够解决对官治县政的民主监督问题，始终未能建立现代的县行政人事管理制度，县政府组织结构开始出现冗胀的倾向，始终未能建立起统一的县财政系统。"① 除此之外，还有周振鹤《中国地方行政制度史》② 以通史的形式，对中国古代地方行政制度做了回顾，以地方行政制度为切入点，侧重于对县级政权的产生和发展进行了回顾，从而历史性地展现了地方行政制度的演变。这些制度性的研究著作背后实际揭示了国家与社会关系中，现代国家作为外生性产物，通过人为安排的程序形成其规范法律和制度设置，且这种制度性的规范对公共领域与基层社会有不可避免地日益增强的趋势。

新中国成立后的研究大多着眼于从地方行政制度通史的角度，从历史演变的脉络入手，将新县制作为其中一个阶段或某一对象进行简述。少有以某一地域范围内的县级社会为中心，辐射至其下的基层制度与实践进行全景式的描述与论述，从而能够比较清晰地呈现基层县制的基本构架、运行情况以及人员组织安排，部分反映出新县制施行下基层县政的实态。同时，大部分关于县制方面的著作所关注的中心乃为地方基层社会制度演化，所依据的材料以官方文献与地方志为主，使用基层地方档案材料的并不多。

县制问题的研究不仅仅是对基层行政制度进行客观描述性的研究。过去对于制度史的研究大多体现为通史性的研究，比如利用对某一种制度进行宏观梳理，或者针对某一时间地域范围内的特定制度进行分析，然而在制度层面之外，对国家社会关系的历史变迁与互动过程关注不够。"国家与社会总是存在于特定的相互关系结构之中，任何具体的社会和国家都是其互构过程的产物，一方面，国家是社会中的国家，作为社会的代理人行使权力，因而社会的构成要素是国家权力运作的基本前提，同时也是一种

---

① 魏光奇：《官治与自治：20 世纪上半期的中国县制》，商务印书馆 2004 年版。

② 周振鹤：《中国地方行政制度史》，上海人民出版社 2005 年版。

制约和限制。另一方面，国家自身的制度状态（如国家体制、组织方式，法制化和制度化程度，对领土社会的制辖监控能力，表达和实践自我意愿的能力限度等）对社会也具有深刻的型塑力量。"[①] 因此，以某一制度体系作为切入点进行基层社会的个案分析研究，从而理解国家与社会之间的互构关系也是一种研究视角。比如张鸣的《乡村社会权力和文化结构的变迁（1903—1953）》[②] 对乡村社会权力和文化结构的变迁问题进行研究，以时间顺序论述从清末到新中国成立初期，乡村社会各阶层与各时期国家权力的互动、乡村社会意识形态的变化，指出由于经济能力和文化资源的缺失，乡村权力架构对国家政权和意识形态的依赖加大，国家政权借此健全了一套捆绑在国家战车上的基层政权体系，无条件地为国家工业化提供所需的一切，乡村的社会组织被彻底淘汰出局。

县制方面的研究往往还同其他专门某一制度的研究相辅相成，比如与近代以来的地方经济制度、教育制度、司法制度、保甲制度、警察制度、财税制度、乡村建设运动等方面有所联系。因此，相关制度的研究也为县制研究提供了重要的资料与参考。比如赵秀玲在《中国乡里制度》[③] 中，对我国历代的乡里制度进行了全面的分析，对乡里组织的管理形式、组织领袖的选人、乡里组织与宗法组织、官僚政治与绅士、农民等的关系都进行了分析。其借乡里制度之名，实则将历代地方行政管理制度统括其中，具体的论证以宏大叙事为主，将历代行政管理制度放在同一时空环境下分析，没有体现出区域性的制度与管理。冉绵惠在《民国时期四川保甲制度与基层政治》[④] 一书中，利用四川基层保甲档案对民国时期四川基层社会

[①]　夏玉珍、刘小峰：《社会互构论视野中的国家与社会关系取向及反思》，《广西社会科学》2011 年第 11 期。

[②]　张鸣：《乡村社会权力和文化结构的变迁（1903—1953）》，陕西人民出版社 2008 年版。

[③]　赵秀玲：《中国乡里制度》，社会科学文献出版社 1998 年版。

[④]　冉绵惠：《民国时期四川保甲制度与基层政治》，社会科学文献出版社 2010 年版。

的保甲制度进行了不同阶段的比较与分析。借保甲制度反映其他基层权力运作过程中的关系及国家对基层的控制。其侧重于保甲制度下的基层社会控制，是对四川省保甲制度研究较为深入的一部著作，但对于保甲具体过程中的保甲宣传、经费、训练、编查人员等问题的研究并未完全展现。同样是地域范围内的保甲制度研究，朱德新的《二十世纪三四十年代河南冀东保甲制度研究》[1]，通过在冀东、豫北农村作调查采访与资料搜集，利用当地档案，突破传统史学研究模式，将三个时期的保甲法规精心择其要点，用图表形式相应对比列出，用量化指标定性。其研究既有全面而系统的论述，也有专题性的典型剖析。从制度史的研究看，其将枯燥单调的保甲法规表现得更生动，从而避免了空泛而不确切的贴标签式的定性方法，是一种比较新鲜的尝试。

县制问题中具体到新县制方面研究的专著目前似乎尚未多见，大多研究仅将新县制作为其中的一个时间段，置于政治制度史中作为一个部分，或是以新县制为时间段对其间推行的某一行政改革进行扩展研究。[2] 大多研究并未完全展现出新县制在某些方面的制度设计情况，更毋庸谈到具体到某一县的实践过程。这也是本研究试图展开关于新县制具体到某一县域范围内的全景式描述与其具体实践过程的论述的原因之一。

虽然新县制方面研究的专著不多，但含有新县制因素的论文却是不少。比如 20 世纪 80 年代较早出现的张益民的《国民党新县制实施简论》[3]

---

[1] 朱德新：《二十世纪三四十年代河南冀东保甲制度研究》，中国社会科学出版社 2008 年版。

[2] 将"新县制"作为一个时间段的研究出现在某些政治制度史中作为一个部分的研究，比如左言东编著的《中国政治制度史》，浙江古籍出版社 1986 年版；韦庆远主编的《中国政治制度史》，中国人民大学出版社 1989 年版。或者对"新县制"期间推行的某一行政改革进行的研究，比如郭从伦的《国民政府新县制下的县参议会研究》，四川大学出版社 2014 年版；朱俊瑞：《民国浙江乡镇组织变迁研究——以"新县制"为中心的分析》，中国社会科学出版社 2007 年版。

[3] 张益民：《国民党新县制实施简论》，《史学月刊》1986 年第 5 期。

以及 90 年代忻平的《论新县制》①。早期关于新县制的研究论文特点为，文章均较为简略，尤其是对相关问题的论述比较薄弱。虽然忻平的《论新县制》在早期关于新县制的研究论文中对新县制实施的原因、目的、特点、过程、成败等考察得较为全面，但因其理论探讨居多，档案材料支撑不足，结论也较为单一。因此，早期关于新县制研究的论文大体上起到了引起学界关注的目的，为之后进一步对该问题的深入讨论提供了视角、奠定了基础。

随着地方史研究的兴起，加之基层政权建设与社会治理关乎县政改革的重大现实意义，新县制及相关问题的研究逐渐被学者重视，并较之前面的研究有所深入。有将新县制与区域社会结合进行研究的。比如曹成建关于县制与县政改革的一系列论文：《20 世纪 40 年代新县制下重庆地方自治的推行及成效》《20 世纪 40 年代四川省新县制下地方自治的施行》及其博士论文《20 世纪 20 至 40 年代国统区地方自治与县政改革考察研究》等，主要论述了四川省新县制下地方自治的计划及实施、民意机构的创立以及地方自治的成效等内容。还有将新县制与地方自治、乡镇体制、民意机关、基层组织与乡村社会控制等相结合的研究，比如曾绍东的博士论文《南京国民政府地方自治研究》、陶波的《抗日战争时期陕西地方自治问题研究——以新县制为中心》、王飞的《国民政府新县制下的乡镇体制》、张兆学的《抗战时期新县制下的基层组织和乡村社会控制研究》等。这些对新县制理论的进一步深入研究，以及与某一地域，或某一制度相结合的研究，大多体现在硕博士论文中。② 虽然目前并未出现新县制研究的专著，

---

① 忻平：《论新县制》，《抗日战争研究》1991 年第 2 期。

② 相关硕博士学位论文目前所见包括：汪巧红：《民国时期湖北的新县制研究（1939—1949）》，华中师范大学博士学位论文，2007 年；王双见：《20 世纪 40 年代四川省"新县制"研究》，西南大学硕士学位论文，2007 年；梅美：《抗日时期湖南新县制建设研究》，湘潭大学硕士学位论文，2014 年；王飞：《国民政府"新县制"下的乡镇体制》，首都师范大学硕士学位论文，2007 年；张兆学：《抗战时期"新县制"下的基层组织和乡村社会控制研究》，中南民族大学硕士学位论文，2008 年；等等。

但这些论文的出现，为我们整合新县制的研究整体样貌提供了不可多得的素材与样本参考。新县制虽然在全国推行，但因各地情况各异，因此实践效果亦不同。区域社会下以新县制为视角的县制方面的理论与实践研究尚有一定的空间，尤其是对区域社会中以个人或事件为样本的微观研究。

三、海外的研究

此外，海外学者们虽未明确指向新县制的研究，但却从不同视角，对近代基层权力结构与基层社会变迁，传统社会文化、秩序与制度变迁，国家与地方关系等相关方面展开研究。其大多利用翔实的档案材料，以西方理论与官方县志、基层档案、家族谱系相结合的方式展开研究，并得出相应的结论。

杜赞奇 ① 利用调查资料进行田野调查，其主要从村庄内部入手，讨论国家与地方的权力结构问题。该书利用了 1900—1942 年间，华北的六个村落作为个案进行详细的研究，其从"大众文化"的角度，提出了"权力的文化网络"、国家政权的"内卷化"、从"保护型经纪"到"赢利型经纪"等一些新概念去理解乡村社会。其所谓的"权力的文化网络"主要由既有的等级组织和非正式相互关联网这两部分组成，二者构成了施展权力和权威的基础。同时在论证国家权力是如何通过各种渠道实现，并深入社会底层，列举了商业团体、经纪人、庙会组织、神话及象征性资源等，借以探讨国家与地方的互动关系。黄宗智 ② 利用宝坻档案，不仅深入探讨了商品经济与资本主义发展之间的复杂关系问题，详细地考察了乡保在 19 世纪国家与村庄之间的作用，并且探讨了 20 世纪上半叶华北农村的宗族与村政的关系。其认为在宗族组织不发达的华北村落中，族政与

---

① ［美］杜赞奇：《文化、权力与国家——1900—1942 年的华北农村》，王福明译，江苏人民出版社 1988 年版。

② ［美］黄宗智：《华北的小农经济与社会变迁》，中华书局 2000 年版。

村政是相互分离的，但村政的建立仍然离不开各族的支持。李怀印[①]利用获鹿县档案，考察了晚清至民国时期河北省获鹿县的"乡地"这一半官方人员，揭示出"乡地"由村民轮任，负责催征或代垫粮银及地方治安等事务。其将乡地制的考察纳入到具体区域的历史自然环境，认为它的出现同获鹿地区相对稳定的生态环境、以自耕农为主体的社会结构及宗族纽带相对牢固等因素有关。在国家与乡村的关系上，提出了既不同于华北多数地方涣散无力的自耕农社会，又不同于华南强大的士绅、宗族统治的第三种形态。

四、研究述评

首先，从以上研究综述中，我们发现围绕中国县制与新县制的理论与实践的研究，民国时期的研究成果最为丰富，在研究方向及分类上也较细。特别是在新县制正式推行后，不论从专著还是论文与期刊等方面，均出现了大量关于新县制的研究、讨论、总结、实践、检讨、建议等方面的内容。如前所述，该问题在当时并不是被作为历史性研究进行，更多地体现为新制推行前及推行过程中的理论性探讨论证、时事性分析评述。因此，这些研究大多代表了当局者的主流态度，其目的以便于推动此新制的施行为出发点，理论研究是希望能帮助其实践过程的不断完善，并不完全具有历史的客观性。这也是虽然民国时期的研究数量较大，且分类细致而丰富，但并不能全盘参考的关键。

其次，大多数相关研究多是从静态角度研究制度问题，制度性的介绍居多，大多以通史的形式将制度的历史进程与演化进行展示，对制度的动态考察、实践的实效评估及其变迁的内在原因考察不够。同时，因通史

---

① ［美］李怀印：《华北村治——晚清和民国时期的国家与乡村》，王士皓、岁有生译，中华书局 2008 年版。

性的制度研究常常缺乏具体翔实的材料支撑，所展现的制度大多全面而简略。尤其是基层制度更是制度研究过程中较易被忽略的一处。因此，对于基层制度的研究与考察尚有空间。在有充分档案材料支撑的情况下，对基层制度的实践运行展现，从而进行分析是目前研究的一种趋势。这也是本研究能得以展开的理由。

最后，对于新县制的研究，整体而言是较为薄弱的，大多研究中仅将其作为一个部分，或一个背景，或一个阶段出现。新中国成立之后，相关专著缺少，论文大多与其他方面相结合进行研究。对于某一地域社会内的新县制专题研究仅在部分硕博士论文中有所见。迄今为止，对民国新县制推行的制度与实践研究没有引起足够的重视，实际推行过程中缺乏清晰地了解。因此，在对新县制的历史研究与理论现状进行了解，并充分考虑结合现有材料基础上，进一步展开新县制在四川的实践这一选题是有一定意义的。

第三节　研究方法

一、研究史料

本书所使用的相关材料如下。

第一，本书使用的原始材料主要来自于民国时期的地方档案。具体而言：来自四川省档案馆的民国时期的档案，包括但不限于的全宗有 042 四川省人事处、044 四川省政府会计处、049 四川省参议会、053 四川省诉愿审议委员会、054 四川省民政厅、059 省财政厅、093 四川省田赋粮食管理处。还有四川部分县域社会的民国基层档案，比如现存于荣县档案馆的荣县民国档案，第一全宗（001）民国荣县县政府目录下的 01 秘书室、02 民政科、03 民政科及 04 社会科，以及少量的其他目录项下的内容。部分基层社会档案均为第一手的材料，大多并未面世，是不可多得的研究史料。

第二，本研究使用的材料还包括地方志与地方文史资料。地方志与文史资料为我们提供了档案之外的亲历者的回忆与讲述，特别是有些事件的亲历者或许已不在人世，这些宝贵的资料汇集为我们第一手的档案材料提供了相互补充与印证。

第三，民国时期的报纸与期刊。作为近代新兴载体的民国报刊记载了社会生活各方面的内容，具有很高的研究价值。除全国性的报纸诸如《申报》《大公报》之外，某些地方性的报纸，如《新新新闻》就为该研究提供了丰富的材料，除此以外，当时在四川较为有名的报纸还包括《国民公报》《新四川日刊》《四川日报》《华西日报》《荣铎报》等。期刊类的材料主要包括《四川月报》《四川县训旬刊》《地方自治（成都）》《四川保安季刊》《县政》《荣县县政月刊》《训练月刊》《政教旬刊》《新四川月刊》《库务月报》《新政月刊》等。这些报纸与期刊上的报道和文章，为了解时事发展与当时的社会影响均大有裨益。

第四，民国时期的部分专著及演讲稿。比如胡次威著《怎样实施新县制》（大东书局 1947 年版）、《乡镇自治提要》（大东书局 1947 年版）、《民国县制史》（大东书局 1948 年版）、李宗黄著《新县制之理论与实际》（中华书局 1943 年版）、陈柏心著《中国县制改造（上、下）》（国民图书出版社 1942 年版）、朱呈楷著《新县政研究》（上海血汗书店 1935 年版）、陈开泗演讲《县政建设之步骤与方针》（四川省新都实验县县政府印 1938 年版）、程幸超著《中国地方行政制度史略》（中华书局 1948 年版）、黄伦编著《地方行政论》（正中书局 1942 年版）、钱端升著《民国政制史》（共两册，商务印书馆 1946 年增订二版）等。这些民国时期的专著对于学人了解民国时期学者对于相关问题的认识提供了理论基础，也更好地再现了该问题在当时当地的研究讨论情况，从侧面反映了县制在当时推行过程中所产生的关注与影响。

第五，民国时期的社会调查报告。民国时期很多大学社会学系已经较为重视社会调查研究，各大学的社会学系等通过社会调查的形式涉及对包括城镇乡村在内的多方面问题进行数据搜集，最终以调查报告或学术论文为最终成果。民国时期的社会调查包括：四川省政府民政厅联合在川各大学考察县政总报告（1939年），以及新中国成立后所汇编的民国时期的社会调查，比如《民国时期社会调查丛编》（李文海主编，夏明芳、黄兴涛副主编，福建教育出版社2004年版）。

第六，民国时期相关法律法规等制度汇编。除了在档案中所整理出的中央及省颁的法律法规与相关制度文件外，还包括四川省民政厅编印的《四川省民政法规汇编》《县司法处法规汇编》（商务印书馆1936年版），也包括《国民政府公报》上公布的全国范围内的法律法规及制度性文件，以及《四川省政府公报》上公布的本省内的法规规章及制度。这些民国时期公布的法律法规及制度为我们在档案中所发现的地方基层社会自行制定的制度提供了很好的参考和背景。对于不同层级之间公布的制度间相互进行比较性的研究与分析，由制度表象深入理解基层社会的实践实况均提供了很宝贵的素材。

以上史料既丰富了研究内容，也提供多方面的选择，但在进行史料的选择时亦应注意某些问题。地方档案的使用毋庸置疑为基层地方社会生活的真实再现提供了更多的历史细节。这些历史细节为"宏大叙事"框架下的历史认知，尤其是国家制度实践下的微观研究丰富了材料。然而，地方档案亦有其局限性，比如由于地方对档案保管的能力缺失，致使档案的再现不可能全面以及成体系，甚至还可能存在因人为原因的破坏和损毁。同时，档案在留存过程中亦有当时的主观选择，所留存的个别档案并不能完全反映当时的客观现实，尚须佐以其他文献资料予以映证。因此，这些都可能导致使用地方档案材料过程中出现问题。然而，宏大叙事自然是必须的，细枝末节的展现也不可缺少。对细节的挖掘和整理，渴望对历史的再现显得更真实，基层档案材料是必不可少的。我们既不能一味强调基层档案的重要性，但也不能一味抹煞了其必要性。

区域性研究的局限性，自然不能使我们完成对全局的整体描绘。一个地域范围内的基层档案所反映的情况，自然也不能代表整体情况。发现新材料的时候，既有大量丰富新材料再现时产生的兴奋感，亦要尽量保持理智与清醒。我们在对某一地域问题进行研究时，在利用档案材料研究为主的情况下，还要辅以其他材料的运用，比如官书、地方志、报纸或杂志期刊等材料予以互为印证。这也是本书所选材料范围不拘于档案，而类型较广的一个考虑。

二、研究方法

对于制度的研究，并不是意味着一味钻入制度的条文中，那不仅枯燥无味，亦是"明日黄花"。① 任何一项制度，断然不会是孤立存在的，否则其难以推行。因此，对于在历史上有真实影响的制度，我们在进行研究时，一定要将其放入具体的场景与治理活动中，才能把握制度之真相。

因此，本书结合历史学、法学、政治学、社会学、公共管理学的研究理论与方法。共时性与历时性相结合进行分析，分别从静态与动态、横向与纵向的维度考察社会结构及其制度的结合。采用制度分析与个案分析相结合的方法，既有制度的整体性描述，又有个案的实践，综合运用予以完成。在对具体制度进行分析时，不仅仅局限于制度条文的描述，还需结合当时的历史背景、社会背景与政治背景，综合运用档案材料，深入到具体历史情境中，找寻当时当地的历史意见。使用比较研究的方法，对同一主体或事件在新县制推行前后的制度与实践之间的相互对比、整合与思考，为本书次第推进，试图深入揭示的主题、阐明的观点，编织更宽广的图

---

① 钱穆先生在《中国历代政治得失》（九州出版社 2011 年版）前言部分中讲制度时提到："要讲一代的制度，必先精熟一代的人事。若离开人事单来看制度，则制度只是一条条的条文，似乎枯燥乏味，无可讲。而且已是明日黄花，也不必讲。"

景。制度上下文之间的衔接与关联，前后部分的对比阅读，宽幅与广角的展示也许比仅仅注重深入细致地挖掘某种制度的研究方法更适合本研究的展开。在对基层政权运作、制度的微观实践、具体个体样本与个案的分析与解读基础上，运用逻辑演绎的方法和实证的方法，透过具体档案所呈现的历史事实，以小见大地考察四川新县制推行前后基层社会的控制与治理实态，揭示出基层社会在国家法律与地方制度实践下的治理理念与权位的变化。

最后，想要提到的是，"应把基层社会视为一个整体，其中既有官方渗透，又有民间根底；既有文人书面文化，也有从民俗文化中产生的社会价值观和群体规范，它们相互作用、相互渗透，呈现为总体构架，如果我们单独抽离出问题，就难免有失偏颇"①。虽然区域史的研究并不具有普适意义，即使是同一省内的农村和城市、乡村和县城均有区别，更遑论中国之大。因此，本书所选取的材料与样本仅能代表民国时期的四川基层某些县域社会，并非川省全部，更无法论及全国。若是以追求结论的普适意义为由，限制或制约了区域环境下的微观史研究，反而会让我们失去了解更多样本的机会与发掘更多基层真实的动力。之前所忧虑的把区域史的研究孤立地作为一个地区的情况来讨论，会同大的历史环境割裂开来，继而会造成对史学宏大叙事的疏离，从而导致对整体历史表述与理解的热情消退。后转念一想，与其心怀这样的忧虑，不如进一步地思考如何将区域性的样本结论与整体性的历史认知整合起来；如何将历史过程中自下而上的层层个案与宏大的历史趋势联系起来；如何将基层社会微观历史中存在的深层力量与国家宏观的变迁走向融合起来；如何将历史中的小人物或场景与社会文化变迁的脉络交织起来。或许这将成为地方制度史与微观史研究中值得深思的课题。

---

① 徐峰：《票据研究"向下看"现象探析》，《史志学刊》2015 年第 6 期。

第一章 县制改革：新县制如何开始

第一节 新县制推行的缘起

一、地方自治与县制改革

新县制以南京国民政府《县各级组织纲要》（1939 年 9 月）的颁布为标志，表明中国近代县制的发展进入一个新的阶段。追溯近代以来的县制改革，需提到清末维新派提出要"办自治"以及"自治"思潮在清末的兴起。

"办自治"是维新派提出的自治制度改革呼声。早期自治制度的传入似可以追溯到美国教士高理文（Elijah C. Bridgman），他在道光十八年（1838）叙述过美国地方成立议会，地方选举地方官。林则徐在 1839 年翻译《四洲志》时也对美议会有所介绍。后 1895 年宋育仁在《泰西各国采风记》中介绍英国地方政府与议会，还有 1880 年徐建寅的《旅欧杂录》介绍法国巴黎议会，以及 1887 年《游历西班牙闻见录》介绍西班牙政府和议会。以上种种均是单纯介绍而已，并未主张中国应该照样去施行地方自治。[①] 可见，自治制度被引入中国更多以一种新样貌被介绍，并非欲求之学。然在戊戌变法时，维新人士就提出封建官僚专制的弊病，即"上体太尊而下情不达"[②]，并且提出"变成法""通下情""慎左右"三条变法纲领，

---

① 以上梳理可参见牛铭实：《为何中国的地方自治总不成功》，《复旦政治学评论》2007 年第 6 期。

② 康有为：《上清帝第一书》，《康有为全集》，中国人民大学出版社 2007 年版。

清末改制渐次拉开序幕。清政府希望借改制将自治在地方推行。此刻清廷欲自上而下推行的自治制度与传统中国的基层自治已有所不同。

传统中国社会，县以下一般不设完整的、正规的政区，仅由县级政区指派或确认，主要的功能是征集赋役、维持治安、保证交通，相当一部分是由乡绅或宗族等地方精英群体通过非行政手段实施的，绅权发达、行政成本低，多数民众处于自治而有序的状态。地方士绅主动承担部分地方公共事务，如修建水利、地方防务、纠纷调解、兴办社学义学、地方救济等。虽然依据地方士绅的社会关系和本地声望开展公共事务，但实质上无法定权力。这种自治状态非现代行政制度意义上的自治。"绅权"成为传统中国地方自治中极为重要的一个组成部分，不少学者有过相关研究。[①]直到近代清末改制，县以下的行政区逐渐覆盖到全部辖境和全部人口。县制改革主张伴随着清末以降，自预备立宪前后"纷至沓来"，基层过去的有序自治状态被打破。伴随国家宏观上的"体制之变"，地方势力和更微观的基层社会也出现"主动或被动"的"求变"信号。

清政府试图通过颁布和施行"自治章程"[②]构建出城镇乡地方自治的架构，但因内忧外患，革命之风席卷之后，改旗易帜，共和制代替帝制，西方自治思潮影响下的中国近代第一次以"朝廷"之名试图自上而下完成的现代意义上的县级地方行政制度改革终未成功。不过清政府"自治章程"的颁行仍具有某种里程碑的意义。它改变了传统中国自周朝的"乡遂制"、春秋齐国的"国鄙制"、秦汉的"县亭制"、魏晋的"邻里制"、隋唐的"邻保制"、宋元的"保社制"等基层社会在中央集权引导，地方绅权主导下，利用乡土资源，在帝制中国一脉相承的"散漫型自治"（无为而治），正式

---

① 如［美］孔飞力：《中华帝国晚期的叛乱及其敌人——1796—1864年的军事化与社会结构》，谢亮生等译，中国社会科学出版社1990年版。

② 1909—1910年，清政府先后颁布了《城镇乡地方自治章程》和《府厅州县地方自治章程》，其规定在各地成立城镇乡议事会、董事会，在府厅州县成立议事会、参事会，就地方教育、实业、捐税征收等事务实行自治。

开始探索现代行政制度意义上的"制度型自治"（自上而下）的自治制度体系。

这一改革潜移默化间打破了传统中国"皇权不下县"的格局。"天朝上国"转身变为"民族国家"，国家体制和行政制度的转型在近代国际法规则体系下遭遇了尴尬。但清季覆灭，寄希望以地方自治制度带动下的县自治改革之梦亦随之破灭。因仅有施政理念而缺少实践过程，围绕清政府所颁地方自治法案而展开的近代意义上的县制改革与地方自治的成果并未显现。虽然目前无法得出传统帝制的瓦解与基层社会溃败之间是否存在因果的结论，但试图自上而下通过地方自治制度重构基层秩序的尝试确实在清末之际没有成功。

之后袁世凯篡夺了"共和"成果，重新称帝。为加强中央集权，他停办各级自治，解散各级议会。① 自治推行过程中所存在的各种自治机构，被看作是重新包装后的"绅权"登上基层地方自治的舞台。但因自治风潮席卷过猛，迫于舆论压力，袁世凯于 1914 年 12 月，在宣布停办自治后的十个月再次重新颁布《地方自治试行条例》，作为辅助官治的"工具"。又通过延迟一年后颁布《地方自治条例实施细则》，达到推迟地方自治真正实施的目的。清季掀起的"自治"思潮与已经点燃的地方自治之火苗并非那么轻易被袁世凯政府浇灭。袁氏虽希望恢复传统帝制，但民声鼎沸。终在 1919—1921 年，北洋政府先后公布了《县自治法》《市自治法》和《乡自治法》，形式上存在的地方自治法令使地方事务能在"法定范围"内予以施行。地方自治事务，包括卫生医疗、教育文化、道路交通、救济房屋、公共款项筹集等，仍然由地方绅商主导，虽已形成地方议事机构，但也系绅商主导。时人曾说："自辛亥武昌起义，未及半年，而清帝退位，民国成立。共和进步之速，实古今中外所罕有。然政制易改，人心则不

---

① 1914 年，袁世凯政府下令取消清末颁布的《城镇乡地方自治章程》和《府厅州县地方自治章程》等自治法令与在各地成立的城镇乡议事会、董事会，在府厅州县成立议事会、参事会等自治机构。

易改。"①

习惯了传统"无为而治"与"皇权不下县"的地方社会，是否仅是披上"自治法令"的外衣，内在仍沿袭传统社会的地方势力主导亦未可知。后地方割据势力兴起，各地开始出现不一样的实践场景。清末、北洋时期的自治因颁布相关自治法令，被学者视为狭义之自治，而学者所言广义之自治乃是存在于法令之外的真正的基层社会之中，虽未言明，但主动承担国家行政事务之外的地方公共事务的社会力量成为自治之主力。时人所谓："自治机关所概甚广，于参议两会、农商两会外，远如保甲守望，戒烟各局，近如理财、财政、公议各所，亦皆系地方自治性质。"②清季掀起的"自治"思潮，在"绅权坠落、民权未兴"的时局下，被民主革命先行者孙中山接棒继续。但在之后的历史进程中，发生了一些变化。

因北京政府任命的吴佩孚打败援助自治的湘军、川军，使自治转入低谷。孙中山开始支持自治，反对联省自治。他认为，联省自治实际是官治，联省自治派实际上欲借各省小军阀之力，以谋削弱中央政府之权能③，转而致力于北伐统一和"以党治国"④。国民政府北伐成功统一全国后，孙中山的地方自治理论通过训政时期国民政府颁布的一系列地方自治法令与制度得以实现。有学者认为："南京政府的自治法令法规在很大程度上使孙中山的地方自治主张具体化、系统化。但国民政府未能实现由官办自治向民办自治的转化，这次规模宏大的地方自治运动成效甚微。"⑤

---

① 郭斌佳：《民国二次革命史》，见章伯锋、李宗一主编：《北洋军阀》第 2 卷，武汉出版社 1990 年版，第 261 页。

② 伊承熙：《宁晋县志·地方自治志》，转引自魏光奇：《清末民初地方自治下的"绅权"膨胀》，《河北学刊》2005 年第 6 期。

③ 胡春惠：《民初的地方主义与联省自治》，中国社会科学出版社 2001 年版，第124 页。

④ 喻希来：《中国地方自治论》，《战略与管理》2002 年第 4 期。

⑤ 曹成建：《20 世纪 20 年代末 30 年代前期南京国民政府的地方自治政策及其实施成效》，《四川师范大学学报（社会科学版）》2003 年第 1 期。

追溯国民政府时期新县制的理论基础，需先厘清孙中山的地方自治理论，具体来说是县自治理论，这是孙中山为国民党制定的县制基本原则。孙中山以民权为基础，认为地方自治是实现直接民权的保证，他在国民党的《国民政府建国大纲》中明确提出，"建设地方自治，促进民权发达，当以县为自治单位"[①]。地方自治是实现民主主义政治制度的重要步骤，所蕴含的意义包括三方面：民众的自我管理、政治的地方分工、社会的团结与互助。总的来说，是为了保障人民的权利与幸福，补救集权政制、官僚政制的缺点，发展社会的组织与活动力。而完成民主主义的最高理想，必须使人民依自我的意志，用自我的组织，运用自我的力量，从事地方事业的经营与管理，这便是地方自治的意义。

孙中山的民权主义主张直接民权制，由人民掌握政权，即执掌选举、罢免、创制和复决的权利。在辛亥革命时期，理论家们无法解决全国人民共同议事的困难，提出以县为单元的地方自治直接由人民行使"四权"。希望"唤起民众，发动民力，加强地方组织，促进地方自治事业，以奠定革命建国的基础"[②]。因此，实施县制改革就是实施地方自治，所谓"唤起民众"就是启发地方自治的意识，"发动民力"就是发挥地方自治的力量，"加强地方组织"就是充实地方自治的机构，"促进地方自治事业"就是表现地方自治的效用，"奠定革命建国的基础"就是完成地方自治的最大使命。再就国民政府后来所颁行的各种法令制度的规定来看，无论是关于各级地方机关的调整，或民意机关的建立，或县财政的厘定，很明显包含着地方自治的浓厚意味，无一不是为了完成地方自治而进行的安排。

南京国民政府在新县制推行之前，颁行过一部关于县行政制度的正式法律——《县组织法》。它正式公布于 1928 年 9 月，做了些许修改后，于

---

① 孙中山：《中国革命史》，《孙中山全集》第 7 卷，中华书局 1985 年版，第 62 页。

② 李宗黄：《新县制与管教养卫》，《中央党务公报》第 2 卷第 27 期。

1929年6月进行第二次公布，1930年7月修正公布，遂正式实施。[①]它以"组织法"命名，成为南京国民政府首部关于县行政制度的正式法律。

1929年国民政府宣布在六年内完成训政时期的相关工作后，社会各方面均感觉推行地方自治不是一件容易之事。因此，1932年第二次全国内政会议决议，各省可以设立实验县。顿时，实验县风起云涌。据统计，在实验县风气最浓厚的时候，各地称之为实验县、实验区、实验乡或实验村的，总数在一千个单位以上。[②]较为有名且对后来县制改革的推行影响较大的几个实验县包括：河北的定县，山东的邹平、菏泽、济宁，河南的辉县、禹县，江苏的江宁，浙江的兰溪，湖南的衡山，湖北的孝感，江西的临川，云南的昆明，广西的宾阳，福建的闽侯，以及四川的新都等。这些实验县或者由中华平民教育促进会通过省政府而成立，比如定县、衡山和新都；或者由山东乡村建设学院通过山东省政府而成立，比如邹平、菏泽；或者是华北五大学通过山东省政府而成立，比如济宁；或者是中央政治学校通过江苏和浙江省政府而成立，比如江宁和兰溪。

各实验县因其背后的支持力量和指导方针不同，出现过不同的实验策略与路径。比如江宁实验县自1933年12月成立后，在自治政策之上主要采两级制，即县为一级，乡镇为一级，原有的村里为乡镇自治共同体中的一部分，原有的区一级机构一律废止，乡镇直接受县政府指挥和监督。废区之后，原有乡镇加以整理，以化零为整的原则，将原有295个乡镇改组为109个乡镇。扩大乡镇自治区域，缩减乡镇自治单位后，自治经费乃可以集中。"江宁县的自治经费按照等级，可以月支24、28、32元不等，此为全国乡镇公费罕有之数。同时，为督率指导乡镇切实办理事业，就109个乡镇划分为7个自治指导区。每区由县政府派指导员一人，设立办公

① 参见《国民党政府政治制度档案史料选编》下册，安徽教育出版社1994年版，第524—529页。

② 胡次威：《怎样实现新县制》，大东书局1946年版，第1页。

处于该区之内，常川驻区，巡回指导，各指导员办公处设有助理员一人，佐理指导及办理事务"①。这一方面反映出当时乡镇工作的人力财力非常紧张，才会如此集中人力财力；但另一方面，又会变相导致乡镇长的权力非常大，有可能从自治异化为官治。江宁废区的实验县模式，也影响了河北实验县采取废除区公所，扩大乡镇权力的模式。

除此之外，山东被称为"姊妹花"的两县，菏泽和邹平，在办理实验县之初，则着手改革乡镇组织。按该县原有 7 个区，157 个乡镇，改实验县后，将旧有组织一律废除。重新在县以下区分为乡、村、闾、邻等级，化为 14 个乡，每个乡辖若干村。改革乡村的工作也主要从三大方面入手：即经济、政治、教育。不拘任何一方面入手，都可以推及其他方面："如从政治入手，先促成乡村自治，由自治而办教育，谋经济发展；由教育入手，促成政治组织，去指导农业改良，及经济组织；由经济入手，以培养民力，促进政治，推行教育。三者息息相关，互为因果。"② 当时被称为"政教合一"的乡镇制。但普遍认为："当时人民的智识不够，须注重教育的普及，而少作政治活动。"③ 因此，以教育为中心，普遍设立乡学、村学，以乡村内的全体民众为教育对象，以实施教育。

还有，以军政教合一的广西实验县的乡镇制。广西实验县在名目上区别乡与市，比如在乡，被称为乡、村；在城市被称为街、排。这些基层单位被整编为 3 万多个乡、村、街、排，并安排了 3 万多个乡长、村长、街长、排长，定期进行严格训练，使这 3 万多人成为广西政策的积极推动者。且受训者以县中学毕业生为主，接替曾经年老体衰的村长、街长等。为村长、街长的同时为当地的国民小学校长，兼后备队队长，被称为"军政教治"融为一体的模式。这种模式下，村长、街长地位较高，校长地位较高，教育能受到重视。同时普遍的基层主事人员都是受过较好教育的。

---

① 罗志渊：《现行乡镇制度检讨》，《保甲半月刊》1935 年第 5 期。

② 罗志渊：《现行乡镇制度检讨》，《保甲半月刊》1935 年第 5 期。

③ 罗志渊：《现行乡镇制度检讨》，《保甲半月刊》1935 年第 5 期。

用时人的话说，"比各省之乡镇长连字都不识者不可同日而语"[1]。

最后，还有保甲制度下的乡镇，主要是豫鄂皖三省废除乡镇后，于区之下设保，一区之中，保数多在一百以上，区长统率各保长，有鞭长莫及之苦。因此，在某些省（如豫、皖）的地方，设立保长联合办公处，也就是后来被称为"联保"的机构，设主任一人，隶属于区长。这种联保主任的设置，实际发挥承上启下之责，与乡镇长略有不同。有些省（如鄂）设佐理员 2—4 人，以辅助区长监督指挥区内保甲人员执行职务、办理事务。在此基础上，有些省进行改良，比如江苏于保甲制度中仍保留乡镇一级，欲于自卫于行政中，仍保存自治的轮廓，就是所谓的将自治与保甲制度相结合。湖南保甲制度也是有步江苏后尘的用意，大体也是如此安排。

在各地进行"县自治实验"尝试过程中，与最初的设想出现了不同程度的偏差。梁漱溟曾在《中国之地方自治问题》中非常尖锐地批评过早期的自治，他说："从十七年起（即《县组织法》施行后），地方自治运动又起，有好些省设立自治筹备处。……到了今日，无论从县作的，从省作的，所有地方自治统统失败，所有地方自治机关统统取消了！只听见取消，没听见有人反对取消；取消之后亦无人可惜。……现在统起来说，过去经验告诉我们，地方自治经多次提倡统统失败！他所办的事情，只不过筹经费、定章程、立机关、派人员，人员虚执经费即完了！"[2]梁氏所言可见，他对自治实践过程中的"虚"是多么失望，即使是"取消"也未见有人"反对"。从侧面看出《县组织法》施行初期，国民政府所推行的自治成效式微应是不争的事实。形式上的自治就如梁氏所言的"筹经费、定章程、立机关、派人员，人员虚执经费即完了"。

这些实验县的最终成功或者失败或许并不是最重要的，重要的是这一过程明确地体现出在当时那个时间段里，不同人员、机构、组织对于县制

---

① 罗志渊：《现行乡镇制度检讨》，《保甲半月刊》1935 年第 5 期。

② 梁漱溟：《中国之地方自治问题》，山东乡村建设研究院 1935 年版，第 34 页。

改革理论中关于地方自治的实践热情与现实环境，以及全国不同省的地方县经过各种实践之后的实际效果，这些均为之后新县制改革的推行进行了理论与实践的铺垫。

二、新县制产生的社会背景

南京国民政府在《县组织法》施行初期，未能顺利按照孙中山的理论实现地方自治。地方自治中的主力逐渐演化为各种势力的包办自治，这些势力既有来自于地方的豪强，也有来自行政政令。地方势力裹挟着行政势力，理想"自治"中能出现民选的县、区、乡长则难以实现。这成为当时从官方到学界几乎一致的认识。在国民党的四届三中全会上，陈立夫、罗家伦等委员提出："吾国连年天灾人祸，民不聊生，而人民之不识字者占百分之七八十左右，于此而设立机关，空谈自治，是无异南辕北辙、背道而驰，结果自治之组织愈大，豪强之把持愈加，自治之耗费愈多，人民之负担愈重，名为自治，实乃自乱。"[①] 梁漱溟也在 1931 年初时指出："在事实上进行地方自治时，亦常常忽略了团体本身，而太着意于另一方面——就是上级官府所委托的事。照例说，地方自治也应奉行上面的政令，兼办官府的委托，不过大家太着意于国家行政，而忽略了地方自治本身就是一个团体。"他点出了当时办自治过于重视国家行政而忽略地方自治本身的"团体"的弊端。

《县组织法》实施不到 10 年，各实验县乡村均未取得能实现全国推行的效果，国民政府随后颁布了《纲要》，作为新一轮县制改革推行的标志，被称为新县制的县制改革开始。为何如此？是因为《县组织法》不够完善，在实践过程中弊病丛生所致吗？

这里需要说到三个问题，其一，《县组织法》的顶层设计及其理论基

---

① 《国民党三中全会陈立夫等提案》，"二档"全宗号二，案卷号 937，转引自曹成建：《1920 年代末至 1930 年代初南京国民政府地方自治政策的实施效果及其政策走向》，《四川师范大学学报（社会科学版）》2003 年第 1 期。

础；其二，彼时世态也发生了变化；其三，办自治与办保甲之争，需要一个折中方案进行解决。

其一，《县组织法》的顶层设计及其理论基础。首先，关于《县组织法》的顶层设计。南京国民政府成立后，为推进基层政权建设，开始注意着手进行县制方面的改革。首部关于县行政制度的正式法律《县组织法》出台，其颁行标志着行政制度法制化初步完成。该法事实上构成了对南京国民政府时期县区乡体制的基本设计，从制度上完结了"皇权不下县"帝制中国下的基层社会模式。其次，就《县组织法》的理论基础，此法的框架试图按照孙中山的设想，将实现自治设定为县政治的最终前途。县自治，是孙中山为国民党制定的县制基本原则。孙中山以民权为基础，认为地方自治是实现直接民权的保证。国民党执政后，自然按照孙中山所描绘出的县制基本原则为蓝本，制定《县组织法》。然而，《县组织法》没有明确规定县为自治团体，对于县政府也没有规定它具有办理地方自治事务的职能，对于县长的产生也仅规定"由省民政厅提名、省政府议决任用"。因此，《县组织法》所规定的县自治因其自身缺陷与其他原因，在各县实施中几乎陷于停顿。南京国民政府不得不开始思考新的县制改革。

自国民政府奠都南京以来，各省的县地方政治，为了革命的需要，而变更充实了其内容，可是县制却始终未成一整套完全的系统。《县组织法》和《县组织法施行法》，各省并未一致奉行。1930年将组织法加以修正公布，虽是采自治的精神，以县以下之区乡镇间邻为自治单位，并将县府分设各局办事，但遵行的省份始终是不多。新的县制改革首先必须要解决的是县级以下的区乡行政区划问题，这关系到经过军阀混战与实验县、乡、村之后，全国各省各地方不统一的县级以下行政区划，以及基层政权如何建构、基层行政能力如何得以强化等问题。行政区划而成的基层行政单元，是国家从宏观角度对基层"团体"进行的官方安排。清末至北洋政府时期，随新政和地方自治的推行，各地出现了各种形式的区乡行政区划，形成了区乡一级的行政组织。这种区乡行政的生成，改变了中国古代社会

"皇权不下县"，即国家在县以下不设治的传统。国家法律制度的逐渐深入基层，对县及以下的政权组织均有了制度性的规定。新县制施行前的《县组织法》对县行政机构的设置仅做了原则性的规定，比如各县县政府设县长一人；县政府内设秘书一人，由县长呈请民政厅委任；根据事务繁简设置一科或二科；县政府下设各局（公安、财政、建设、教育"四局"）；县政府设县政会议，由县长、秘书、各科科长和各局局长参加。

　　值得一提的是，清末推行自治之时，属于自治性机构的"四局"最能体现近代自治萌芽时期的中国特点：由地方士绅主导，各县的教育、警务、实业和财务四局不属于官治县署，而属于自治性行政机构。清末民初时期，遵行的省份在全国不一，但最早且最完备的为直隶。后国民政府颁布《县组织法》，将这四局统一改为教育局、公安局、实业局和财务局。①《县组织法》多次修正公布，其目的是希采孙中山的自治之精神，以县以下的区乡镇闾邻为自治单位，并将县府分设各局办事，但遵行的省份始终是不多。即使统一县为自治单位，各局的身份仍然未收归官治。以自治之名义，实际由地方士绅主导，虽经国民政府统一设置改组了新的"四局"，在某些地方仍然称其性质介于"官绅之间"。② 在《县组织法》中虽有县政府内设科的规定，却仍保留了县政府下设"四局"。直至1935年"裁局改科"先在河北施行之后，"四局"被并入县公署，成为地方行政系统。实践中，"四局"未必能受纸面上的《县组织法》之约束。为限制"四局"的权力不致过大，颁行了仅在"剿匪"区内省份施行的《"剿匪"省份各县政府裁局设科办法大纲》。之后因其他各省在具体实行过程中做法不尽

---

　　① 魏光奇：《地方自治与直隶"四局"》，《历史研究》1998年第2期。

　　② 民国《青县志》，经制志，官制篇。据民国《青县志》，经制志，时政篇。在"四局"首长是"绅"而不是"官"的问题上，唯一的例外是警务长。1909年后，直隶依据清政府颁布的《直省官制通则》，给各县委派是职（民国初年改警察所长），不经地方公举，且一般不用本地人，其身份因而是国家行政官员。不过，他所掌管的警局、警所，仍属"地方公益机关"，这些机构中掌管警费的警董均由地方公举，用本地人，各警区区官也多用本地人。参见魏光奇：《地方自治与直隶"四局"》，《历史研究》1998年第2期。

相同，1937 年国民政府行政院正式公布了全国范围内施行的《县政府裁局改科暂行章程》。"裁局改科"之后，县一级的行政能力得到了强化，县级组织机构也得到了充实，县政府有了进一步改革的需求。此为其一。

其二，彼时世态也发生了变化。全面抗战开始了，南京国民政府迁都重庆。随着华北、华东、华南等大面积地区的沦陷，关、盐、统三税日渐减少，国力渐衰。国民政府西迁重庆，征兵、征粮、征税等方面的压力不断加大，国库紧张，国民政府迫切需要征兵征粮等事务取得地方基层社会协助，此时若推行地方自治似大有可为。因此，各县设立地方自治指导员和地方自治推进委员会，筹设县参议会，为设立地方民意机关做准备，进行县制改革试点，增加试办县份，同时，公布新的县制条例。种种行为显示国家汲取资源的触角开始逐渐向内陆基层社会渗透。

政治军事等形势的变化使县制改革迫在眉睫。充实基层组织、强化行政能力、强化政权渗透与资源汲取的县制改革亦需要推进。1939 年 9 月 19 日，国民政府行政院公布《县各级组织纲要》（以下简称《纲要》）。《纲要》颁行后，其他各项法令的有关内容凡与之抵触者，均被命令"暂行停止适用"。这一文件以"纲要"命名，从法理角度视之，它实质上算不得是一部正式法律。"纲要"表面看似乎具有正式立法前的临时性。据时任四川省民政厅厅长的胡次威回忆说，"就《县各级组织纲要草案》的内容看来，其实就是'县组织法'，不称为'法'而称为'纲要'的原因，是避免经过立法程序，直接由行政院通令即可施行。"① 因此，《纲要》实际是由政府公布的新的县制条例，主要是针对县行政制度的改革，为简便程序，避免复杂的立法程序而能尽快实施，即特殊时期下新县制的推行。

在这一背景下，新县制开始推行。1939 年 10 月发布《县各级组织纲要实施办法原则》（《纲要实施办法原则》），饬令各省从 1940 年 3 月 1 日

---

① 胡次威：《国民党反动统治时期的"新县制"》，全国政协文史资料研究委员会编：《文史资料选辑》第 129 辑，中国文史出版社 1995 年版。

起"同时普遍实行"新县制，要求"三年中一律完成"，要求各级党政部门将此列为抗战期间国内"政治上最重大而最切要之问题"，可见新县制的推行是自上而下的一项"政治命令"。1939年12月底饬令全国各地"应无分敌后和前方后方，一律遵照施行。战地各县，尤须尽量提前完成"。为适应各省不同地方的具体情况，行政院在颁布《纲要》时，还特别宣布准许各省省政府自行制定其实施方案，并呈行政院核定施行，限定以三年为限，至1942年底一律施行。

四川省于《纲要》颁行后不久旋即制定了《四川省县各级组织纲要实施计划》（以下简称《实施计划》）、《四川省实施县各级组织纲要三年计划大纲》（以下简称《三年计划大纲》）以及《四川省县各级组织实施纲要实施上补充注意事项》（以下简称《注意事项》）。按照新县制推行的要求，四川省内全县实施，预计于1940年3月至1943年7月分三期完成。从四川省连续颁布的《实施计划》《三年计划大纲》《注意事项》三份文件内容来看，均是围绕"自治"而展开的。从自治准备、自治培养到自治开始的三个阶段，并计划于1943年7月实施完成，通过推行新县制以确定地方自治为中心。新县制改革实施的理论基础又回到了地方自治理论。正是基于新县制的理论背景及其推行的现实意义，使得新县制的理论研究为深刻地认识民国时期的基层社会面貌，理解县制改革过程中的国家与社会关系变迁提供了较好的契机。

其三，办自治与办保甲之争，需要一个折中方案进行解决。1932年豫鄂皖三省"剿匪"总司令部为严密民众组织彻底清查户口，增进自卫能力，完成"剿匪清乡"工作起见，颁布《"剿匪"区内各县编查保甲户口条例》，将自治之乡镇保甲间邻变为军事管制式的保甲方式，就是人必归户，户必归甲，甲必归保。换言之，就是要以保管甲，以甲管户，以户管人，同时又颁布《各县区公所组织条例》。1934年南昌行营复公布《"剿匪"省份各县政府裁局改科办法大纲》及《"剿匪"省份各县分区设署办法大纲》，此类县制因主要针对"剿匪"省份，而非"剿匪"省份自然不必一致遵行。国民政府行政院为统一制度起见，根据各省实施的经验，于1937年颁布了适用于全国的《县政府裁局改科暂行规程》和《各县分区设署暂行规程》。于是，原定自治性质之区，变成行政机构之一级。1936年曾成立的中央地方自治计划委员会经过一年多的研讨，制定了《地方自治纲领草案》，以教养卫合一为方针，内分户口、组织、训练、财政、警卫、土地、水利、公路、农业、工业、合作、卫生、社会调查、慈善救护十四部门，当时已呈由三机关审查，却因全面抗战发生而搁置。

这种事实需要而致各省县地方制度无形中日趋产生分歧。比如山东采用县、乡镇、村三级体制；山西采村制体制，为县、区、村里、闾、邻五级，均未编制保甲。以推行保甲为主干县制办理的包括江西、河南、湖北、安徽、福建、陕西、四川、贵州、云南等10省，分为县、联保、保、甲四级制或县、区、联保、保、甲五级制。[①]这些区乡行政体制下的区长、乡镇长、联保长、保长一般由上级政府任命，少有自下选举，即使有也是徒具形式。因此，任命人员大多只对上级政府负责，而不对区民、乡镇民、保民负责。

张群与杨永泰为代表的"新政学系"主张从"剿匪"省份办保甲的经验中推而广之，应在全国各省"停办自治、改办保甲"，而与陈果夫为首的CC系所强调的应遵循孙中山先生的主张，"办自治，不办保甲"之间产生了分歧。因此，"办自治，还是办保甲"之争也需要有一个了结。遂后公布的《纲要》（1939年9月）为根本法则，由行政院通令各省均按此施行，至此则有完整统一的县制。新县制作为一种折中的方案，提出"寓保甲于自治之中"，即在非"剿匪"省份仍维持原自治体制，但必须一律以乡镇为范围编组保甲。之后制定的《保甲条例》中关于县为自治单位、县公民的资格和权利、县政府组织机构、县财政制度、县与乡镇两级自治团体、县分区设署及乡镇内编组保甲等内容均被后来颁行的《县各级组织纲要》所吸收。

---

① 胡次威：《民国县制史》，大东书局1948年版，第114页。

因此，新县制是为解决这些诸多问题，在此多重背景下应运而生。

新县制的推行是国民政府为完成基层社会重构，达到中央对地方的控制，实现社会管控的重要制度。新县制的基本特点是将地方自治与官治的国家行政相结合，将自治与保甲制度相结合。[①] 新县制推行的制度意义主要体现为，完成地方自治以树立宪政之基础，其次是对"旧"的县制之中的各种缺点的补救。新县制之实施正是国民政府试图为了补救此弊端，建立的统一县政制度，以完成训政时期的相关工作，为宪政阶段打好基础。

第二节 新县制推行的实践概况

一、新县制在全国推行的概况

南京国民政府统一政权后，开始施行县制方面的改革，县级行政一律采用县长制，1927 年 6 月 9 日国民政府发布训令，县公署改为县政府，县知事改为县长。[②] 1928 年国民政府颁布了关于县制方面的正式法律《县组织法》，该法于 1930 年又再次修正公布。全面抗战爆发后，国民政府迁都重庆，政治军事形势的变化需要县地方制度进行新的改革。经国防最高委员会和国民党中执委共同决议，在四川、湖南、江西、陕西、贵州五省各择一县，进行改革县制的试点。不久，国民党中常委又议决增加试办县份，并决定由政府公布新的县制条例，《纲要》在此背景下由行政院通令

---

① 魏光奇：《官治与自治：20 世纪上半期的中国县制》，商务印书馆 2004 年版，第212 页。

② 《中华民国史事纪要》（初稿），民国十六年册，第 1226 页。1920 年代初，广东护法军政府和"联省自治"中的湖南等省，已经将县知事改为县长。转引自魏光奇：《官治与自治：20 世纪上半期的中国县制》，商务印书馆 2004 年版，第 147 页。

在全国范围内施行。新县制颁行于抗战期间，敌占区、国统区和中共领导的敌后根据地在政治上相互分裂，因此各地推行进程颇不平衡。[①]

过去各省县各级组织太分歧，以致妨碍国家政令的统一。事实上，在《纲要》公布之前，广西省早已大部实行县制改革；安徽省正在积极推进类似的制度；江西省也已指定区域试办，内容也大同小异；闽浙等省的各种单行规章之中亦有若干与《纲要》内容相合的部分。因此，若分区实施，无论以行政督察区为单位、以县为单位，或以区署为单位，一省之中可能有适用《纲要》的地方，也有适用其他法令的地方，则各该省将陷于进退维谷之中。所以，《纲要》在末条中专门规定，"本纲要施行后，各项法令与本纲要抵触之部分，暂行停止适用"。由此，该《纲要》在法令中有优越性，在制度上有统一性，其亦承担着将各地分歧错杂的基层组织纳于一轨的使命。

行政院在《纲要》颁行时，同时宣布准许各省省政府根据其内容和精神，自行制定相应的实施方案，呈行政院核定施行，并限以三年为期，至1942年底一律实行。因特殊情况暂时不能施行者，由省政府呈请行政院核定延期实行。各省按照行政院的要求，分别制定并呈报了实施计划和期限，并开始付诸实行。各省新县制的实施程序与实施情形见下表。

各省新县制的实施程序与实施情形（截至 1942 年底）[②]

省别	实施程序与实施情形
四川	全省 137 县，民国二十九年三月至三十二年七月完成
西康	全省 46 县，民国三十年至三十四年底完成
云南	全省 112 县，民国二十九年至三十年完成
贵州	全省 85 县，民国三十年至三十四年完成

[①] 魏光奇：《官治与自治：20 世纪上半期的中国县制》，商务印书馆 2004 年版，第212—214 页。

[②] 资料来源：国民政府行政院编：《国民政府年鉴》（民国三十二年度七月），中央之部，第一编，行政，中心印书局 1943 年版，第 7—10 页，转引自魏光奇：《官治与自治：20世纪上半期的中国县制》，商务印书馆 2004 年版，第 215—216 页。

续表

省别	实施程序与实施情形
江西	除游击区 14 县外 69 县，民国二十九年至三十年底完成
广东	民国二十九年四月起三年内完成
广西	全省 99 县，民国二十九年至三十一年完成
湖北	民国二十九年五月起实施，战区各县缓实施
湖南	民国二十九年七月至三十一年分三期完成；30 县系战区，4 县交通被封锁，暂缓
江苏	民国二十九年六月起一年半内完成（其余延期）
浙江	全省 76 县，民国二十九年至三十二年完成
安徽	全省 62 县，民国二十九年至三十二年完成
河南	民国二十九年九月起三年内完成（45 县为战区）
陕西	全省 92 县，除陕北少数县外民国二十九年起实施
甘肃	全省 69 县，民国二十九年七月至三十一年内完成
宁夏	全省 13 县，民国二十九年起三年内完成
青海	全省 17 县，除情形特殊者外民国二十九年起实施
山东	全省 107 县，自民国三十年起分甲乙丙三种县依环境情形办理
山西	全省各县自民国三十年至三十四年分期办理

从上表可以看出，除西藏、新疆、东北和内地敌占区、交战区及中共领导的根据地外，新县制在各省基本得到了普遍的推行。而在各省之中，至 1941 年，省内全县实施新县制的有四川、浙江、福建、云南和宁夏 5 省。其中，四川计有 137 县施行，为依新县制调整县政府数最多的省。下文即对新县制在四川的推行实践情况作一简要阐述。

二、新县制在四川推行的实践

近代以来的清末新政及地方自治的推行并未成功，北洋政府统治之下的四川省多年又处于军阀混战的状态，使得四川省县级以下的基层政权一直不太稳定，县级之下的政权主要处于各大小军阀控制之下。四川军阀刘湘与刘文辉大战之后，1933年刘文辉败走西康，刘湘暂时统一川政。1935年，蒋介石借"围剿"红军之借口入川，对川军进行整编，中央军势力入川意味着南京国民政府所代表的中央开始统一川政。四川省按照"南昌行营"颁布的《"剿匪"省份各县政府裁局设科办法大纲》及《"剿匪"区内各县编查保甲户口条例》等法规，对县及以下机构进行调整。各县政府实行裁局改科，除专员兼县长的县份外，其余均设三科，第一科掌理民政，第二科掌理财政，第三科掌理建设和教育。全面抗战以后，因要实行征兵，于是1938年7月在民政科之下设兵役股，后改为兵役科。到1939年，因厉行禁烟，在县政府设置禁烟室，后改为禁烟科。保甲组织则是按照《"剿匪"区内各县编查保甲户口条例》进行编组、实行联保制度等。1937年因抗战形势发生变化，中央内迁重庆后，1939年9月《纲要》颁布，10月蒋介石兼理川政，四川省各地在其指挥监督之下筹备《纲要》之实施，即新县制在四川省正式推行。新县制在四川的推行是先于全国且重点推行的省份。

从四川省实施新县制的制度条文依据而言，分为中央公布和本省制定两大类。

首先，中央公布最重要的制度即《县各级组织纲要》，其要点约有四点：（1）改五级制为二级制，就是将原有的县区乡镇保甲五级改为县与乡镇二级，在新县制之下，区署已非行政机构之一级，而保甲亦不过为构成乡镇之细胞分子，仅有乡镇一级才算是县地方的基层组织。因此，新县制下，乡镇的重要地位越发得到体现。（2）管教养卫合一实施，如乡镇长兼中心小学校长，同时又兼国民兵乡镇队队长。（3）振发民众自发自动的精神，建立各级民意机关，以树立民治之基础，如保有保民大会，乡有乡镇民代表大会，县有县参议会之类。（4）调整党政双方相互关系，树以党治之基础。行政院颁发的《县各级组织纲要实施办法》，其要点为四川省须于1940年3月1日起各县普遍施行，并限三年内完成，同时不得增加人民负担。

其次，四川省根据中央公布的《县各级组织纲要》及行政院三原则，分别拟定了《四川省县各级组织纲要实施上应注意事项》，及《行政院颁发县各级组织纲要实施办法三原则应注意事项》，旋又制定了《四川省县各级组织纲要实施上补充注意事项》。这个补充注意事项，可以说是四川实施新县制的重要法规根据。其要点为：（1）厘定全川县等为六等；（2）县政府机构之调整，将原有之第一科改为民政科，第二科改为财政科，第三科改为教建科或教育科与建设科（凡教育科经费三十万元以上之县先行教建分科）；（3）区署之裁并，有特殊需要者，得保留区署之一部，且仅视为辅助县府推行庶政之一种派出所，不设区署之区改设指导员一人；（4）联保主任办公处改为乡镇公所，并分别扩并；（5）甲以十进制为原则，重新切实整编；（6）财务行政及征收制度之调整；（7）地方各会团分别保留合并；（8）中心学校及保国民学校设立之规定；（9）国民兵团及各级队部组织原则之规定；（10）关于合作之推广等。

以上为新县制在四川省实施的制度依据，下面再略述一下实施的大致经过。1940 年 3 月 1 日，四川省各县开始改组县政府各科，同时调整人事，自不免一番纷扰。县府改组未及完成，陆续开始分别裁并区署，并增设指导员。人事的更动，区署的改组或办理结束，一交一接，又费一番功夫。区署问题未完全解决，各县府科长、秘书、督学、技士等又分期调成都进行四川省地方行政干部人员训练团受训，同时各县又甄选副乡镇长申送该区乡镇长训练班受训。乡镇长改选及县改组联保办公处，成立乡镇公所，并甄选文化经济股主任受训。同时又甄选保长入县政府主办的保长训练所受训。所有国民学校师资亦分别甄试送入保训班与保长同时受训，因保长系国民学校校长，故师资同所训练，符合政教合一的原则。保长同师资训练完毕之后，一面成立保长办公处，一面成立国民学校。同时又分乡镇集中训练甲长，并改编保甲。这些工作，本定于当年底完成，但除了少数的行政区能如限完成外，其他多数县份在实践中均有不同的困难，未能完成。

　　根据上述的实施情形来看，四川省在要求三年完成的时限下施行新县制，并非采逐年分段的原则，而系采第一年建立整个雏形，第二年改进并充实本体，第三年再充实完成体制。因此可知，新县制的施行过程，必然是一件异常艰巨的事业，所以不可避免地会发生若干不尽如人意的情况。在后文中，将会对新县制在四川省的具体实践过程展开论述。

第二章　基层政权：基层政府如何运行

国民政府通过新县制推行的县政改革，对基层政权进行了重新整合与安排。县级及以下的基层政权机构逐渐架设出来。四川省推行新县制时亦如此，经历了县府、县属各机关及县以下的区署、乡镇、保甲等的机构改组，通过对基层行政权力机构的框架厘清，静态的基层政权结构由此呈现。同时，基层政权在实践中如何在人事、经费、文书等方面进行内部运转与外部运行，静态制度如何规范与约束动态的运行过程，基层民意机关如何议决具体事项，这是本章所要探讨的问题。

第一节　基层政权的组织结构

一、基层政权机构设置

《纲要》及其相关制度的设计主要体现为三个方面的变化：一是地方自治制度；二是县行政制度；三是区乡镇行政制度。《纲要》的颁行实际是将地方政权组织法制化，将国家政权从县一级下沉至乡一级。将县定义为自治单位，县与乡均为法人。明确了基层政权制度包括县行政制度及区乡行政制度。其中，省政府仅负监督办理全县自治事项之责，设县政府及县长负责执行中央及省政府委办事项。县成为中央至地方一级的重要承转机构。县级及县级以下的机构，按照基层政权的结构分布，具体执行部门及人员、所辖的基层行政单元及相对应的基层民意机关、人员安排呈金字塔形分布，越至基层人数越多。然而管理机构的设置相较于中央各部院与省府各厅处组织的庞大结构来看，至行政督察专员公署、县政府以及联保（乡镇）、保甲，在机构设置和公务人员安排上则为倒金字塔形。县以下的机构愈下愈简，越至基层管理机构越少：区以下设有分掌民政、财政、教育、建设、军事等事项的部门；乡镇仍设有民政、警卫、经济、文化四股；保之下则仅设干事 2—4 人。如此设置，难怪适逢战时，基层事多责重之时，基层公务人员抱怨不迭，以权谋私之事层出不穷。基层政权结构以下图示之。

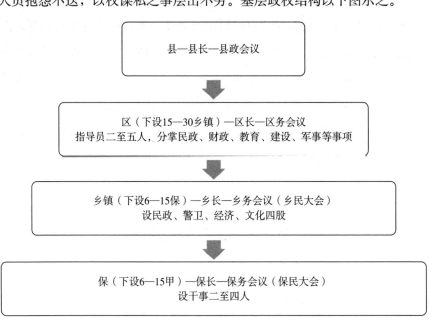

除了《纲要》对县级及以下的基层政权机构做了统一的制度性安排之外，各省亦可根据其自身情况制定相关制度。比如《纲要》规定乡镇之划分以 10 保为原则，不得少于 6 保，多于 15 保。四川省政府为顾及各县之人力财力及地方实际情形起见，特规定乡镇划分各县应依《纲要》第二十九条及第三十条拟定呈核，但应尽量保留以"场"为中心的优点，并充分注意历史关系及自然条件。之所以如此规定，是为免除各县的纷扰。"惟川省过去之乡镇（即联保）有少至四保者，有多至六七十保者，调整殊为困难，迄今各县为乡镇划分而起纠纷者，或请求改划，仍时有所闻。至其规定以场为中心之原则，因场为川省农村社会中之经济中心、交通中心、文化中心、政治中心。多系人口密集或集中之所，以其为乡镇之中心，对于行政及自治事务之推行，当较为便利也。"[1]

新县制前后，从催收税费方面的程序也可看出县级以下的各层级结构的变化。新县制之前，县级以下的各层级结构为：区署—联保—保—甲。以《四川省各县保甲经费收支规程》[2]为例，关于保甲捐款之征集办法的规定显示出不同层级的不同权责："前项捐款应由保长负经收之责，各甲长负督催之责，各联保主任负汇集之责，区长负复查及审核之责，县政府负抽查之责。"不同层级的组织及人员的责任范围详细规定而不尽相同：甲长督催—保长经收—联保主任汇集—区长复查审核—县政府抽查。而后"保长将款收得后除依规定将该保应支办公费（每月2元，每季6元）扣除后，其余之数即缴联保主任，联保主任除将该联保本月份核定应支之款扣出后，其余之数应缴区署，转缴县财务委员会其联保经费以后，由区按其领转发联保所辖保数"[3]。从经费的收支流转过程，可见保、联保、区署与县各层级之间的权责关系。联保与区署承担着作为自治单元的"保"与最小行政单元的"县"之间的重要连接点。新县制后，县及以下的经费流转程序随层级结构的改变，变为区—乡镇—保—甲。政权组织层级的变化，使得流转程序也变得简单直接一些。

虽然，按照《纲要》的规定，国家法定行政机构到乡镇一级为止，无论基层政权结构与层级如何设置，保甲仍然属于非国家机构中具有重要地位的"自治"机构。同时，从国家权力下渗前后的行政机构层级设置来看，毋庸置疑的是县级以下的行政组织在新县制施行后变得愈发重要。新县制施行之前，联保与区署的关系均为县以下重要的转承机关。而新县制施行

---

① 高登海：《四川实施新县制之检讨》，《服务（重庆）》1942年第6卷第1期。

② 荣县档案馆藏：《四川省第二区行署、荣县政府、第四区等关于保甲经费征收、预算、公款房屋培修概算的训令、呈、表册》，001-02-060。

③ 荣县档案馆藏：《四川省第二区行署、荣县政府、第四区等关于保甲经费征收、预算、公款房屋培修概算的训令、呈、表册》，001-02-060。

之后，为何需要改联保为乡镇？区的地位为何置于虚级？此两机关承接着来自上的县政府与通往下的基层保甲，理论上应该是与基层社会接触最多最直接的政权机关。结合实践，进一步对新县制前后区署与联保这两机关的变化作一比较分析。

二、区署与联保的变化

区署，即分区设署，其本意为协助县长深入民间推行政令的机关，藉以确立县政之下层的基干。新县制之前，设置区署确有其必要性。因为当时的保甲制度，只有保与甲两级。直至《整理川黔两省保甲方案》颁布，确定联保为区与保之间的层级，是纵向之间的联系，而并非保与保之间的横向联合。于是县之下的行政机构乃变为区署与联保两级。因为联保这一级的增加，使得公文承转增多，行政效率日减，县下行政机构的层级成为问题。而在当时区署因经费较巨，官治程度较深，故攻击者较联保为多。区署与联保设置是否合适？应否在县下行政机构中减少一层级？对此问题在当时即有争论。四川省政府民政厅曾联合在川各大学实地考察过川内部分县的具体县政情况，并在其考察后的总报告中建议："于县之下再设一级行政机构，或半自治式之组织，殆事实所必需。问题只是留区署抑或留联保？"①

对此问题，根据区署与联保的制度设计与实践状况分析如下。

（一）区署

新县制施行后，各地对于区署的设置进行了调整，区署属于县政府的派出机构或分支机构，只是在县境过大或有特殊情形的地方设置，这改变了此前区署作为一级国家行政而在各县辖区内普遍设置的制度。因此从当

---

① 《四川省政府民政厅联合在川各大学考察县政总报告》，1939年，第19页，藏于四川大学图书馆。

时的规定及实践来看，区署自创制以来所体现的制度设计与实际情况不匹配，其表现如下。

第一，区署的配置与所辖乡镇数量的匹配问题。关于区署的配置，依《"剿匪"省份各县分区设署办法大纲》规定，"各县分区不得多于六区，少于三区"，而行政院公布的《各县分区设署暂行规程》所规定者亦然。区署配置与组织的规定过于硬性；其弊恰与某些县政府建制不相当之点相同。关于我国各县面积大小，相差本极悬殊，因此常出现划区时为迁就法令上区数的限制，使区内辖境相差甚巨。多者一区或辖二十一联保，直逼一些小县所辖。按此情况设想，以当时区署的人力、物力与财力，使之所辖区域几乎与一县相等，何尝不会感到竭蹶。根据四川省政府民政厅联合在川各大学考察县政总报告中所述："如以平均数字而论：新津三区共辖十一联保，平均一区不足四联保；雷波三区共辖却只五联保，平均一区不足两联保；宜宾五区共辖九十联保……"[1] 以川省之例而言，区所辖联保的个数不等，所致设区的大小并未能适应其设置之目的。

第二，区署本身的性质及定位也是不清楚的。新县制施行之前，对于区署的性质与定位不清晰。1934 年 12 月，南昌行营颁发《"剿匪"省份各县分区设署办法大纲》之训令，关于区署的职掌，曾有明确解释，文曰："所有区中保卫安宁，调查户口，训练民众，指导合作，推行教育，清丈土地，实施工役，以及一切农村水利等建设工作，暨区内卫生、公安、交通、经济、财务之一切县政，凡与管教养卫有关者，统由区长秉承县长之命负责执行，……是故今后之区署，即成为纯粹协助县长，深入民间推行政令之机关……"[2] 训令本意希望区署能成为县府下令之后的具体行政行为的执行机关，然而区署对其本身的设置及定位却不甚清晰。尤其

---

① 《四川省政府民政厅联合在川各大学考察县政总报告》，1939 年，第 20 页，藏于四川大学图书馆。

② 王春英：《民国时期的县级行政权力与地方社会控制——以 1928—1949 年川康地区县政整改为例》，四川大学博士学位论文，2004 年。

是县府所在地的区署之设置，究竟是由县府指挥还是脱离县府控制单独设置区署独立运行呢？

据四川第二行政督察专员会议的提案中即有人提出县府所在地区署应独立设置案[①]，其理由主要为三点：一是，根据行营颁布的《"剿匪"省份各县分区设署办法大纲》规定，县府所在地的区署应附设于县府之内，区长及区内职员应由县府职员兼任。但这样一来，经费开支增加，且县府与区署责权难分，各有专司却实难兼顾，即使勉强兼顾，却政绩极少，影响县及区的政绩。因此县府应独立设置，既可节省经费，减轻民众负担，又能保证县与区的政绩。二是，省府于 1936 年 1 月有一令（民字第 1444 号令）规定，附区辖境应与其他各区平均分划。因此，附区辖境内不得小于各区，则经费开支、人员配置，自应与各区同等待遇，不能减小。三是，县府等区系专员兼县之例，查各省专员多未兼县，兹四川专员无有不兼县之规定，无论四川专员不兼县之议能否成为事实即据各省专员不兼县之例，设置附区之制已可取消。[②] 最终讨论后的解决办法为："县府所在地区署应独立设置，经费由省府照章援支。"[③] 县府所在地的区署实具特殊性，这在很多基层政权的机构设置中都有所体现。基层政权之中区署地位之尴尬可见一斑。

区署创制之初，用意原在使其成为一实务机关，希望其能深入民间，负责执行具体行政管理事务。但实践如此吗？据荣县县政府第三区署所呈："窃自新县制推行以来，区之地位，已由纵的阶层，变为横的组织，人事设置，除指导员外，仅一雇员，极为简单，且规定指导员应常川循回指导，督饬所属乡镇，推动政务，住区时日较少，盖非若往昔之，徒作公

---

① 荣县档案馆藏：《四川省第二区行署、荣县政府、第四区等关于保甲经费征收、预算、公款房屋培修概算的训令、呈、表册》，001-02-060。

② 荣县档案馆藏：《四川省第二区行署、荣县政府、第四区等关于保甲经费征收、预算、公款房屋培修概算的训令、呈、表册》，001-02-060。

③ 荣县档案馆藏：《四川省第二区行署、荣县政府、第四区等关于保甲经费征收、预算、公款房屋培修概算的训令、呈、表册》，001-02-060。

文承转机构已矣。"① 因此对区署的要求是希望实现动态的实际操作，推动政务令行，而不仅仅是要求仅承担静态的公文承转之作用。可惜在实践之中，区长等不明此意所为，估计一方面因其人员配置与能力确实不足以适应过大区域范围内基层政权的动态运行工作；另一方面，又囿于我国传统的行政方式，只知办理公文行政而不习于实践管理活动。久而久之，区署自然演变为政府与联保（乡镇）之间的承转机关。区署这一层级的实践与其制度设计的偏离，部分原因在于制度设计上脱离实际，以致具体实践过程中不能完全领会与运用，另外也由于其组织设计的不健全。

四川原设区署 474 处，自实施新县制后，遵照《纲要》第四条予以调整，分别将不合设署条件的区署予以裁撤，计已裁去区署 231 处。② 嗣以各县区署与《纲要》第二十四条及第四条第一项后段规定不相符，行政院电令继续调整，其已存在各区署则按照充实其组织，健全其人事，合理运用其督导权能，使其成为县政府的辅助机关而发挥其效能。

（二）联保

联保的产生主要是依照《"剿匪"区内各县编查保甲户口条例》的规定。联保的意思是保与保之间横向的联系，因此谓之"联保"，原为保甲制度中之一种组织。与新县制施行后区署的尴尬地位不同，联保所存在的问题主要表现如下。

第一，联保的层级问题。主要自《整理川黔两省保甲方案》后，从制度上重新确定联保为区与保之间纵向的层级。如前所述，行政层级增加，行政效率下降，官治风险所带来的问题也随之加大。管辖区域的划分与配备再次显示出制度设计的欠合理性。最初设想与制度设计之间脱节，随之而来的具体实践也出现不同的问题。

---

① 荣县档案馆藏：《四川省、荣县政府关于县、区组织规程、行文办事规则、乡、镇改组的训令、名册》，001-02-449。

② 高登海：《四川实施新县制之检讨》，《服务（重庆）》1942 年第 6 卷第 1 期。

第二，联保所辖保数目与经费不配套的问题。按照联保划分要求，以四川省内之县为例，联保所辖保数有多至 49 保者（宜宾第二区），其与边远各县全县之保数差不多（理番全县共 49 保、懋功全县亦 49 保、汶川全县共 42 保……）；少者有一联保仅辖 5 保者（庆符第一区）。[①] 所辖 5 保与 49 保均为一个联保办公处管理，虽然联保办公处在编制上有不同等级。四等联保办公处与一等联保办公处相比较，人力与经费方面只差两名传达与办公费 6 元的区别而已（一等 14 元，四等 8 元）。

第三，联保办公处的事繁责重及办公方式问题。国家任何政令无一不会下达至联保办公处，为避免周折及增进效率起见，各上级机关直接行令至联保者日渐增多。在荣县档案中，可见四川省政府、第二行政督察专员公署、荣县政府、各机法团体等与各区下辖之联保多有各种不同类型的公文往来多达 233 处。除荣县外，以宜宾第二区白花镇联保为例，与其有公文往返之关系者，自专员公署起至民众团体止，计有 20 余处。以如此繁重之职务而责其于联保现有之人力与财力等条件下处理之，难怪其不能胜任。至于各联保办公方式，仍未脱离传统式公文政治的方式，其一切令文转呈均自上而经过联保后，又施令于各保长办公处。联保主任之视保长，殆如部属，其收入之公文，十之七八以转之保长，即为了事。故各联保办公处，逐渐脱离制度之初设计，工作日益公文化，而演变为类似区署的又一级公文承转机关而已，并未实现基层社会自治之初衷。

自实施新县制后，联保改为乡镇，并不仅仅是名称上的变化，还有对各县乡镇进行重新划分。自 1940 年 5 月着手至 8 月止，据各县呈报全省划分为 3514 乡镇。后经四川省府检查各县划分乡镇，多系迁就地方经费任意扩并，与法令不合。于 1941 年各县整编保甲户口时，依照查口立户，按户立甲，按甲编保，按保划分乡镇之原则，重新调整，计

---

① 《四川省政府民政厅联合在川各大学考察县政总报告》，1939 年，第 22 页，藏于四川大学图书馆。

全省共化为 4327 乡镇。① 对于新县制之后的基层政权机构之变化，曾任过荣县县长的刘觉民评论道："改五级制为二级制，就是将原有的县区乡五级改为县乡二级，在新县制之下，区署已非行政机构之一级，而保甲亦不过为构成乡镇之细胞分子。仅有乡镇一级，才算是县地方的基层组织。"②

区署与各联保之辖境、组织、人员经费及其运用之方式，以最初制度设计与实践情况而言，已有不契合的感觉。以基层政权机构之制度设计而言，本希望赋予区署以协助县政府、实际执行具体行政管理的权责，却变为县与联保之间的公文转呈机关；而联保本希望从保与保之间的联合，设计为区与保之间的纵向行政管理层级，但实际工作却变为将公文从区署下达至保办公处的一级转呈办公机关。直至新县制推行之后，区署经过调整重划，联保一级被乡镇取代。

就联保和区署在新县制前后的变化而言，联保转变为乡镇不仅是名称的改变，新县制所定位的乡镇则为一级法人。乡镇组织亦得到充实，地位得到提高，过去的乡镇只是县或区的附属品，没有独立的人格。乡镇的充实同时带来的结果是乡镇的区域扩大，乡镇长的地位提高，乡镇机构下的组织也得到了充实。区的地位也发生了变化。在整个县组织改革中，变革最大的当属区这一级。新县制前，区是县与联保中的一级，其性质与乡镇无异。新县制施行后，区成为县政府为督导乡镇所划定的范围，区署不过是县政府的辅助机关，并且可以不设署，由县府派员指导区内的行政与自治，区署愈发转变为公文层转的一级虚置层级。

从基层政权的设计及实践而言，新县制之后，乡镇之下的保甲被重点推行。县级之下的基层社会之中，乡镇保甲愈发重要，除区一级为辅助机关，得斟酌需要设置外，其余均为执行机关。同时，乡镇与县同为法人之

---

① 高登海：《四川实施新县制之检讨》，《服务（重庆）》1942 年第 6 卷第 1 期。

② 刘觉民：《新县制与计划政治——现阶段四川县政之检讨》，《服务（重庆）》1941年第 5 卷第 3/4 期。

6

后，政府法令与制度自中央经省以达乡镇、保甲而及于民众。新县制后的基层政权成为体现国家权力不断下沉的官治政权结构，虽然其为了方便动员基层民众从事抗战之事，但其确已偏离民国之初所确定之"县以下为自治机关"的设想。保甲成为考量国家政权建设过程中，纵深到基层社会中最小单元的控制与汲取能力。因乡镇保甲长之设置及职权之行使，使得基层社会矛盾丛生，各种力量在博弈之中变异。

三、县属其他机关

基层政权结构中，县级以下的区署与乡镇是政权层级的构成主体，但县政府、县参议会等县级政权机构之外的其他县属各机关组织也是必不可少的组成部门。它们中尚有若干架床叠屋之"骈枝"或"赘瘤"委员会，有与县政府立于平等地位者，比如党政军等机关团体。同时，县政府的内部机构亦可以根据地方实际情况作些许变通，比如根据《四川省各县政府组织暂行规程》的规定：各县政府设三科，分掌民政、财政及教育建设事项，县治为通商大埠，有特设公安局必要者，得设公安局。抗战以后，于1938年10月起增设兵役科；1939年1月设禁烟室，8月起改组为禁烟科，并分期实施教建分科，设省县征收机构；于1939年起将全省原设征收局，分为九等，特一二三等征局暂予保留，四等改于县府内设置征收处，五六七八等所有征收事务，由县府第二科负责主办。[1]

四川省自贯彻新县制后于1940年3月各县县政府均照《四川省各县组织规程》改组。设民政、财政、教育、建设、军事、社会及地政七科者12县，设民政、财政、教育、建设、军事、社会六科者53县，设民政、财政、教建、军事及社会五科者37县，设民政、财政、教建、军事四科者33县，县府职雇员役名额亦依总等酌予增减。

---

① 陈柏心：《中国县制改造》，国民图书出版社1942年版，第85页。

以四川省荣县县属机构的变迁为例，可以见证民国时期其所经历的不同时期的演变。荣县在辛亥革命前独立后，1913 年在荣县设知事，改清末的知县公署为知事公署，署内设民政署、民事署、刑事署。1911 年还设省团练局①，主要掌管地方治安事宜。教育局掌握学校教育事宜。地方自治经费局②，掌管三费和社会事宜。征收课(1913 年改为征收局)，负责田赋征收事宜。蚕务局（1934 年改为实业局），负责地方实业事务。同善局（1935 年改为救济院），负责善老育婴等业务。1927 年，按照国民政府制订的《县组织法》规定，县政府设公安局、财政局、建设局、教育局。1930 年，县政府设秘书室、财政局、建设局、教育局。1934 年，县府内设秘书室、第一科、第二科、第三科、警佐室。下半年改为秘书室、公安局、财政科、建设科、教育科、公安队。1935 年设秘书室、第一科、第二科、第三科。下半年成立财务委员会、新生活运动促进会、公安队改为警察队。1936 年县政府内增设禁烟科掌管全县禁政。同年成立民众教育馆，保安队改为四川省第二区保安第四团第一大队。1937 年，县府内又增设警佐室、合作指导室。1938 年，增设兵役科。1940 年，增设建设科、会计室、司法室、军法室、县政会议、荣县国民自卫总队（又称国民兵团）。兵役科改为军事科，第一科更为民政科，第二科更为财政科，第三科更为教育科。撤销禁烟科，其科员、办事员并入民政科办理禁政事宜。1941 年 1 月增设户籍室，4 月增设社会科，9 月撤销粮食管理委员会，增设粮政科、司法处、看守所。1 月撤销合作指导室，并入建设科，4 月又恢复合作指导室。同时，改组财务委员会，设经收处，撤销征收局，设田赋粮食管理处。1942 年，县府内增设统计室。1943 年，又增设人事室。1944 年，增设地政科，成立警察局，撤销军事科并入国民兵团。1945 年，撤销粮政科，并入田赋粮食管理处；撤销国民兵团，恢复军事科。1949 年，

①　1913 年改为警备队，1917 年复设为团练局，1927 年改为团防局，1933 年改为国务委员会，1935 年改为保安队。

②　1924 年改为地方税收支所，1930 年改为财政局，1933 年移归县署第二科。

县府内设秘书室、民政科、财政科、建设科、社会科、地政科、统计室、合作指导室、会计室、军法室、户籍室、军事科、教育科。

县属的党、政、军、机关、团体在某些具体事务权限方面几乎与县政府处于平行位置，每年春秋两季的行政会议均会参加。这些机关、团体、组织既有完全的官方身份，亦有完全的民间身份，还有两者参半的情况。在基层政权建设过程中，大多关注的是官方的基层区署或乡镇这些机关团体，对来自民间的组织有所忽略。事实上，这些机构与组织均在具体的基层政权实践过程中，成为调和国家与基层社会关系的重要治理力量，亦产生不小的影响。部分机构在调和国家与社会关系的过程中发挥着重要作用，在后面章节的内容中会发现，尤其是在发生灾荒及战争时，国家尚无力全面予以救济与抚恤时，部分社会组织对基层社会亦会产生重要影响。

第二节　基层政权的运行实践

基层政权结构厘清之后，县级基层行政权力机构的框架基本架设出来，但这些行政主体之间的具体运行过程是如何实现的？在人事任用上的制度安排、经费方面的筹集，以及公文流转方面又有什么特点？通过具体档案所展现出的规章制度规定与实践中的运行过程，本部分主要从下面几个方面进行分析：一是作为基层社会的管理者，其如何对内部机构进行管理，及具体的人事安排与协调；二是在基层经费有限的情况下，尤其是战时经费相当紧张的状况下，如何进行经费筹措、管理及运用，国家财政经费拨给与基层的实际需求之间存在怎样的矛盾；三是治理主体对其所管辖范围内所属的各区、保、甲各层级之间如何上呈及下达指令与文件，这些行政文书之间的流转过程及效果如何。

一、人事的任用与制度

"为政之要，首在择人"。人事管理，包括人事制度的建立，对人员的选定、待遇、考绩等方面进行制度性的设计和规定。无论是县政府、区署、联保、乡镇，在行政管理过程中均无法回避内部的人事任用问题。尤其是在战时，人力资源相当紧张与拮据的时期，人事的安排与规划更显重要，矛盾与问题也多由此生。

从县级政权的人事设置观察，首先，设县长一人（无副职），总揽全县行政事务，遵照国家法令，行使职权。县长之下的县政府分别设秘书室、民政科、财政科、教育科、建设科、社会科、粮政科、地政科、会计室、统计室、户籍室、军法室、看守所、政警队、军事科中秘书、科长、主任、承审员、所长、执行员等共计若干人。以四川荣县县政府所属机构为例，它也代表四川大部分所属县政府（非民族聚居地区）的所属机构及职掌，列表如下。

荣县县政府所属机构及其职掌

机构名称	职称	姓名	职掌	备考
秘书室	秘书6人	曾奠华 黄秉莹 张运筹 武春林 王咸熙 窦采凡	协助县长推行政令，处理往来公牍、管理人事、公章、收发、督缮、档案等工作	收发文件，另设收发室，置一级科员一人。缮写公文，另设督缮室，为一级或二级科员负责，集中雇员缮写。另设档案室，置一级或二级科员管理
民政科	科长7人	冷天庆 丁肇南 郭敦 黄德富 刘光裕 曾兴鲁 范荣华	监督、指挥区、乡、镇、保、甲，推行民政事业、主管民政部门人事任免，以及有关选举及保甲自筹经费等事务	1941年成立户籍室，原有民政科编查保甲户口、人口出生、死亡、户口迁移等业务，均划归户籍室办理

机构名称	职称	姓名	职掌	备考
财政科	科长 5人	王东兴 陈磊夫 朱体群 刘仲泉 顾一禔	主管县财务计划，主编地方财政收入，岁出预算、决算督促税收稽征，管理有关财务行政事项	1946年9月成立税捐稽征处，直接由省府财政厅指挥，但财政科仍有督征职权
教育科	科长 7人	周宝琅 王亚庵 李伯尊 曹松镕 龚端让 李荣仪 刘世宇	主管全县教育事业，任免中心校长，保校校长，教师，对中学校长，报请省府委任，其教师由校长敦聘	按每一行政区设督学一人，辅助教育工作。任命中学校长，先后有罗文杰、吴铁雄、张翰飞、谭心周。男女中学原系合校，自1941年划分为男、女中学各别开设。首任女中校长即黄希濂的爱人冷蜀德。冷蜀德后，即荣县周权儒继任
建设科	科长 1人	刘引弇	主管农业、工业、交通、电讯、水利等经济建设事项，督促农业推广所，改进农业技术，开展各类供销合作社	在这十年中，刘引弇一直担任该项职务
社会科	科长 3人	余楷模 虞伯友 李忠恕	主办社会事业，慈善救济事业，管理社会团体，宣扬国民党党务工作及一切社会运动事宜	社会科长、科员，均须由国民党党部推荐
粮政科	科长 2人	黄德富 黄子言	协助田粮处的征收行政工作，经营县级公教人员米贴，支援省、县级公粮附加和军粮交运等	1942年增设
地政科	科长 1人	张处述	接办土地陈报工作，及有关地籍行政事项	1944年新设，一年以后即裁撤，改设地政员一人接办，同科长待遇
会计室	主任 4人	谢兆洪 张学诚 常子昆 李耀强	会计职权独立，兼负审计责任。执行地方预算，签发支付命令，交有关单位向全县金库支用经费。执行计算，决算，编制	1942年增设

续表

机构名称	职称	姓名	职掌	备考
统计室	主任 1 人	沈文斯	主办县级单位统计，县府各部门静态、动态、工作及县属单位人事工作，汇编月报，季报，年报，以作本单位及上级机关施政参考资料	1941 年成立，至 1947 年裁撤，另设统计专员。一人承办，同主任待遇。该室先后编有统计手册一号及二号
户籍室	主任 3 人	郭敦 沈文斯 赖先藻	主管人口普查，整编保甲，清查户口，以及人口出生死亡、户口迁入、迁出等等级查报	1941 年成立，由民政科长兼主任，统计主任兼副主任，另设专职科员二人，办事员一人，1943 年，归并于民政科内
军法室	承审员 4 人	谢承楷 郝伯英 刘本经 刘恩荣	依据军行惩治盗匪条例，受理有关刑事案件	县长兼军法官和司法处检察官
看守所	所长 1 人	刘本经	看守司法室及司法检察处在押人犯	
政警队	执行员 2 人	詹春和 谢子航	送达公文，传询军法，行政案件当事人，催收公款等	
军事科	科长 4 人	胡宗缄 刘聪彝 王庆国 卢岗如	办理征兵事务，领导防护团地方武装力量，培训壮丁，并与驻防军队联系治安工作	

资料来源：中国人民政治协商会议四川省荣县委员会文史资料委员会编：《荣县文史资料选辑》第四辑，1997 年，第 104—108 页。

这些县政干部人员，秘书、科长、科员、技术人员、卫生、财务、会计、审计、统计、警察以及农林行政等佐治人员，均被称为县公务人员。这些人员的质量与县政改革具有非常重要的关系。组织机构的调整，不过是一种制度的改进，改进后的制度，能不能得到预期的效果，须视得人与否。制定优良的人事制度，使得人当其事，才能发挥制度的最优化效果。因此关于人事的管理、考核、任免及奖惩的根据，随着新县制的推行亦制定了很多相关制度规章。其意图通过对县政府及其公务人员进行登记及考核，对人员的调整及奖惩均能做到有"制度"可依，实现用科学的管理方法，使公务人员成为政府的"公人"，而不是长官的"私人"，这是国民政府时期大力推行新县制改革时希望能荡涤掉传统中国县域社会中存在的"幕僚""师爷""刀笔吏"这类官吏制度的弊端与隐忧。对于他们的任免进退，均以法令为依据，不得凭长官的好恶亲疏而有所区别。

人事制度的完善及有效实施被列为新县制三年计划之内。全面抗战爆发之后，四川省在人事方面所制定的成文制度有《四川省县长履任须知》(1938)、《四川省区长履任须知》(1938)、《四川省公务员交代条例施行规则》(1938)、《四川省公务员交代补充办法》(1938)、《四川省公务员出差公旅费规则》(1937)、《四川省政府选用县长区长标准及考查已往办事成绩办法》(1938)、《四川省公务员保障暂行规程》(1937)、《四川省政府考绩委员会组织规程》(1937)、《四川省政府考绩委员会办事细则》(1937)等多种法律制度。其本意是希望通过这些制度形成网状格局，协助县长依法办理公务员的各种考核等事务，达到所有人员委任及撤免等均能依据法定手续办理之目的。然而实践中，虽有法令可以依据，但执行起来却相当困难。虽然字面上对于人员的考绩、奖惩的方式固可明白规定，但要真正达到公正严明的结果，则至为不易。

人事任命方面主要根据"自治"精神，由各地"就地取材"，自行安排，但也有上级政府对下级部分所请事项给予指令。新县制推行后，四川省政府于1940年12月为建议调整乡镇公所及中心学校、保国民学校人事与权责发出建议书一件，作出四点指令："一、查新县制之推行系地方自治之初步实施，所有乡镇长自应就地取材，以符自治本旨，所请通令规定乡镇长一律回避本县原籍一节，核与立法原意不符，应毋庸议。二、关于请废除副乡镇长及名誉副乡镇长，不但与《纲要》第三十一条之规定抵触，且本府对于名誉副乡镇长除规定应勷助乡镇长处理公务外，并于四川省各县区乡镇调解委员会组织规则内，有得任该乡镇调解委员之规定，并非毫无专责，所请未便照准。三、文化经济股请设专任干事一员，以增进行政效率一节，为该县乡镇事务过繁，经费足敷开支，自属可行。四、关于中心学校保国民学校校长一律专任，使隶属于乡镇公所一节，如果该乡镇经济教育发达，自可遵照县各级组织纲要第三十四条第二款之规定办理，但仍须兼任副乡镇长以符规定。"[1] 可见，国家对于基层人事安排虽已有制度规定，但省府也根据自身情况给予基层一定建议。国家制度层面的积极推进，并不一定能"收获"基层的积极响应，偶尔会有变通，偶尔会有抵触，其主要依据基层社会地方之情势，并不会严格按照成文制度照办，县级以下地方在人事任命方面自主权较大，也便于地方因地制宜开展治理。

二、经费的困难与筹集

《纲要》经国府明令公布，并限各省于三年内完成，新县制之实施，一为人力，一为财力。所谓"为政在人，无钱莫办"，故在经费方面需大量增加。县财政本身所存在的问题导致县自治经费的紧张。从制度上而言，县财政没有划分，无独立财政权。[2] 但在抗战及川省频繁遭遇的各种灾害面前，如何增加经费，何处筹集经费，实在是新县制成败之关键所在。四川省内各县均面临人、财、事的短缺，尤其在财方面，因为公务人员的薪金需要上面拨款，若拨款与开支明显不够，解决得不好，则可能导致基层公务人员趁此搜刮民脂，引发基层矛盾隐患。川内各县情况又不尽相同，如何解决这一困难呢？

---

① 荣县档案馆藏：《四川省、荣县政府关于县、区组织规程、行文办事规则、乡、镇改组的训令、名册》，001-02-449。

② 参见《二十九年度各省实施新县制情形一览表·附注》，中国第二历史档案馆藏，县政计划委员会档案，172-2-301。

以四川荣县公务人员的薪金一项为例。荣县全县乡、镇公所，原是57所，自1939年起，与自贡市接壤的贡井、艾叶、敦睦三乡镇划归自贡市管辖后，只有54个乡镇。每一乡镇，设乡镇长、副乡镇长各一人，队坩一人，民政、经济干事各一人。1941年，增设地籍，户籍干事合为一人；均系薪级制。每人月支薪金，最高未超过24元。全县548保，每保设保长、副保长、保队坩各一人。保设办公室，直辖甲长若干人。保长受乡、镇长监督指挥，承办征丁、派款等繁杂的基层工作，但每月仅支津贴2元，殊属菲薄，所以当时有讽刺的对联，上联："管教养卫四个字"，说明保长事务的繁杂；下联："油盐柴米两块钱"，形容生活待遇的菲薄。当时保长贪赃枉法者多，薪不足以养廉，应是重要原因之一。[①] 县政府内各编制及人员经费如何开支，以荣县县政府的编制及各级人员薪金为例，通过下表可以清楚了解。

荣县县政府编制及各级人员薪金

金额单位：元

职别	应铨叙职别	人数	月薪	备考
县长	荐任级	1	320	每月另支特别办公费180元出巡，出差费140元
主任秘书	委任1至2级或荐任9、10级	1	180	荐任秘书支220元
助理秘书	委任5、6级	1	100	
科长	委任1至4级	8	160	其中建设科长刘引弇是荐任12级，月支200元
会计主任	同上	1	160	
统计主任	同上	1	160	
军法承审员	委任3至4级	1	140	

---

① 中国人民政治协商会议四川省荣县委员会文史资料委员会编：《荣县文史资料选辑》第四辑，1997年，第113页。

续表

职别	应铨叙职别	人数	月薪	备考
看守所长	委任 5 至 6 级	1	160	
技士	同上	1	100	原只有农林技士，后增强工业技士，均在建设科工作
督学	委任 5 至 6 级	5	100	1939 年以前称视学
县指导员	委任 3 至 4 级	5	120	区署裁撤后设置的
合作指导员	委任 7 至 8 级	2	90	
一级科员	委任 8 至 9 级	9	80	分配于民、财、教、建、会计收发科室各一人
二级科员	委任 9 至 11 级	10	70	分配于各科室、名额相互调动使用。以下两行同此
三级科员	委任 10 至 12 级	16	60	
事务员	委任 12 至 16 级	22	50	
一级雇员	不铨叙	8	45	
二级雇员	不铨叙	6	40	雇员集中督缮室，统一工作，主要缮写各科室公文，属秘书指挥
公役		12	12	
政警		10	16	
合计		121	8064	加县长另支 320 元，合计 8384 元，以双八折计，实支 5365.76 元

资料来源：中国人民政治协商会议四川省荣县委员会文史资料委员会编：《荣县文史资料选辑》第四辑，1997 年，第 108 页。

　　上表所列县政府编制及各级人员薪金设置员额，在适应施政工作时，互相调整，但是变动差异不大。县政府编制及各级人员的月薪，根据一等县的国颁标准，在 1938 年以前，法币稳定，一元面额与大洋等值行使。由于 1937 年 9 月编制 1938 年地方预算时，鉴于财力不足，便将原执行的八折月薪，再按八折支给，所以称为双八折发薪。两年后，仍恢复为八折。自 1941 年以来，因法币不断贬值，公职人员固定薪金，无法维持最低生活，不但不能再予折扣发薪，且改按各人月薪作基款，成倍递增发给。

因地方财力不足，按照双八折支给后，再加上随着法币不断贬值，物价上涨加速，适逢荣县遭遇难得的旱灾，公务人员的收入更是寅吃卯粮。对于经费不敷的问题，另筹经费成为常态。因此，乡、镇、保经费，除纳入县地方预算外，还需自筹经费，用于乡、镇、队坼充实地方防卫力量及其他开支。至于筹集办法，县府虽有明文规定，各乡镇仍各行其是。对所筹经费的收、支各款，县府虽饬其必须编表报核，公务人员却视同具文，迄未遵照办理，其中舞弊多端，自不言自喻。全县的自筹经费，究是多少，始终无法掌握统计。[①] 各机关法团保甲等通过不同方式、不同理由提出要求增加经费或以其他挪借等方式上呈区署、县政府或省政府、省动员委员会等要求挪借补足不敷之经费。因基层行政职务多属兼任，兼职不兼薪的制度规定，使得财政拨款经费事实上多有节余。以荣县农业推广所为例，其节余经费明细如下文所示：

> 职所常年经费，经奉核定为5346元，主任一职因系钧府建设科长兼任，遵照不兼薪给之规定，以每月80元计，本年应节余960元，又本年三月一日奉派到县指导员王俊明薪给，三月以前，尚未支付，以每月46元计，两月应节余92元，三月至五月为该员实习期间，每月实支津贴25元，三四五各月应节余63元，又农业调查费100元，尚未奉令动支，全数留存，总上各项，职所常年经费内，应共节余1115元。

如上所述，荣县农业推广所的节余经费一年共计是1115元。此节余

经费，本应照制度规定上缴县财委会。然而，农广所并未按规定上缴，看似节余较多的经费，决定挪借开支给助理员薪给、工饷及旅费三项的开支，却已所剩无几。例如旅费一项"本年旅费核定 720 元，平均分配，每月为 60 元，除遵照通令主任在内支给津贴 15 元外，职所各员共 6 人，工作全在乡村，必须旅费始能办理，按之上述生活情形，当属不敷"。又如薪给一项，"助理员薪给，本年核定每员每月 25 元，工饷每名核定 10 元，不分员工每人每月平均食米三新市斗，以核定之薪饷，均不足每人食米之价，况其生活不仅食米一项，故数月以来视物价标准，月有垫累，若非挪借补足，早已各自星散"。因各地物价上涨，加之荣县值旱灾严重之际，小春无收，大春不及二成，生活成本之高几乎冠于全川。以食米而言，每新市斗价格已"于六月底继续涨至 10 元，六月以后，即稍有跌落，时至今日复回涨至 12 元"①，由此看来，当属不敷。同时，还有该所应予支出的修葺费用。因该所"位于小南门外土主庙，嗣军队入驻，暂改在邻近之饶钵顶金山寺内，后驻军开拔，准备修葺土主庙，以备迁往。然而因工价物价均已上涨，修葺之费用不另行请款，拟请在节余项下支给"。就这样"三下五除二"，本应上缴财委会的节余经费却被支出减去的消遣殆尽。财政项下的拨付与实际的支给之款项并不能遵行制度规定由上级财委会监督掌握，只要拨付到基层的款项，即使尚有余款，想要拿回去实在如"水中月"，真正的决定权还是在基层。

除此之外，因物价上涨所造成的经费捉襟见肘，导致多个机关怨声载道，或要求以节余经费挹注本身之不敷，或请求上峰予以补救解决以利公务开展，荣县县属各机关的相关呈请理由列举如下。

荣县县府区署机构提出"为生活高出省会请对县府区署所有员役比照省府加薪规定办理"的呈文，因其"生活自去年冬季因干旱增强以来，田土收获平均十不及二，以致最近米价旧量一斗已过 50 元之多，百物随同

---

① 荣县档案馆藏：《四川省政府关于遗产税征收、划拨、宣传的训令》，001-09-088。

上涨，各级职员暨警役薪给，早已不能维系其简单生活……"之理由要求通过"经费节余之款，挹注本身之不敷"。

荣县县政府政务警察队虽然因政府特殊拨付的津贴，已达每名每月30元，算薪给较高的群体，也以"百物俱贵，米价每斗50元有奇，以致政警一名，一日二餐，每月计均用40余元，就本月计将达二十二日，用度已超过全数薪工，余八日之伙食尚属问题，且前欠未清，追呼万急，再欠实无门路也，欲解除本队伙食团，齐集多有不便，派遣则敢困难，恐于公务推动有碍，法无所设，只得据情邀恳钧座于预算开支外，做何设法着重津贴，俾（避）免警等饿腹，而利公务"的理由提出"为生活高昂，恳请设法弥救以利公务事"的呈文。①

荣县管狱署以"该署管狱员薪在未实施新县制以前，县地方向有补助之例，今因改由国库开支，县地方即仅担负军法已未决人犯口食，暨衣被席扇医药等各费"，同时提出因禁烟推行，致军法犯较普通犯约超五倍。因此，该管狱员及医士主任看守责任均较前加重，"值此生活激增，难安职守，自系实情。权请照表列员名自十月份起援县府生活补助标准，于县预备金项下分别给予补助"，呈请"援例发给生活补助费"。

荣县动员委员会以省动员委员会的训令"为拟依照新县制等级，重新规定各县动员委员会经费，自本年七月份起一、二等县实支200元，三、四等县160元，五、六等县一二十元，在县地方经费预备费项下开支，请予核复一案，查现在物价高涨，各会开支较前庞大，所拟增支办法自应照办"，请求增支。②

以上种种情事，无不彰显经费紧张的现实。经费不敷之情事从上面各部门所请理由来看，原因大致如下：一是，法币不断贬值，物价上涨加速，公务人员寅吃卯粮，入不敷出，因此，请求将兼职未兼薪的那部分节

---

① 荣县档案馆藏：《四川省政府关于遗产税征收、划拨、宣传的训令》，001-09-088。

② 荣县档案馆藏：《四川省政府关于遗产税征收、划拨、宣传的训令》，001-09-088。

余用以酌量挪借补贴津贴；二是，适逢川内多县遭遇难得的旱灾，灾难之下国力更显捉襟见肘，预算项下的开支自然不够支付，因此，请求增支；三是，因公务事的增加（简单地说，就是帮国家办事，比如禁烟等事）所耗资，之前地方向来有补助之例，今改由国库开支却未见补贴，因此，请求在县预备金项下分别给予补助；四是，虽然给予的薪给较高，但总是拖欠未发，因此，希望设法加重津贴，避免饿腹，而利公务。

总体而言，薪给的微薄、物价的高涨、国库补贴拖欠、入不敷出的现状均从侧面反映出基层社会财政经费之紧张。然而，薪俸的紧张是否是导致基层公务人员出现大量贪腐，搜刮鱼肉基层民众，倒卖粮谷，任意摊派等问题的根源？我们将在后文重点分析针对基层公务人员这一群体的相关制度设计与实践问题。

三、公文的上传与下达

基层政权运行过程中，公文的传达至关重要，其包括公文的上传及下达。公文仅是文本载体，其实质是国家权力的下渗，通过各种训令、指令、命令等形式使其精神下达至基层，借以控制基层社会。在《四川省各县区署组织规程》第十条中，对各种文书的行文均有明确规定："区署行文对该管县政府及其他上级机关用呈，对各区往来用公函，对所属乡（镇）保甲及机关团体用令，对区民得用令或批示、布告。"对于承办公文的人员，亦有规定："区署依其等级，遵照编制，设置雇员及公役，承办文书缮写及一切杂务，均由区长雇用（佣）之。"①

上传与下达，包括通过对各种基层文件、工作月报表、报告、会议记录、人事安排的呈报及备案以达到基层情况向上传送之目的；以及省

---

① 荣县档案馆藏：《四川省、荣县政府关于县、区组织规程、行文办事规则、乡、镇改组的训令、名册》，001-02-449。

政府对县级及以下行政层级、县政府对其以下行政层级发布的各种训令、指令、命令等令；以及对普通民众所发布的布告等内容。上传与下达看似两条线索，实际上是一条线索的两个折叠面。基层政权组织将所请之事报备或请示上级，即公文上传，上级将所请之事存档或批示回复，即公文下达。纸面上的政治，因这一来一回变得生动。在实践之中，虽然下级对于上级所呈请之事，均希望得一迅速且正当的解决方针，然而情况各殊，上级所给予的答复却并未如人意。大多数上呈县府、行政公署或省府公文，按照惯例常出现之批复情形，归纳而言不外如下几种情形。

一为批答笼统或模棱两可，多见于新县制推行后，乡镇调整事件中请示上级政府。比如荣县在姆四乡调整一事过程中，县政府曾拟定多种方案上呈，包括"姆东、姆南、姆西、姆北、同心等五乡合并为中城镇一体"，与"姆四乡照旧有区域管辖，不必调整"[①] 等，然而所得到的答复多为"所呈尚无不合""仰即查酌办理""姑予照准"等语句，并未对其是否合并给予明确的答复。此语并非肯定，大多使人感觉空洞玄妙不着边际，甚至有些不负责任，从而使得下级机关不知如何办理。

二为设词推宕，大有拒人之外之感，多在新县制推行后，因经费开支等事项请示上级政府等事由。比如荣县动员委员会以物价高涨，各会开支较前庞大，请求在县地方经费预备费项下开支，请予核复一案中[②]，所得结果大多为"仰后查核办理""仰后会核办理"等语。此语一出，并未有限期完成一说，因此所请之事则因一查一会之后，便永沉之入大海，最后大多以不了了之结束。

三为任意延搁，不论结果，常在于文件之上呈或核报之事项。比如常呈请或报核之文件，经年累月虽长期呈文催促却迄无批答者；或因某些关系时间性之呈案，待事成过去之后，始得指令加以准驳者；或者对各地指示办

---

① 荣县档案馆藏：《荣县政府、铁厂、古佳乡公所等关于保甲调整、召开乡民大会情况的函、回批、呈、表》，001-03-469。

② 荣县档案馆藏：《四川省政府关于遗产税征收、划拨、宣传的训令》，001-09-088。

理之事项，一经核刊印发之后，便算完毕，并不随时考核其实施之结果。

四为因循敷衍，未实际体察，常用于对某些特殊情形不进行调查，仅形式上完成批复，不解决实际问题，类似于"一刀切"批复。比如每因地方实际情况殊异，执行某种政令时发生障碍，无法推行下去，因此据实呈明上级，请予指示适当方法，但有的公务则以"事关通案"四字批复了之，并不详加体察，为之解除困难。纸面上的公文行政并未解决实践中的问题。

五为借词回避，不予办理，常对具体事务的怠于执行，类似"懒政""怠政"。比如对于某种事件一再陈明事实理由，确应斟酌损益者，始终以"碍难照准""仍无庸议"为之答复，至此项事件永久办不通。

对于公文往来中所存在部分沿袭旧式衙门的结习，已显示出非时代所宜有，尤其更非当时抗战时期所宜有。为避免减退行政效率，使国家权威在基层政府及基层社会中被弱化，在上级政府亦难奏领导之功。因此，四川出台相关制度，比如《四川省各县区署办事通则》中规定，对于上报之公文包括施政计划及巡视报告，第二条规定为"区长应就其主管事项按照区内实际情形斟酌轻重缓急于每年度开始前拟具区政实施计划，呈由县政府核定施行，并层报省政府备查"，第三条规定为"区长应每两月巡视所属各乡（镇）一次，并将巡视情形摘要编呈报告呈报县政府查核"。同时，第九条针对区署对于公文的下达的规定为"区署处理公文须分紧急、次要、普通三种，限日办竣，不得积压"。该《通则》同时对于公文的管理与移交也做了相应规定。

这些关于公文承转的制度规定与惯行答复的实践，一方面可见国民政府对于下级所呈公文要求的范围广泛及对其的重视，但对某些承转机关对公文的延误、敷衍等现实问题的关注与试图解决却无法解决的无奈；另一方面，公文的承转实践过程，再次映证了基层政权机关之间的地位与职能，区署确实并未直接承担基层政权建设的职能与责任，更多地体现是公文承转机关的地位。

上级政权机关对下级情况的了解与掌握，多以报表形式出现，也是一种公文政治的表现。新县制前，各县多以民政工作月报表的形式向所属行政督察区上报，以四川省第二区荣县抗战时期民政中心工作月报表为例，从整理的 1938 年 1 月至 12 月整整一年来看，均有完整详细的月报表记录。该时间因处于抗战时期，其呈报的中心工作主要围绕着民众训练（包括训练社干、训练壮丁、训练民众）、兵员补充（包括征途部募壮丁、编训省军抗战补充队）、粮食储备（包括充实仓库、实施农贷）、禁烟禁毒（包括禁烟事项、禁毒事项）、铲除汉奸、肃清土匪事项（包括清剿任务、取具层结、疑户管理）、其他，七大方面按月上报。在新县制之后，因基层民意机关的建立，各级民意机关的会议记录，如户长会议、保民大会、保务会议、乡镇民大会、乡镇务会议等均层层上报。按照《四川省各县区署办事通则》规定"区署为推进区政应每二月举行区务会议一次，其出席人员如下：一、区长，二、区指导员，三、区警察所所长，四、乡（镇）长及副乡（镇）长，五、专任之中心学校校长，六、区属各种委员会委员，七、区内各团体代表及公私企业之重要负责人员，八、地方公正士绅。区务会议议决案应呈报县政府核准施行"。而民意机关在会议中所报告和讨论的事项则成为上级政权组织了解下级基层政权的施政及社会治理情况的更加生动的窗口。关于基层民意机关的会议事项及内容，将在下文中专节论述。

从各种报表的内容变化可见，国家基层政权建设过程中，上级政权组织试图对基层社会在制度实施层面上的具体情况了解得更加详细。新县制后逐渐从县与区署之间纸面上的公文政治逐渐下沉至乡镇甚至保甲的各级各类会议记录及关于《县各级组织纲要》工作大纲的进度实施表的呈报之中。如当时学者们在讨论"如何建设新四川"中所描述的："依照施政中心工作大纲之规定事项，另制发实施进度表，如某项应限几个月完成，或应办到某种程度以及某项应继续不断的行进，均一一详列表内，指示明晰，即以此表作为考核县政成绩之根据。如此，在省政府循名责实，既悬固定之绳墨。斯各县奉令承教，俱知遵循之途轨，上下必交被其益。"①

除此之外，公文的承转还包括基层人事安排与巡视制度，也属于下级需要呈报予上级的内容。比如荣县档案中所见的"区长之升迁调补及奖惩、撤换，各县县政府应详举事实呈由该管行政督察专员公署核转省政府核夺，但经专员就县长查明如有违法失职或其他不法情事确有实据，须立即撤免者，得由县长先行停职遴派妥员代理，惟应于三月内检举事实，检同有关证件呈报省政府核办"（详见《四川省各县区署组织规程》第八条）。在基层巡视制度中，包括县长巡视、区长巡视等，对于每一次出巡之后，均需要将出巡的视察情形摘要编呈报告县政府查核。比如《四川省各县区署办事通则》规定："区长应每两月巡视所属各乡（镇）一次，并将巡视情形摘要编呈报告呈报县政府查核。"②

公文的流转在基层社会不同行政级别的行文过程中，非常注重层级关系，这也许源于传统社会中"礼治"的上下等级尊卑等因素，但至近代以来亦有所松动。后发型现代化国家中制度体系的建立基本是从西方舶来，清末修律时的法律移植致其影响一直持续到民国。在南京国民政府政权较为稳定的时期，六法体系中的各部门法也基本是在西法的根骨里修改草拟形成。西法中的行政法体系，就很注重层级关系。这也是西法所谓的"制度科学化"的一种表现。这一法理思想，在顶层制度设计上主要体现为立法精神的原则性规定，而在基层实践中则更具体地表现为不同行政级别中的行文规范，以及对不遵此制的否定。即使在基层社会，此精神也有所体现，甚至更甚。以保甲长之间的行文规定为例，荣县第三区竹园乡乡公所因认为有人越级呈文，提出希望能划一保甲行文系统以减免纠纷，曾提出"新县制实施以来，各种行文，均有系统，保甲为基础（层）干部，尤应

---

① 吴耀椿:《如何建设新四川? 调整省行政机构与推行新县制》,《新四川月刊》1940年第 1 卷第 10—11 期。

② 荣县档案馆藏:《四川省、荣县政府关于县、区组织规程、行文办事规则、乡、镇改组的训令、名册》, 001-02-449。

恪守乡镇法规，服从命令。乃近有保甲长等，不谙法理，私心自用，擅拟公文，越级呈请上级行政机关，蒙蔽事实，鱼肉乡民，发生纠纷"，因此该乡公所有鉴于此，拟请县府通令各乡镇、保甲长等，如有呈请县府或区署文件时，须经乡镇长查核，并加以考语，再转呈上级机关，庶免手续麻烦，以便能剔除一切欺蒙之弊。① 乡公所提出的相关呈文自然有行政层级方面的制度考量，当然也不排除某些人员希望借对行文层级的规范竭力控制基层社会民众，防止某些人员越级上告等其他因素的考虑。

总之，行政公文在上传与下达的承转过程中，纸面上的基层政权运行由此展开。其意既反映出国民政府时期，公文的运行、流转、归类、移交的逐渐规范化，每一程序均有制度予以支撑。同时，新县制推行前后的公文行文与批答之变化，从侧面反映出基层政权的实践运行与纸面公文行政之间的差距。纸面上看似运行顺畅的环节，在实践过程中，却未必如此。从新县制前后所呈报表等公文类型比较而言，新县制之后所呈报公文更趋于社会化，其所反映的方面是更具体的基层事务、所涉范围更广泛，基层民众对于基层政权运行过程中的参与度与发挥作用逐渐增强。这与抗战时期，国家至上而下希望对基层进一步强化基层政权建设、加强控制有关。同时，也与基层民众在战时对公权力下渗所生发的抵触与反应有关。在这一上一下的基层政权运行过程中所反映在文书中的基层矛盾如何调和，这是值得深思的问题。

第三节　基层民意机关的实践

基层民意机关的设立，是新县制以来县制发展的一个重要变化。民

---

① 荣县档案馆藏：《四川省、荣县政府关于县、区组织规程、行文办事规则、乡、镇改组的训令、名册》，001-02-449。

国时期即有关于新县制下的基层民意机关的专文研究。① 过去在《县组织法》中虽然也曾有过关于民意机关的规定，但过于理想化，结果导致无法实行。因此若干年来县级及以下基层地方民意机关一直未真正成立，也未实际运行。而在《县各级组织纲要》中对县参议会，及县级以下的乡镇民代表大会、保民大会、户长会议等均作出了翔实且具体的规定。同时，各省根据自身情况还制定了相应的具体施行制度，比如四川省制定的《四川省各县保务会议规则》（附件 2-4）、《四川省各县保民大会会议规则》（附件 2-5）、《四川省各县保民大会组织规程》（附件 2-6）、《四川省各县乡镇民代表会组织规程》（附件 2-7）、《四川省各县乡镇民代表会会议规则》（附件 2-8）及《四川省各县户长会议会议规则》（附件 2-9）。

基层政权运行过程中，大部分过程并非人人能直接参与。这与最初孙中山所倡导的直接民权也并不能在全国范围内得到完全实现一样。因此，孙中山在当时即提出以县为单元的地方自治中直接由人民行使"四权"，即选举、罢免、创制和复决的权利。这也是参考了来自西方政治制度中的一种表达民主的方式，通过会议选举或罢免代表，创制权力，参加讨论，形成决策。这体现出民意机关的重要作用。新县制后，各层级政权机构均设立了各级民意机关。民意机关中所留下的会议记录，部分因战争毁坏、保存不当或其他原因，未能完整保留。但幸运地是，从荣县档案整理中可见大量的基层会议记录被完整保留下来了。与保民大会、保务、乡镇务会议、乡镇民大会、户长会议、甲长会议等基层会议有关的档案大约有 44卷之多，共计约 8614 页，时间大概从 1937 年至 1949 年均有记录，其中

---

① 民国时期即有关于县各级基层民意机关的研究，比如李德培的《县各级民意机关论释》（1945 年）、李学训的《现行地方自治民意机构制度》（1947 年）等，除这些专著外，在民国时期关于地方自治理论与实际的研究中也有涉及基层民意机关的，比如陈念中的《地方自治简述》（1946 年）、方扬的《地方自治新论》（1947 年）。其大多从民意机关设置概况、开会程序、参会人员资格等情况进行介绍，直接通过整理基层会议的记录为切入点进行基层政权建设分析的论文较少。

较为集中的时间段为 1945 年。抗战大势已定，趋于结束之时，基层政权正迎来积极建设的时期。因此，各种类型的会议记录较之前更为全面和集中。对该时段的基层会议记录进行研读，必然对基层社会样貌、基层民众关注的焦点问题、不同层级会议运行模式及政权组织态度等方面有进一步地了解，对于深入理解彼时之治理现状及县制在基层的实践问题也有深入思考。下面就选取基层社会中四种主要会议类型分析如下。

一、保务会议

保务会议是由保长、副保长、保国民学校校长、保国民兵队队长、队坿，及保民政、警卫、经济、文化各干事组织之。本保内与所议事项有关之甲长，亦得列席。由保长召集开会并以保长为主席。保长有事因故无法参加时，由副保长代理。每月开会一次，于保民大会开会前五日召集之。必要时得召集临时会议。保务会议之事项主要有五：（1）议订保甲规约，（2）保民大会决议案之执行，（3）提交保民大会之议案，（4）出席人员之提案，（5）本保内公民五人以上之提议。[1]

根据《四川省各县保务会议规则》的规定："保务会议须由保长及副保长、保办公处干事、本保国民学校校长及教职员、本保国民兵队队长及队坿、本保合作社理事、本保各甲甲长组织之。同时可邀请与所议事项有关之本保机关团体代表、本保热心地方公益之公正士绅列席。会议由保长召集之并为主席，保长因故不能出席时由副保长代理主席。本会议每月开会一次，必要时可召开临时会议。保办公处于保务会议开会三日前，应报请乡镇公所派员出席指导。保务会议开会时，乡镇公所为便于派员出席指导起见，得将各保保务会议开会日期（临时会议除外），按各保变通情形路程远近及场期先后，编定全部乡镇各保保务会议日程表通饬遵行。本会

---

[1]　曾绍东：《南京国民政府地方自治研究》，西南政法大学博士学位论文，2011 年。

议须有三分二以上人员之出席，始得开会，出席人员过半数之同意始得为决议，可否同数时，取决于主席。本会议之会议记录（记录式样附后）应由保办公处呈报乡镇公所备案，其重要决议案件并应呈由乡镇公所转呈县政府核准后方得执行。"

对具体制度规定了解之后，具体实践又如何？虽然荣县下辖各乡镇均有召开保务会议的记录，但根据档案整理的情况及限于篇幅的因素，本书仅选取了荣县龙潭镇第八保的三次连续的保务会议记录予以分析。时间上的连续方便进行对比分析，同时也对情况有了纵向的了解。为便于比较，特将荣县龙潭镇第八保于 1945 年期间进行的第二十八次至第三十次的保务会议记录内容，按会议时间、出席人数、报告及讨论事项的内容分别整理如下。

四川省荣县龙潭镇第八保保务会议记录

会议	时间	出席人数	报告事项	讨论事项
第二十八次会议记录	民国三十四年十月十日	30 人等	（一）政令规定保校设立成人班 （二）查本保地处毗连他乡，多属山地，时有匪人出现，加紧防范	（一）案由：本保保校本期开校时，各甲长将所属成人不识字者详查劝导，并汇报来处以便会同校长拟定教育方针。 决议：全体通过 （二）案由：本保治安除加紧防范外，各甲长尽量调查民枪借用以扩武力。 决议：全体通过
第二十九次会议记录	民国三十四年十月二十日	27 人等	（一）甲长受训筹捐食米 （二）修整保校及培补保办公处	（一）案由：本保召集甲长以各士绅为甲长受训食米由本地塾人募捐。 决议：全体通过 （二）案由：本保保校内前有棹橙（桌凳）尽以损坏，小学数 10 名之多是很困难，故募捐木料微（征）工制造棹橙（桌凳），在（再）者保办公处房屋损坏一同培补。 决议：全体通过

续表

会议	时间	出席人数	报告事项	讨论事项
第三十次会议记录	民国三十四年十月三十日	28人等	（一）运送蒂欠完清 （二）催收蒂欠各项款子	（一）案由：本保召集甲长催各住户运送粮谷，如有不负送者负此谷霉烂。 决议：全体通过 （二）案由：本保保内原有谷子，各甲甲长即速催收，如有故意延迟不缴，交与镇公所押缴。 决议：全体通过

资料来源：根据荣县档案 001-03-157 整理。

　　从以上保务会议实际情况可以看出，根据制度，保务会议每月召开一次，必要时得召开临时会议。然而荣县龙潭镇第八保所召开的三次保务会议，均在一个月内召开，间隔时间为十日。这与之前所认识到的基层社会民众不喜开会的印象差距悬殊。从开会的频率来看，每十日一次会议相对其他会议而言算是较为频繁的。而从出席人数来看，确有缺席，但人数还是符合制度要求，并未出现大量缺席的情况，这想必与《保务会议规则》中所规定的"应出席本会议之人员除有正当事故经核准请假者外，不得无故缺席。无故缺席一次者，警告，连续缺席二次以上者，由保长呈请乡镇公所依照四川省各县乡镇保甲人员考核奖惩暂行办法第四条及第十一条之规定从重惩罚"有关，从侧面也能反映出基层社会民众对制度的遵守，制度并未等同虚设。会议程序方面，先由主席进行报告，再针对本保较为具体的事项进行讨论，最后进行决议，其与制度规定相同。讨论事项方面，多为本保自行举办之事项。案由的表决几乎没有异议，所有记录均为"全体通过"，不知是记录为达到整齐一致的效果，还是确实异议没有能得到真正表达。参加会议的多为本保各甲长及士绅，决议后所安排的事项多为本保相关事务，且会议记录中所安排的具体执行人员多为本保内各甲长负责。

　　保务会议的记录，既能反映出开会程序依制度执行，且会议的决议多为本保保内的具体事务，这些事务最终通过保务会议得以决定，并施以安排解决。保务会议事实上减轻了县级政权的行政权责，其中可看到国家权力的下放及施行的效果。同时，对于保务会议参加人员的参政议政积极性也比以往所认为的"不太积极"有所改变，或许因为保务会议的参会人员并不多，大多为保内有地位名望之代表人士，并不当然具有全局代表性。

二、保民大会

根据《四川省各县保民大会会议规则》（以下简称《规则》）的规定，"保民大会开会之日期、时间、地点及讨论事项，由保长于开会二日前通知各甲长转知各户，并于保办公处正式公布"，其并未规定固定的开会时间。而根据《四川省各县保民大会组织规程》（以下简称《规程》）的规定："保民大会每月开会一次由保长召集之，遇有特别事故由保长或本保二十户以上之请求召集临时会议。"保民大会多由户长参加，参加人数较保务大会多，基层民众参与更广，每户均有机会参加，但因实际情况不同，保民大会一般有人员缺席，但缺席不多，一般不会超过 10%。《规则》还规定，保民大会开会时，保长主席、保长有事故时，副保长主席、保长、副保长均有事故时，由大会推举一人主席。保长大会开会时，保长、副保长对于与本身有利害关系之事件应即回避，由大会推举临时主席。保民大会非有本保各户出席人数过半数出席，不得开议。关于议案的表决，以出席人数过半数同意行之，可否同数时取决于主席。罢免案的成立应有出席人三分之二以上同意。保民大会出现人对于与本身有利害关系的议案，不得参与表决。主席于出席人已足法定人数时，应即按时宣告开会，如已届开会时间，不足法定人数，得宣告延展半小时开会或改开谈话会。前项谈话会通过的决议案，应报告大会追认之。保民大会开会时，由主席指定保办公处职员或国民学校教员一人或二人担任记录。实际的开会情况是怎样的呢？下文即对荣县高山乡第二保于 1945 年一年内的六次保民大会记录整理如下。

四川省荣县高山乡第二保保民大会记录

	时间	地点	出席人	缺席人	讨论事项
第一次会议记录	民国三十四年二月八日	保办公处	182 名	26 名	一、紧急征兵一案 决议：以甲之多寡为标准，由邓代表负责代抽，以免逃跑而遵限期于三月十五以前征送入营 二、年关慰抗属一案 决议：向士绅贷款以作优待，奉令归还本保应贷谷 21 石，正应派慰问金照甲之贫富筹派足额贷谷士绅胡显扬 2 市石 4 斗王权芝 3 市石王家财 3 市石…… 三、国民兵调训筹派食米一案 决议：业经乡代表会议决定，国民兵食米每名一次旧量 2 斗 6 升，共应筹食米 34.6 石，属地照租额派收，从 5 石起分二次收足，每石租收 7 合正 四、派收营房一案 决议：本乡派额 18 万元正照乡民代表大会决，每石租派收洋 36 元正，从 5 石租起，先报名册领据收款
第二次会议录	民国三十四年四月八日	保办公处	170 名	48 名	一、清查户口一案 决议：照县府规定，乡公所户籍干事来保按户清查时，本保甲长尽量协助第一甲起顺序清查，丁二日内清查完善 二、搬运粮谷一案 决议：由甲长负责押运，选派精干民工每名担负一名，不许妇女小孩分运以免错误 三、维持治安防守股匪一案 决议：设立哨棚甲长督率户长每夜负守望责任，保丁负逡巡责任
第三次会议记录	民国三十四年六月八日	保办公处	170 名	38 名	一、催收三十年至三十三年之蒂欠田赋一案 决议：定期于本月十二日在保办公处试验，三十年至三十三年之粮票由各甲长通知各户长按期呈验 二、维持治安清查户口一案 决议：由保队附督率义勇警卫丁挨户严厉清查，有人身着便衣，有枪及烟赌者押送乡公所究办 三、筹派学校教师米津旧量 2 石 2 斗 4 升正乡公所职员米津旧量 5 斗 5 升一案 决议：属人摊派按甲派定 一甲 2 斗二甲 1 斗 1 升三甲 2 斗四甲 2 斗 8 升…… 十三甲 2 斗十四甲 1 斗 1 升

续表

	时间	地点	出席人	缺席人	讨论事项
第四次会议记录	民国三十四年八月八日	保办公处	180 名	28 名	一、募筹鞋袜折合代金每甲 300 元一案 决议：由各甲长按户捐收定于三日内收清缴楚 二、筹募水灾账款一案 决议：乡民代表议决按甲筹募一甲 2000 元，二甲 1500 元，三甲 1000 元，四甲 1000 元，五甲 2000 元，六甲 1500 元，七甲 1000 元，八甲 1000 元，九甲 1000 元，十甲 1000 元，十一甲 2000 元，十二甲 1000 元，十三甲 1000 元，十四甲 1000 元，此次共筹足洋 18000 元正，其款定于一周内收清 筹派乡警食米一案 决议：负担由各甲长督促应纳之户陆续完清
第五次会议记录	民国三十四年十月八日	保办公处	186 名	26 名	一、奉令派定三十三年同盟胜公债一案 决议：属地派收于 10 石起至 15，每石收洋 5 万元，15 石以上至 20 石，收洋 1000 元，20 石以上至 25 石收洋 1500 元，25 石以上至 30 石收洋 2000 元，一概由业户陆续完清 二、筹募壮丁伙食费洋 8000 元一案 决议：按甲派定，由各甲长召集辖住户照下额募足，一甲 500 元，二甲 400 元，三甲 500 元，四甲 700 元，五甲 1400 元，六甲 500 元，七甲 400 元，八甲 400 元，九甲 700 元，十甲 400 元，十一甲 700 元，十二甲 500 元，十三甲 500 元，十四甲 400 元，其洋定三日内缴清 三、为地方治安搭棚守夜及编组自卫队逡巡一案 决议：保境塔哨棚四所，第一青杆林（一甲），第二青岩嘴（二三四五甲），第三锣山（六七八九甲），第四龙滩坝（十至十四甲），其编组自卫队为三组，一组负一夜之全责轮转，守夜每甲派人一名到棚，负守望责任，自卫队负逡巡责任 四、督促田赋连年蒂欠及本年应纳之田赋一案 决议：由各甲长挨户清查，蒂欠粮户赶连至处完纳，况限本年底免滞罚金，又本年田赋由各甲长通知所管粮户携带完粮通知单，赴田管处购转，每名价洋 3200 元，征借谷每石，购回 2 斗 2 升，尚有每元扣赈 1 斗 2 升 3 合正，一概手续赶急完清

续表

	时间	地点	出席人	缺席人	讨论事项
第六次会议录	民国三十四年十二月八日	保办公处	186名	22名	一、奉令筹派联防区办公费3458元，又筹中心校及各保校各班补足费6250元一案 决议：按甲筹派各甲长属人捐收，一甲638元，二三甲各筹630元，四九甲各800元，五甲1000元，六七八甲各筹630元，十至十四甲各筹630元，限一周缴清 二、为乡公所决议培修文化茶社，在本保提公耕谷贰石以作培修费一案 决议：系去岁年关乡公所向本保富绅贷黄谷柒石内拨出贰石付文化茶社培修费 三、奉令筹募联防队购武装二套，给洋15000元一案 决议：按甲摊派属人捐收，一甲1000元，二至四甲各900元，五甲1000元，六至八甲各900元，九甲、十一甲各1500元，十甲、十二三四甲各900元限一周收清 四、联防区筹募补足办公费，伙食3312元一案 决议：按甲摊派属人征收，一甲筹210元，其余二甲至十四甲各筹240元限一周缴清

资料来源：根据荣县档案001-03-160、001-03-162整理。

从荣县高山乡的保民大会开会记录可以看出，大多数保民大会一般两个月开一次会，一年六次会议，不算太频繁，与《四川省各县保民大会组织规程》规定的，"保民大会每月开会一次，由保长召集之"相差甚远。与保务会议的开会频率相比，可以看出凡涉及开会人数较多的会议，则难聚齐，会议频率也受影响。因而，人少好开会，人多难聚齐。保民会议中户长的出席率基本也能达到90%以上，符合制度规定的法定出席人数。每次开会讨论的议案一般是3—4个，讨论事项多为与普通民众相关事项，比如征兵、慰问壮属、筹派食米、清查户口、搬运粮谷、筹募赈款、催收赋税等。保民大会的讨论事项与保务会议似乎有些相似，均为本保内的一些日常事务，不过仔细分析，保民大会讨论的议案多与经费相关，因此，决议多为按甲摊派。而保务会议，则更多地是保内一些事项的决策。因此亦可以理解为何保民大会愈发流于形式，连开会次数也是不符合《四川省各县保民大会组织规程》一月一次的规定，远不如体现决策性质的保务会议开会次数（从上述会议记录中所见的保务会议一月三次的记录，远多于《四川省各县保务会议规则》一月一次的规定）。这是否体现出"自治"理论在基层民意机关的另一种实践？

从保务会议与保民大会开会次数的不同比较至少说明两个问题：一是，开会次数的多少决定权在本保保长，从档案情况可看出，有事则多开、无事则少开，小会多开、大会少开。需要本保做决策的保长参加的小范围内的保务会议则开得较为频繁一些，而需要告知保民摊派费用的保民大会则开得少一些。因此，保民大会每次开会完毕后，均会产生一些按甲摊派的征收项目，由此反观保民大会更像是摊派前的事先告知，即"开会告知是为了更方便收费"。二是，实践过程并不是完全符合制度规定，虽然《四川省各县保务会议规则》《四川省各县保民大会组织规程》均对会议的召开时间、程序、参加人、缺席、表决等各项内容作了详细规定，但实践过程仍有偏差，并未严格按所颁制度进行。实践与制度的明显不符，乃是由于基层社会秩序所提出的要求不同。而实践中的变通也是为了更好地顺应基层的要求，而不是呆板按照制度的要求行事。因此可知，越是基层社会，制度的约束也越少。即使有了制度规定，也不是完全能约束到，实践而生的习惯与变通也许比制度运用得更为顺畅。

三、乡（镇）务会议

乡（镇）务会议是由乡镇长、副乡镇长、乡镇中心学校校长、乡镇国民兵队队长队坿，民政、警卫、文化、经济各股主任及干事暨专任事务员组织之。本乡镇内与所议事项有关的保长得列席，由乡镇长召集，并为主席。乡镇长有事时由副乡镇长代理之。乡（镇）务会议每月开会一次。必要时得召集临时会议。其会议之事项有七：（1）乡镇自行举办之事项，

（2）关于乡镇中心工作之实施事项，（3）县政府委办事项之执行，（4）乡镇民代表会议决案之执行，（5）提交乡镇民代表会之议案，（6）出席人员之提案（7）本乡镇内公民十人以上之提议。下面以荣县正安乡乡公所于1945年召开的第九次至第十七次乡（镇）务会议为例，将其会议记录整理如下。

四川省荣县正安乡乡（镇）公所乡务会议记录

会议	时间	地点	出席人数	报告事项	讨论事项
第九次会议记录	民国三十四年三月二十二日	乡公所会议室	正副乡长、乡公所职员及全体保长共15名	第三保长周文臣	（一）催填绘筑堰塘图表案 议决：各保于一周内将筑堰塘图表填竣报所 （二）奉令速将三十三年度田赋催收足额，并随即追清旧欠以裕粱（粮）储一案 议决：各保督饬甲长速将三十三年度田赋催收足额，同时追清旧欠于二周内完成 （三）加紧办理兵役案 议决：各保应征送之子同欠数各长应于半月内完成
第十次会议记录	民国三十四年四月二日	乡公所会议室	正副乡长、乡公所职员及全体保长共16名	无	（一）奉令自三十四年度一月份起切实推行乡镇统制会计制度，本乡如何办理案 议决：依照本乡财力情形，遵照县府统制会计制办法办理 （二）为奉令调查征属如何调查案 议决：由乡公所依据县府调查表式制造转发各保，由保长查明填表报所 （三）奉令办理三十四年度公民宣誓如何办法案 议决：分保分期召集公民于保办公处由乡长监督

续表

会议	时间	地点	出席人数	报告事项	讨论事项
第十一次会议记录	民国三十四年四月十二日	乡公所会议室	正副乡长、乡公所职员及全体保长共16名	无	（一）本乡造产收益如何管理案 议决：本乡造产收益各保暂规各保管理实支实报 （二）加紧催收营房费案 议决：各保长加紧催收一月内扫解 （三）仓储保管委员会如何组织案 议决：请各保长选定人事报请乡民代表审核后，照令规定组织成立
第十二次会议记录	民国三十四年四月二十二日	乡公所会议室	正副乡长、乡公所职员及全体保长共15名	第一保保长杨含若	（一）本年度植树造林如何办理案 议决：本年度植树造林依保地面积以桐桄杨柳为标准，不下两百株 （二）本乡识智青年从军如何办理案 议决：各保长负责宣传每保至少有一名以补充兵役 （三）督催本乡各级工作案 议决：现本乡各级工作由本乡各级主办人员负责办理
第十三次会议记录	民国三十四年五月二日	乡公所会议室	正副乡长、乡公所职员及全体保长共16名	无	（一）本期教师地方米津如何筹派案 议决：此案照教师人数每人□市斗交乡民代表审议后再行筹派 （二）测量员达到本乡工作，如有协助各保时间，如何分配案 议决：测量员达到本乡工作以第一保起，挨次轮流，各保人事应随时负责协助 （三）本乡购买武器经费如何筹集案 议决：此案交乡民代表审议，决定支数，复行议决筹集

续表

会议	时间	地点	出席人数	报告事项	讨论事项
第十四次会议记录	民国三十四年五月十二日	乡公所会议室	正副乡长、乡公所职员及全体保长共16名	无	（一）本乡历年各项陈粮如何集运案 议决：照县府规定各保派人轮流集运如期完成 （二）奉令严禁无证携枪处理案 议决：如发现有无证携枪者各保长补送公所由公所送交县府处理 （三）三十四年度更牛贷款本乡应贷多少案 议决：由各保长调查各保耕牛呈报多少而定，多则四十万元，少则二十万元
第十五次会议记录	民国三十四年五月二十二日	乡公所会议室	正副乡长、乡公所职员及全体保长共16名	无	（一）本期教师地方米津乡民代表已审议如何筹派案 议决：照省原保之等级属地筹派 （二）本乡购买武器乡民代表已审议 决定买手枪十支，经费如何筹集案 议决：照乡民代表议决将美金债券出售，如费不足，再行依各保属人地筹派 （三）本乡三十四（年）度营庭计划如何实施 议决：依照规定县府沿本乡情形实施办理
第十六次会议记录	民国三十四年六月二日	乡公所会议室	正副乡长、乡公所职员及全体保长共15名	第二保保长邓紫成	（一）奉令集中粮食，恐生霉烂，如何集中案 议决：各保所有粮食完全集中乡仓比较干燥而不发生霉烂 （二）集中后备队丁备齐械弹指挥调用清乡如何组织集中案 议决：本乡组织一中队每保四名械弹由乡公所发给听候调用 （三）呈报筹募营房建筑经费花名册案 议决：各保长照原派数字姓名册列于一周内报所

续表

会议	时间	地点	出席人数	报告事项	讨论事项
第十七次会议记录	民国三十四年六月十二日	乡公所会议室	正副乡长、乡公所职员及全体保长共16名	无	（一）加紧追收历年民欠田赋以免加罚案 议决：由各保长宣传督导于一周内各民欠田赋缴清 （二）奉令切实保护公路线所植树林案 议决：本乡公路所植树木应由所属保长负责，如发现每株罚金百元 （三）造报保民大会会议记录案 议决：各保案照规定月份开会并收会议纷呈报三份来所转呈县府

资料来源：根据荣县档案 001-03-157、001-03-161 整理。

从荣县正安乡乡公所的九次乡务会议记录可以看出，开会是较为频繁的，每个月召开三次会议，几乎每 10 日一次会议，已远远超过规定的每个月召开一次。与保务会议类似，均属于"必要时得召开临时会议"之范畴。参会人员主要由正、副乡长、乡公所职员及全体保长参加，多在乡公所内召开。程序方面，先由主席报告事项，有时也可以无报告事项，然后对相关事项进行讨论，并作出决议。如果有临时动议的，可在讨论事项后提出，最后散会。讨论事项方面，多为本乡镇的具体事宜，比如推行乡镇统制会计制度本乡如何办理，公民宣誓如何办理，本年度植树造林如何办理，本乡造产收益如何管理，等等，多为乡镇执行上级下达的各项指令的具体操作的讨论。乡务会议是属于乡镇层面的最高决策性会议。乡长能在乡务会议中发挥何种作用，是否能主导决策结果，乡民民意能否得到体现，这也是因时因地而异的。据荣县档案中会议记录的观察，一乡之中，势力较大的保及其保长能在乡务会议中陈述、报告，且发挥作用，也在某种程度反映出基层民意机关并未虚置。

总体而言，乡务会议与保务会议类似，仅是基层社会层级不同而已，分别为乡镇一级与保甲一级的事务决策型会议。参会人员也与大会不同，仅限于制度规定范围内的"有权"人士参与，并对一些重要决策事项作出讨论与决定，某些事项还需相关人员进行报告。同时，会议频次也较高，一般均为 10 日一次，一月三次的频率，这样便于遇到事务随时商议解决处理。同时，从会议记录内容也可看出，该类型会议大多还是表现为乡镇及保甲一级其作为对上对下的中间承转类型的机构：对下，乡镇务会议要求各保长、保务会议要求各甲长行宣传督导执行等各权责；对上，乡镇务会议将各保所呈之决议记录呈报至县府、保务会议将各甲各户所呈之记录呈报至乡镇。

四、乡（镇）民代表大会

乡镇设乡（镇）民代表大会，由本乡镇保民大会各选举两人组织之，任期二年，连选得连任。凡县公民年满 25 岁经乡镇民代表候选人试验或检覆合格者得被选为乡镇民代表会代表。如有违法或失职，由保民大会罢免之。置主席一人，由乡镇民代表互选之。每三个月开会一次，由主席召集。如遇特别事故，或乡镇民代表三分之一以上请求时，可举行临时会议。会期均不得逾三日。本乡镇全体乡镇民代表未过半数，不得开会。议案的表决，以出席代表过半数同意可以执行。可否同数，取决于主席。同时四川省又发布了《四川省各县乡镇民代表会组织规程》及《四川省各县乡镇民代表会会议规则》的具体规定，下面即以荣县富北乡乡（镇）民代表大会于 1946 年召开的第五次及第六次乡民代表大会为例，其会议记录整理如下。

四川省荣县富北乡乡（镇）民代表大会会议记录

会议	时间	地点	出席人数	报告事项	讨论事项
第五次会议记录	民国三十五年二月三日	本会会议厅	5 名	2 名	一、准乡公所函转中心国民学校设备修缮预算应如何筹办案 议决：查本乡中心学校设备前已齐全，除损失报销有案外，应由各该前后任校长负责清查交案接收清楚，函由乡公所转函办理 二、本乡前将枪款养路捐垫给公教米津之八石六斗黄谷，现既已奉令筹收，应否归还人民或交财产保管委员会保管案 议决：本案保留 三、请筹给乡所员役津贴以维最低生活案 议决：本案保留至下次会议时再议 四、拟请将前中心学校（宋家坝）操场及双溪书阁前面隙地作造产委员会地址案 议决：前中心学校（宋家坝）操场拟交造产委员会计划办理，双溪书阁隙地暂从缓办 五、同盟胜利公债券拟交财产保管委员会保管案 议决：本案保留交乡民大会会议讨论 六、三十四年水灾募款应否照数收缴案 议决：由乡公所转请豁免 七、本乡公款公产应由乡公所专案移交财产保管委员会接收案 议决：函乡公所照办
第六次会议记录	民国三十五年五月二十四日	本会会议厅	5 名	2 名	一、审议乡所自三十三年八月二十八日起至三十五年五月底止，所有各项筹收募派各项金款津券及不敷办公费案 决议：（一）仓管会交出之 99000 元及购谷应由仓管会另案呈报县府核示办理 （二）三十四年不敷公教黄谷 8 石 6 斗原派数法币 120400 元如数收清归垫 （三）奉派各项由乡公所负责收清缴楚归垫 （四）乡公所不敷办公费，准由乡所检证报销并报县府备案 （五）各保三十三年年关借发优待之谷由乡公所及乡民代表会负责呈请县府拨还归借 （六）各保应收缴之各项款津、金券须负责收清缴楚

续表

会议	时间	地点	出席人数	报告事项	讨论事项
第六次会议记录	民国三十五年五月二十四日	本会会议厅	5名	2名	二、议筹中心学校及各国民学校不敷办公费及校役津补案 决议：（一）各校不敷办公费由乡公所照县府规定筹收发给 （二）中心校校役本期筹给津补3万元 （三）本期开校时中心校整修费6800元由乡公所合并筹还归垫 三、议筹乡公所员役本年一至六月津贴案 决议：照三十四年七至十二月份津贴数目筹募发给，并由乡公所呈报县府备案 四、审议本乡各保派款等级案 决议：本乡派款标准如下：一保190‰、二保150‰、三保120‰、四保120‰、五保100‰、六保160‰、七保160‰，合计1000‰ 五、本乡造产所需租牛、种籽、民工伙食应如何审议案 决议：由造产委员会专案呈报县府备核 六、各保堰塘栽种芡实以作造产收益案 决议：由造产委员会商同各保查酌办理

资料来源：根据荣县档案001-03-158整理。

　　从荣县富北乡乡民代表大会的两次会议记录可看出：名称方面，荣县的乡镇民代表大会被称为乡民大会；开会时间，一般每三个多月召开一次会议，符合规定；参会人数，根据《四川省各县乡镇民代表会组织规程》对参会人数的规定，"乡镇民代表会由本乡镇之保民大会各选举代表一人组织之。但未满七保之乡（镇）仍应选出代表七人"，因此参会人数至少是七人，但实际没有七人参加，加上缺席的两人，才满足七人之条件。参会人员主要由乡民代表（当地士绅为主）参加，正副乡长、参议员、某些与议题讨论相关的行政机关人员（比如讨论农业造产的就由农会常务理事、造产主任委员）列席。会议程序多是由主席报告，再进行讨论，做出决议，可以最后提出一些临时动议，最后散会。主席报告和临时动议两项时常会被省略掉，直接进入到讨论事项。讨论的事项多为乡内较为具体的事务，比如学校设备修缮、各保堰塘栽种、水灾募款收缴、乡所员役津贴等事项。

五、基层民意机关的实践分析

除上述所举例的四川省荣县乡镇保的保务会议、保民大会、乡（镇）务会议、乡（镇）民代表大会四种不同类别的几次连续会议之记录，以及参考其他县属一些乡镇保民大会、乡镇民大会等民意机关的会议记录分析可以发现如下一些特点。

其一，参会人数与范围较为固定。因保民大会与乡（镇）民代表大会均为从下一层级中选出代表参加的会议，保民大会是从各保之下的每户中推选一人参加，因此，可以说保民大会的参会人员应是以上四类会议中最多的，由保长及 20 户以上之请求，可召开临时会议。乡（镇）民代表大会是在该乡镇之下的各保民大会推举一名代表参加，未满七保的乡镇，仍推举七人参加乡（镇）民代表大会。因此，可以说乡（镇）民代表大会的参会人数是以上四类会议中最少的。从荣县实践来看，也是未超过七人（含缺席的人数）。另两类会议，保务会议与乡（镇）务会议因均为固定范围内的人参加（保务会议的参加人员为，正副保长、保国民学校校长、保国民兵队队长、队坿，及保民政、警卫、经济、文化各干事等；乡（镇）务会议的参加人员为，正副乡镇长、乡镇中心学校校长、乡镇国民兵队队长队坿，民政、警卫、文化、经济各股主任及干事暨专任事务员等参加），因此参会人数较为固定，范围也较为稳定，为各层级的正副手及相关机法团体的负责人。

其二，决议事项均是与当地民生密切相关事项的决策。保务会议与保民大会均议决本保相关的事项，比如本保保甲规约、本保与他保之间的公约、本保人工征募事项、保长交议及本保公民五人以上提议事项、选举或罢免保长副保长、选举或罢免乡镇民代表会代表、听取保办公处工作报告及向保办公处提出询问事项，其他有关本保兴革事项。而保务会议主要是对保民大会负责的事项，包括议定保甲规约、保民大会决议案之执行、提交保民大会之议案、出席人员之提案、本保内公民五人以上之提议。保务会议类似于保民大会的常设机关与执行机关，对大会所提之事项有最终议订之权。但从实践层面上，多看到保民大会因面对各户户长，很多议案均为与其切身相关的，比如摊派、缴费、征粮、治安等事项，而保务会议因属于特点范围人参加的"内部会议"，其议案内容多为"上传下达"之前的"集体讨论"再决策。乡（镇）务会议与乡（镇）民代表大会亦有异曲同工之处，只是范围扩展到乡镇，层级不同而已，均分别为乡镇一级与保甲一级的事务决策型会议。两类会议均表现出乡镇及保甲一级，其作为对上对下的中间承转类型的机构：刘下，乡（镇）务会议要求各保长、保务会议要求各甲长行宣传、督导、执行等各权责；对上，乡（镇）务会议将各保所呈之决议记录呈报至县府、保务会议将各甲各户所呈之记录呈报至乡镇。这两类会议于基层社会治理过程中具有相当的决策权。

其三，会议程序与制度形式化明显。基层会议又被称为基层民意机关，其制度源头在《纲要》，之后各省又相应制订了自己的制度如《四川省各县乡镇以下各种自治会议开会秩序》《四川省各县保务会议规则》《四川省各县乡镇民代表会组织规程》《四川省各县乡镇民代表会会议规则》等。从程序来看均为：开会、主席就位、全体肃立、向国旗党旗及国父遗像行三鞠躬礼、主席恭读国父遗嘱、主席报告、讨论提案、其他事项、主席宣读本届会议记录、散会。甚至连会议记录的格式也是同样的模版。比如《四川省各县保务会议规则》① 所附保务会议记录式样：

---

① 荣县档案馆藏：《四川省政府关于乡镇划分、职员、保甲长考选、甄审、任免、行文、办事、文书处理、保办设备、经费标准、保务会的规则、章程、办法》，001-03-545。

某某县第几区某某乡（镇）第几保保务会议记录

时间　　年　　月　　日　　午　　时

地点

出席人

列席人

缺席人（应分别注明其缺席原因）

主席　　　　　　　　　　　记录

开会如仪

报告事项

一、

二、

讨论事项

一、

决议：

二、

决议：

临时动议

一、

决议：

二、

决议：

散会

主席签名

　　以上模式化的程序，使得在整理基层档案时发现基层会议记录在文本上显得异常统一，因此有人说民国政治更多地是文本上的政治，在基层民意机关中的文本充分体现出整齐划一的"模版化"特点。从新县制下的基层民意机关的实践来看，从会议程序到会议记录文本，至少在形式上而言，似乎已初步实现了从"模版"到"模式"的制度化。

最后，参与民意机关的最小单元不是保甲，而是户。乡（镇）民代表大会是由各保民大会各选一人组织参加。各保民大会则是由各保长于开会两日前通知各甲长专知各户，由本保每户公民一人组织参加，如一户有公民两人以上时，以户长为当然出席人或由户长指定一人出席。另外，根据《四川省各县户长会议会议规则》所见，各甲内仍然设户长会议，由本甲各户长组织之户长出席。户长既是最基层中甲的户长会议的重要组成，也是各保的保民大会的重要组成。不仅四川省的制度规定如此，从县域范围的实践来看亦是如此。由此观之，至南京国民政府时期，地方自治制度建立之最小单元的基础仍然是以"户"，即家庭（家族）为主。因此可以肯定当时的制度若要真正践行地方自治的理念，仍应该以家庭（家族）为基础展开。这与孙中山最初希望实现的由民众直接行使"四权"的理念有一定相关，也与中国传统社会以家庭为主的基层社会关系纽带有联系。

新县制前，因层级过多，区署与联保共存，在各种政令推行过程中阻碍较多，民众参与机会较少。新县制的改革试图减少层级，使民众能有效参与到地方自治之中。四川省在施行新县制改联保为乡镇时根据自身特点，"乡镇划分保留以场为中心的优点，各联保划分如已适当，即就联保改称乡镇，不必分更"。编制分甲乙两种乡镇公所，其人员编制与经费均不同。按照四川省各县甲种乡镇公所编制员额为 13 人、经费为 228 元，而四川省各县乙种乡镇公所编制员额为 12 人、经费为 162 元。而保甲依照《纲要》规定办理。民意机关则由下而上，递级设置，均照《纲要》之规定。[①] 因此，新县制后，县之下的层级集中为乡镇、保、甲，民众参与的民意机关主要为乡（镇）民代表大会、乡（镇）务会议、保民大会、保务会议、甲长会议、户长会议。从档案存留情况看，新县制后基层民意机

---

① 钱端升：《民国政制史》，上海世纪出版集团 2008 年版，第 669 页。

关开展会议的记录较多。一方面固然与档案自身的保存较好有关；另一方面也因新县制后，按照《纲要》切实推行基层民意机关的制度性建设有关，至于这一会议制度是形式上的体现，还是实质上的落实，则不好定论。

从基层民意机关的会议记录中，可以看到国家在基层政权建设过程中，国民政府确实对基层社会作过现代化制度建设的改革动员与努力。国民政府行政制度建设的努力，已使县级行政机构丰富起来，也基本能承担起承上启下之责。县级之下的乡镇建制亦开始具备。从人员到机构，征粮征税、组织会议、基层纠纷的调解任务等更为繁复细琐的工作开始逐渐下沉到乡镇保甲一级人员身上。然而由于乡镇保甲行政人员的素质能力、行政效率、思维模式，以及其传统熟人社会圈等诸多原因，乡镇低层官僚系统在作为国家代理人执行国家任务时显得力不从心。甚至这些人员的身份有时都是让人质疑的：他们的身份应为国家任命的公务人员？还是如杜赞奇所言，他们仅仅是乡村基层社会所形成的经纪体制中的"经纪人"？偶有出现这一中介群体借执行行政命令为由，趁机对基层社会进行的掠夺性地搜刮的情况，不仅没有帮助国民政府实现理想中的行政制度现代化与基层政权建设，反而使得基层社会各利益主体之间的矛盾和冲突愈发尖锐。传统中国基层社会是一个熟人社会，国家权力向基层渗透的过程中，他们又该如何面对基层社会呈现的千丝万缕的社会关系。

第三章　基层公务人员：处于中间的窘困群体

基层政权结构轮廓形成后，作为制度实践主体，"人"的重要性在基层制度实践中突显出来。政治是管理众人之事，治事贵有人，治人贵有法，法与人是现代国家政治中的两个重要因素。治事之人，传统意义上所称的"官"大体是指州县及以上，对于县之下的其他佐治人员，或称为"吏"，或称为"幕友"。至南京国民政府时期，随着公务员制度的形成，将县级以下的行政人员统称为基层公务人员。县长作为上下连贯的重要环节，一直处于国家官僚体系的底层与基层公务人员顶端的焦点位置。为便于对县级基层公务人员的连贯性认识，本部分将县长一并纳入基层公务人员群体中。这一群体因处于官僚体系底层与普通民众之间这一特殊的中间领域，在承上启下过程中若应对不当，常使自己处于窘境。

第一节　基层公务人员概况

民国初始，孙中山提出以县为自治单位，然而县之下的机构却并未充实起来。自《纲要》施行，县之下的机构及人事的调整被提上日程。按照新县制对纵向行政组织系统的规定来看，县以下虽分为区、乡镇、保、甲四级，但区为虚级，是县政府下的辅助机关；以保甲为乡镇的构成细胞，是基层民治机关；而只有乡镇是县以下的主要层级，使得行政层级单纯化。其次，新县制规定横的组织关系，乡镇中的乡镇长、中心学校校长、壮丁队队长暂以一人兼任；保中的保长、国民学校校长、保壮丁队队长亦以一人兼任，这是政治、教育、军事三位一体，实行管教养卫合一的制度。

无论怎样，均不能忽略人的作用。好的机构与制度，需要人来运用与执行，好的法令也需要人来施行，好的计划与方案亦需要人来实践。按照李宗黄在《新县制之理论与实际》中对"干部"的定义："现在我们县各级干部，分为两级，自县长起至区长止，列为上级干部，自乡镇长起至保长止，列为下级干部。"① 因此作为基层公务人员的构成主体，虽然按照《纲要》的精神，官僚体系至乡镇一级止，乡镇长以上的能算作公务人员，保甲长至多只能列为地方自治人员，但因乡镇保甲长这一群体参与到制度实践的第一线工作，关乎基层社会治理之实效，因此，本章在讨论基层公务人员时难免会将保甲长一并列入讨论。同时，这一群体大多来自于本乡镇、本保甲内，生于斯长于斯的人又如何做到在熟人社会中，作为国家在地方的"代理人"代表国家行使权力，汲取本乡本土的资源，也是本章关注的问题。

一、新县制对县级公务人员的需求

从公务人员的历史沿革来看，清季官制改革的模糊，因新旧两种体制并存互扰导致各种矛盾交织。改革后的官制制度大部分并未成功施行，但在法制史上的地位及作用却是不容小觑。民国建立，正式实行宪政体制，官制上以文官制度改革为始。北洋政府时期的中央官制基本废除了封建职官制，取消了官与吏之间的等级区别，对从事行政事务的官员均规定了相应的地位、待遇及保障，建立了近代以来的文官制度体系。② 在基层社会亦建立了县知事制度。从北洋时期的县知事公署的机构及人员设置来看，

---

① 李宗黄：《新县制之理论与实际》，中华书局 1945 年版，第 88 页。

② 对于北洋时期的官制的研究成果较多，比如魏光奇《北洋政府时期的县知事任用制度》(《河北学刊》2004 年第 3 期)、姬丽萍《北京政府时期文官考试与任用制度评析》(《史学月刊》2005 年第 12 期)、邓亦武《论袁世凯政府的文官制度》(《济南大学学报》2002 年第 1 期)、鲁卫东《制度设计与实践的背离——北洋政府时期文官考试初探》(《安徽史学》2008 年第 1 期) 等文章。

其与清代相似，仍可聘请幕友、携带家人来办理政务。

行政人员依其性质不同大致可分为两类：政务官与事务官。两者区别在于"政务官乃处于政治上领导地位之高级官吏，专负责决定政治策略及指挥并监督其直属下级官吏；事务官乃处于政治上遵循服从地位之执行官吏，专负责办理政治事务，服从上级长官命令"①。而这两者之中，"事务官乃实际办理政治事务之官吏，而又为真正精通某部政治事务之情形者，故事务官乃与民众最有关系最直接之官吏。有人说'政务官乃统理人民，事务官乃治理人民'。对此的解释是，政务官亦可称为政治人员，是受政党关系而更动的，事务官亦可称为行政人员，是不受政潮影响而更动的，他们的职务是终身的"②。

南京国民政府时期，对公务人员的选任逐渐重视。在主观重要性认识加强的基础上，客观方面也在不断推进公务员的制度化建设。"国家除了官吏之外，还有什么重要呢？其次就是法律。"③ 因此，南京国民政府为实现官制制度化，推行公务员制度，使公务员的身份与权责利具有法律依据。在新县制实施之前，已颁行过大量相关法律制度，传统文官制度已逐步成型为现代公务员制度。从文官制度的转型到公务员制度的成型，中央官僚系统主要体现为名称、职能、办事机构的转变，基层公务人员变化较大。传统社会中部分由县主官聘请私人承担的公共职能逐渐转变为由正式的国家机构与公务人员承担。这一转变的背后，实际是西方民主宪政思想的浸入与同样来自西方的地方自治思潮的双重影响。新制度构建着力于社会各层面，包括推动政府职能的扩展与制度规范化的实现。

新县制实施后，对公务人员不仅从制度上延续了之前的规定，在具体人员设置及人数安排上更为细致。李宗黄曾说："人的方面，则关系整个新县制的前途，因为要新县制能够完满实施，全靠良好的干部，去推动一

---

① 王佐相：《文官制度的检讨》，《社会科学月刊》1939 年。

② 王佐相：《文官制度的检讨》，《社会科学月刊》1939 年。

③ 《孙中山全集》第 9 卷，中华书局 1986 年版，第 350 页。

切，所以健全县各级干部人员是当前的一重大问题。"① 新县制的推行所需要的县各级干部及公务人员究竟有哪些？数量多少？下面参酌四川省当时的现行各县政府县各级干部及其他行政人员编制的实际情形，列表如下。

县各级干部及其他行政人员统计表

机关名称	干部	人数	其他行政人员	人数	备注
县政府	县长	1	科员	10	
	秘书	1	事务员	10	
	科长	4			
	指导员（督学）	4			
	警佐（局长）	1	警长	1	
	技士	2			
县卫生院	院长	1	医师	2	
县立中学	校长	1	教职员	15	
县图书馆	馆长	1	职员	5	
县农业推广所	主任	1	指导员	4	
县征收处	主任	1	组长	3	
			组员	12	
区署	区长	2			参照四川省现行编制平均每县设二区
	指导员				
区警察所	所长	2	所员	2	
区卫生所	主任	2	卫生员	4	每所2人
区职业训练班	主任	2	教职员	10	每班5人
乡镇公所	乡（镇）长	30			参照四川省现行编制每县约计30乡（镇）
	副乡（镇）长	30			

---

① 李宗黄：《新县制之理论与实际》，中华书局1943年版，第84页。

续表

机关名称	干部	人数	其他行政人员	人数	备注
乡镇公所	股主任	60	干事	60	
中心学校	校长	30	教职员	240	以每校8人计算
乡（镇）卫生公所	主任	30	卫生员	60	
保办公处	保长	450	副保长	450	每乡镇以最高额15保计算，一县为450保
			干事	450	
保国民学校	校长	450	教员	450	
合计		1106		1788	

资料来源：李宗黄：《新县制之理论与实际》，中华书局1943年版，第85—86页。

　　以上所统计之数字为县政府、区署、乡镇公所及保办公处之职员，均系四川省当时在推行新县制之后所列的编制。甲长未列入此表，其人数以每保15甲计算，全县450保，共须甲长6750人。县国民兵团团部及所辖区乡（镇）、保部队，因另有统计未列入内。新县制实施后，县分为六等，此数据为六等县之平均数。而这一四川省平均数，跟四川省内所辖县的实际状况相比又如何呢？下面以1940年荣县政府所填报的保办公处组织人事及经费表的统计为例，予以比较如下。

四川省荣县保办公处组织人事及经费统计表

民国二十九年十一月　荣县县政府填报

全县保数		571
每保平均所辖甲数		15
保长人数		571
副保长人数		571
干事	人数	4
	专任与兼任数	完全兼任现拟调县训练

续表

保办公处单独设置数		571
国民学校	校数	257
	校址单独设置数	
校长	人数	257
	专任与兼任数	专任 240 人，兼任 17 人
保队部	人数	305
	专任与兼任数	完全兼任现拟调县训练
经费	各保每月额支数	600
	各保每月实支数	600
备考	1. 本县正副保长均已调训	
	2. 本县保国民学校因奉办之，初经费困难，本县系两保合办一所	
	3. 本县保队副系属两保一人	

资料来源：荣县档案，001-02-649。

　　由上表中数据比较可知，荣县的保数为 571 保，高于川省的平均保数 450 保，还多出 121 保，可见荣县属于川内一个大县，因此其相应的保长及副保长人数需求也必然高于此数。另外，保国民学校数及校长数也远高于四川省的平均水平。仅针对数字间的简单比对，即能发现荣县实施新县制后对干部及基层公务人员数量需求的增大。从表中所体现的人员专兼职情况来看，部分岗位，尤其是副职岗位几乎都是兼职。因人员的紧张，也出现两保共办一所学校，或两保共用一个副队长的情况。

　　除此之外，四川省拟定本省各县乡镇公所职员甄选任免暂行办法，令各县认真甄选乡镇长副，股主任及户籍干事，并由蒋介石兼理川政时劝告四川的地方士绅积极参加地方自治工作。对于县各级干部及公务人员的选任之中，不外乎两种办法，一是在原有人群中择优选用，二是在当地人事中甄审、考试、选拔。孔子说"十室之邑，必有忠信"，因此任用当地人才成为战时国家人力资源短缺时的择优选择。当地人士中的士绅若能为国所用，承担公务人员之责，替国家分忧，攫取地方资源，不得不说是一种危难之中的国家治理策略。有鉴于此，蒋介石以在四川省施行新县制为由，特地公开发表了劝告川省贤良士绅一齐出来做乡镇保甲长，共同领导地方自治一文。现将该文摘录如下：

> 中正默察中外情事，认为救国建国，必须唤起同胞，共同努力，但要同胞真能唤起，必须地方贤能善良人士，公正士绅能出来为地方做事。四川是抗战的根据地，我又兼领主席，并又期望新县制中所规定的一切办法三年功夫就可以看出结果，所以很希望川省的善良士绅们，一齐出来担任乡镇保甲长及某地干事等，使地方自治事业，早日完成。这样重大的民治事业，若是地方上的贤能不出来做，政府不论立下多少的完善的好法子，也没有用处。新县制能不能顺利推行，不只影响四川一省，对于整个国家的影响更是大得很，所以现在是四川同胞救乡报国的唯一良机。希望全川同胞，特别是士绅，一致奋起，负起这神圣的责任。同时各县长各党部工作人员，更应心诚意诚的采访地方父老中之贤能者，求他们出来替人民做事。这样下去，建国大业，一定可以按着计划完成。①

从这段讲话中可知，中央政府当时对四川省地方士绅所寄予的期望，对新县制在四川的推行所寄予的期望。由此看出，新县制施行下对公务人员不仅数量要求增加，而且对于质量亦有要求。正如蒋文中多次强调的"善良人士，公正士绅"即符合此要求。对于各县长各党部工作人员的要求是希望他们能"心诚意诚的采访地方父老中之贤能者，求他们出来替人民做事"。一个"求"字实在是把新县制下基层公务人员的缺少，大部分

---

① 《蒋兼主席劝川省好士绅出任保甲首长》，《田家半月报》1940年第7卷第10期。

士绅不愿为之，以及基层公务人员的尴尬与无奈淋漓刻画出来。县级地方公务人员为何如此难求，不得不说当时对这一群体的评价可影射一二。时人所言："纵容不愿做土劣，在此制度下，结果亦不得不变成土劣，地方政治便会永在以暴易暴中回旋。"[1] 那么，这一群体究竟是如何构成的？

二、县级公务人员的构成情况

新县制实施之后，以调整机构为首，而调整机构又以甄选训练公务人员为先。按照前文所述，对于县以下各级组织公务人员的甄选与训练，省政府也已制定各种法规制度，从县长起直至保甲长止，都要经过甄审和训练才能任用。对于甄审，由省政府至县政府均设专门委员会办理；对于训练，由省政府至行政督察区至县亦专设训练机构，从法令及实施上看，已充分彰显出政府对公务人员的重视。当时，公务人员的铨叙职衔等级，分为简任8级，荐任12级，委任16级。县一级政府，除县长或主任秘书外，都属于委任职。偶有个别科长，属于荐任职的。对于县及其下的各级公务人员之范围如何确定，为较为明晰准确地呈现，以四川省第二行政督察区1940年对所辖各县各级公务人员调查表中的荣县调查表为例。[2]

四川省第二行政督察区辖县各级公务人员调查表（荣县）

机关名称	职别	姓名	别号	年龄	籍贯	履历	到职时间（年月日）	备考
荣县县政府	县长	黄希濂	佛生	36	资中	西北军校北京大学中央训练团党政班第五期毕业，曾任秘书、主任特派员、团长	1941.5.26	

---

[1]　熊子骏：《县地方自治问题的总检讨》，成都新新闻报馆、成都文化服务部1940年版，第21页。

[2]　荣县档案馆藏：《荣县政府关于刊发学校铃记、保甲训练、新县制、乡镇概况、经费预算、灾情、禁烟工作的训令、名册、表》，001-02-649。

续表

机关名称	职别	姓名	别号	年龄	籍贯	履历	到职时间（年月日）	备考
	秘书	黄秉盈	次渊	37	资中	成都大学毕业，四川县训第二期中央训练团党政班第四期毕业，曾任区长、科长	1941.5.16	委任 3 级
	助理秘书	贾伯仪		30	剑阁	保□联立高中毕业，中央军校军官班第二期毕业，曾任少校、指导员	1941.5.16	
	民政科科长	郭敦	文治	32	威远	四川大学中国文学院及四川省训团第一期毕业，曾任团附教官、政治指导员	1941.5.16	委任 4 级
	财政科科长	黄德富	仲礼	40	荣县	四川法政专门学校法律本科毕业，曾任科长、军法官	1941.5.16	委任 / 级
	教育科科长	秦澜波	文江	35	资中	成都师范大学中央训练团党政班第十二期毕业，曾任督学教育科长	1941.5.26	
	建设科科长	刘振镛	引荞	35	荣县	四川公立农业专门毕业，历任局长、科长	1940.9.9	委任 5 级
	军事科科长	胡忠缄	仿南	28	富顺	四川军管区兵役班毕业，曾任局长	1938.12.1	
	社会科科长	余楷模	其森	40	荣县	成都储才中学毕业，任荣县县党部执行委员	1941.4.1	委任 4 级
	第一区区长	陈颜湘	春潭	42	资阳	四川法政学校、四川省训团第二期毕业，历任区长	1940.11.20	委任 4 级
	第二区区长	阳宗培	仲舒	39	富顺	四川县训峨眉军训团毕业，历任科员、审计科长、秘书、区长	1940.9.17	委任 6 级
	第三区区长	张云程		46	合江	成都旧制中学毕业，历任科员、区长	1940.2.20	委任 4 级
	第四区区长	王修远		40	威远	四川县训及四川省训团第二期毕业，历任区长	1940.2.20	委任 4 级

续表

机关名称	职别	姓名	别号	年龄	籍贯	履历	到职时间（年月日）	备考
	警佐	马能海		28	江苏如皋	中央警官学校毕业，曾任简阳警佐	1941.3.15	委任6级
	督学	郭祚钧	秉忠	52	资阳	资阳旧制中学毕业，历任教职员、科员	1941.4.1	委任9级
		龚端让		44	荣县	南京金陵大学毕业，曾任中学教员	1940.11.1	
		王德		35	南充	嘉陵高中师范科毕业	1941.5.16	
		张远	泽膏	27	资阳	四川大学毕业，曾任中小学教员职	1941.4.1	
	技士	雷翔云		26	湖北蒲圻	湖北第三高工毕业，曾任营造工程司（师）	1940.8.19	
		丁顺清	伯渊	36	荣县	四川农专毕业，曾任四川第九区农林校教导	1940.8.15	委任10级
	统计员	沈文斯		25	荣县	四川省政府统计人员、训练班毕业	1941.1.1	
	合作室主任	刘青田	礼耕	32	内江	中央合训所四川农训所卒业，历任资中、资阳、涪陵等县指导员、主任等职	1940.11.8	
	军法承审员	刘光友		48	资中	保定军校毕业，曾任县长、司令官等职		
	军法室书记	蔡永祥	寿峰	45	荣县	荣县旧制中学肄业，曾任县府司法室录事、书记等职	1937.2.1	
荣县征收局	局长	贺牧西	仲沤	48	湖北蒲圻	北京大学毕业，历任烟酒等局局长、绥靖公署参议等职	1939.9.1	
	第一组组长	宋式廉						前经奉令调任，该员尚未到职
	第二组组长	廖文蔚	炳星	49	湖北蒲圻	湖北方言专门学校毕业，历任公安局长、县府科长等职	1939.10.9	委任3级

机关名称	职别	姓名	别号	年龄	籍贯	履历	到职时间（年月日）	备考
	第三组组长	萧霊	道崇	34	内江	成都志诚法政学校政治经济毕业，历任法院权事本局会计主任及第二股股长等职	1936.9.13	委任7级
荣县营业稽征所	所长	唐世铨		30	犍为	北京辅仁大学毕业，曾任教员、主任、秘书等职	1941.4.1	
荣县县党部	党记长	梁纯瑕		48	荣县	成都共和大学军事科、四川省党干班中央训练团党政班第二期毕业	1939.3.1	
荣县财委会	主任委员	赵叔尧		61	荣县	荣县师范学校毕业，曾任本县中学校校长、党务登记指导委员、什邡知事		
荣县救济院	院长	曹徽	卓光	38	荣县	四川讲武堂毕业，曾任营长、副官长等职		
	副院长	郝伯能		35	荣县	二十四军政治学校毕业，曾任营长		
荣县粮食管理委员会	副主任委员	黄子言	执中	45	长寿	四川法政及国民革命军二集团军军官校毕业，曾任秘书、区、科、县长等职	1941.4.10	
私立华英男初中校	校长	杨富贤	士彦	40	荣县	华西大学毕业		
私立华英女初中校	校长	陈静肃		25	雅安	华西大学毕业		
私立存仁初中校	校长	叶芝	仙蒂	49	荣县	四川法政毕业		
私立荣东初中校	校长	蓝其昌	显谟	46	荣县	外国语专门毕业		

续表

机关名称	职别	姓名	别号	年龄	籍贯	履历	到职时间（年月日）	备考
荣县县立初中校	校长	张翰飞		38	荣县	上海艺专学校毕业		
荣县国民兵团	副团长	金瑕夫		32	永川	军政部兵役班毕业，曾任排、连、营长、团副等职		
荣县县政府	会计主任	谢兆洪		27	荣县	特殊考试四川省会计人员考试及格	1940.8.6	

资料来源：荣县档案，001-02-649。

　　从上表所列各项可看出，县政府内的县长、其下设的秘书、助理秘书、民政科科长、财政科科长、教育科科长、建设科科长、军事科科长、社会科科长、第一区区长、第二区区长、第三区区长、第四区区长、警佐、督学、技士、统计员、合作室主任、军法承审员、军法室书记，县征收局局长、局内所设的三个组长、县营业稽征所所长，县党部党记长，县财委会主任委员，县救济院院长、副院长，县粮食管理委员会副主任委员，县立中学及私立华英男初中校、私立华英女初中校、私立存仁初中校、私立荣东初中校、荣县县立初中校几所学校的校长，县国民兵团副团长，荣县县政府会计主任，均被划为公务人员类别。以上各公务人员的任职年龄从 25 岁到 61 岁不等，平均年龄 38 岁。大部分均受过高等教育或专门教育，且一部分均参加过四川省训团、四川县训第二期中央训练团党政班、四川县训峨眉军训团等训练团的培训，这些训练均为代表国家对这些公务人员进行的公职训练，目的是将国家权威赋予这些具体执行公务的人员，让他们能代表国家开展具体事务。这些公务人员在任职之前大多有在其他不同岗位或不同区域任职的经历。另外，在公务人员人数设置上，除督学为 4 人、技士为 2 人外，其他设置均为 1 人，这些人员的任职多以委任职为主。从公务人员的籍贯来看，县长遵循了避籍的原则，非荣县籍，其他 41 人中，荣县籍的公务人员共有 16 人，占总数的 39%。由此看来，孙中山先生在民国之初所倡导的"本地人治本地事"之自治精神，已被国家委派公务人员的官治模式所打破，甚至逐渐瓦解。由自治而官治，国家权力逐渐下渗效果已然在基层公务人员群体内显现。

这些公务人员之中，县政府中大量重要部门负责人均有军政背景。除国民兵团、军事科等相关部门负责人具有军政背景外，其他县行政人员也大多具有军政背景，比如县长黄希濂为西北军校北京大学中央训练团党政班第五期毕业；助理秘书贾伯仪为中央军校军官班第二期毕业，曾任少校、指导员；军事科科长胡忠缄，四川军管区兵役班毕业，曾任局长；荣县救济院院长曹薇，四川讲武堂毕业，曾任营长、副官长等职，副院长郝伯能，二十四军政治学校毕业，曾任营长；荣县粮食管理委员会副主任委员黄子言，四川法政及国民革命军二集团军军官校毕业，曾任秘书、区、科、县长等职。除军政背景外，法政背景也是这些公务人员的主要来源之一。比如，财政科科长黄德富，四川法政专门学校法律本科毕业，曾任科长、军法官；第一区区长陈颜湘，四川法政学校、四川省训团第二期毕业，历任区长；荣县征收局第三组组长萧霊，成都志诚法政学校政治经济毕业，历任法院权事本局会计主任及第二股股长等职。

学历方面，大多受过良好的教育，虽是地处四川内陆的一个县，基层公务人员中大学毕业人员不在少数，大学专科以上毕业的人员约占 50%，其他还有部分是高中毕业、军事学校、旧制中学、专门类学校等。另外，公务人员中已有西方教会中的人员向基层公务人员的渗入，尤其体现在几所私立学校。比如荣县的私立华英男初中校与私立华英女初中校两所学校属于教会所创办之学校，与位于成都的私立华西协和大学为同一教会办学体系，因此其校长主要是毕业于私立华西协和大学的学生。从这样的履历情况来看，很难让人想象基层公务人员在执行公务过程中如何会异化为时人所说的"纵容不愿做土劣，在此制度下，结果亦不得不变成土劣"① 的情形。

　　除了县政府及其机关干部人员外，基层公务人员方面，以乡镇公所为例，从四川省荣县乡镇公所组织人事及经费的详细调查表② 中可以反映出荣县所辖四个区的乡镇保甲及人员安排情况。其中公务人员中多为兼任，从 54 个乡镇的情况来看，乡镇长兼任中心学校校长的共计 22 人，副乡镇长兼任中心学校校长的 13 人，名誉区乡镇长兼任中心学校校长的 18 人。而乡镇国民兵队部中的队附，除了坾南乡为副乡镇长张云生同时兼任中心学校校长及乡队附外，其他均为专任。对这些乡镇保甲及人员的每月月支经费，大体分为两档，160 和 132，而从统计数据来看，月支经费达到 160 的仅有 11 个乡镇，除第四区没有外，其他一二三区分别有 3 个、6 个、2 个乡镇。至于为何这样区分，却未见详细说明。

　　从县级公务人员的需求及组成安排可看出，基层公务人员构成较为复杂。新县制的施行在制度层面规定"乡镇为法人"，政权机构下沉之后，下层组织的扩大，使得基础变得广大。这一广大的基础能否坚固，关键需要大量的基层公务人员进行充实。这些人员的选任既需要他们能实现推行新县制的县政工作要求，能在抗战这一大背景下，代表国家从基层社会之中汲取资源，又需要他们能对基层的实际情况有所了解。国家吸纳的基层公务人员，主要承担代表国家从事公文的上传下达、行政命令的执行及社会治理之责。同时为了有效地协调有关方面关系，公务人员队伍也需要吸收其他各方面人物，比如上表所列的荣县公务人员中有受过新式教育与旧式学堂出身的人员，年长的地方士绅与年轻的新精英，本县人士与外县（甚至外省）人员。各种复杂的社会关系交织于基层公务人员之中，可以想见基层社会治理实践过程中可能产生各方面难以调和的矛盾，以及代表

　　① 熊子骏：《县地方自治问题的总检讨》，成都新新新闻报馆、成都文化服务部 1940 年版，第 21 页。

　　② 荣县档案馆藏：《四川省政府、第二区行署、荣县政府关于颁发公审员证、公务员任用、审查、动能月报的简历、令、书、表、回批》，001-01-069。

不同背景与不同利益之下对公务员身份所提出的不同要求。

第二节　基层公务人员制度与实践

南京国民政府时期的公务员制度经历了中国传统官制向西方现代公务员制度转型过程的最后定格。虽没有制度重构过程中制度移植与本土空间对接下的不适与困惑，也没有中央与地方概念重新认知与定位，但是经过时局更迭，相对于体制层面大变迁的复杂与周折，基层社会的小叙事则显得平淡简单一些，因此更易被人忽略。尤其是夹在顶层国家与基层社会之间"奉命"行事的基层公务人员，他们既是国家统治秩序在基层社会确立与维持的基础，又是纸面制度的真正执行者和实施者。他们才是历史本来面貌的重要见证人和参与人。

一、人员选任制度与程序

新县制施行后，从权能看，《纲要》中规定，保举行保民代表大会，乡镇举行乡镇民代表大会，乡镇保甲长均由民众选举。如此乡镇民代表大会及保民代表大会有"权"，乡镇长、保甲长有"能"，"权能"区分恰当。若再有地方自治计划与进行步骤，则在乡镇民代表会中进行认真讨论、决议之后，交给有能的乡镇长来执行，即能收到实效。当然这是理想状态下的愿景。新县制推进过程中，"得人"还属根本，按照孟子的话讲："贤者在位，能者在职，国家闲暇，及是时，明其政刑。虽大国，必畏之矣。"这意义也在于国家行政之修明，必待于贤明之人在位在职。对于基层公务人员的选任，理论上在未举办民选之前的乡镇长是由县政府负选择之责，保长及保办公处的职员是由乡镇长负选择之责，这样逐级负责地选择人员，体现出官治与自治的结合。对于南京国民政府简任、荐任、委任职衔的公务人员，须经铨叙部根据送审人的学历、任职资历、各项证明文件等，比照甄审条例予以铨叙。经审核批准的，称为铨叙合格，由上级主管机关分级委任；对铨叙不合格的，则不予任用。在未经铨叙以前，工作期间称为代理。

乡镇保甲长的产生，除了国家法令外，县级政府亦制定相应的制度。比如从地方基层档案中发现，荣县乡镇长的产生除了依照国民政府及省政府所颁法令外，荣县还自行制定有《荣县乡镇长候选人候选暂行办法》（附件3-6）。①虽然只有八条规定，但已将选任人员的选举、程序、监选、选票保管等方方面面均考虑到。根据该办法规定，乡镇长候选人由各保保民大会选举之。每保选举候选人二名，以得票最多数者为当选，但以保内居民并合于一种公职候选人的资格者为限（已撤职或免职乡镇长不得为乡镇长候选人）。所有乡镇长候选人选票由县政府统筹制发，交乡镇民代表会按各保户数发给使用。各保选举乡镇长候选人，以保长为召集人，该保乡民代表为监选人。各保选举开票完竣后，即将选票封存签章，至迟于次日送交乡镇民代表会负责保管，俟县政府所派乡镇长监送人到达时，再会同乡镇民代表会当场检查，以杜流弊。乡镇长候选人确定后，由县政府所派监选人将每保候选人姓名列单宣布，即由各乡镇民代表就候选人中选举乡镇长。每保选举时，如因事实需要，得以国民学校校长或教员为选票代书人。乡镇长选举时，及选票后所有应备手续仍依照乡镇自治人员选举规则办理之。②

虽在基层能见到基层民众及士绅弹劾乡镇长的案件档案，但他们也不可否认地认识到乡镇长的重要性，也对乡镇长的选任提出更明确的期望。比如荣县圩东乡全体士绅公民代表赖清和等十人在控告其乡长时曾

---

① 荣县档案馆藏：《四川省政府、荣县政府关于乡镇选举、职权划分、经费预算的训令、呈、记录、选票表》，001-03-198。

② 荣县档案馆藏：《四川省政府、荣县政府关于乡镇选举、职权划分、经费预算的训令、呈、记录、选票表》，001-03-198。

说，"窃查乡镇长之职，下则亲民作，首察民间疾苦以上溯，上为县府股肱，代推行政令以下达，其位虽卑，其责至重，其人选应至慎也"，鉴于此重要性，对于人员的选任应以尊重民意，实行民选为主，"我中央树民主建国之基础，尊重民意，实行民选之乡镇保甲，由下而上，固法良意美，然须不违真正之民意，始获真正之民选，故乡长之选择，必其人品学识，公私两德具备，而又须有操守，能公正廉明，尤其为一乡之表率，人望所归者，方足以胜任愉快，使上下无隔阂，人民享安乐也"①。可见，对于按照制度选举出的乡镇长，仍然存在被乡民集体控告的问题。问题何在？是否如当时人所议，基层县政工作往往是"徒张粉饰，蒙上骗下，百废并举，一事无成"②。还是因为战时时局或者舶来制度等其他原因？

在"民选乡镇长"实施以前，所有乡镇公所职员的甄审、选拔、任用、免职，悉依照《四川省各县乡镇公所职员甄选任免暂行办法》（附件 3-1）③办理。该办法对于甄选乡镇长的条件是，中华民国之男子年在 25 岁以上 50 岁以下，身体强健而有下列资格之一者：（1）在联保改乡镇时，现任联保主任者；（2）曾受自治训练成绩及格，领有证书者；（3）师范或初中以上学校毕业，领有证书者；（4）普通考试及格领有凭证者；（5）曾任委任职一年以上而有文件证书者；（6）文理通达，办理地方公益三年以上卓著成绩而有事实证明者；（7）文理粗通、乡望素孚而有本乡镇之保长过半数联名负责保荐经县长核准者。副乡镇长由县政府就甄审合格者委任之，其合于中心学校校长资格者得兼任校长。乡镇长出缺时以副乡镇长递补为原则。以上各员之任用以"就地取材"为原则，如本籍人不敷

---

① 荣县档案馆藏：《四川省政府、荣县政府、县地方法院、东佳、吕观、东兴等乡关于乡、保、甲长渎职、贪污公款等违法案的训令、函、呈》，001-03-357。

② 王广来：《考察政务之管见》，中国第二历史档案馆，内政部档案，12-6-13830。

③ 荣县档案馆藏：《四川省政府关于乡镇划分、职员、保甲长考选、甄审、任免、行文、办事、文书处理、保办设备、经费标准、保务会的规则、章程、办法》，001-03-545。

应用或不适当者，亦得委用外籍人，副乡镇长中至少须有一人系本籍人。

除乡镇长外，保甲长的产生亦是如此。本省各县在"民选保长"未实行以前，所有保长及副保长的甄选、任免，除法令另有规定外，悉依《四川省各县保长甄选任免暂行办法》（附件 3-2）① 的规定办理。保长、副保长的甄选由各县设置保长甄选委员会办理，委员会以县长为主任委员，县党部书记长、县政府秘书、民政科长、教育科长及各区区长为委员。国民在 25 岁以上 45 岁以下，家世清白，品行端正，身体强健而有下列资格之一者，得申请甄选保长或副保长：（1）师范学校或初级中学以上学校毕业，领有证书者。（2）曾任公务员或在教育文化机构服务一年以上，著有成绩而有文件证明者。（3）经自治保甲训练成绩及格领有证书者。（4）曾任自治保甲职员，小学教员或办理地方公益事务二年以上而有文件证明者。（5）经小学教员检定合格者。（6）高级小学以上学校毕业或有同等学力者。初级小学毕业，公正勇敢，热心公益，富有办事能力及经验者。（7）在地方办理社会事业者，著有声誉者。符合上述各款情事者，择选加倍人数，报请县政府交由保长甄选委员会甄选之。同保内无前项人员或不敷时，得就邻保内选择之。保长、副保长及保办公处职员，凡依法应行兼职者，其任免概依本职为转移，但保长不得兼任甲长、乡镇长不得兼任保长。保办公处职员由保长呈请乡镇公所委任之。保长、副保长任期二年，但经考核成绩优良者得加委连任之。

乡镇长选任制度虽很详尽，制度的稳定并不阻碍现实中乡镇长更动的频繁，从档案中多处可见乡镇长去职与再选的记录。尤其是乡长，以荣县古文乡为例，"迄今不过 20 月，然已三度改选，四易乡长"。从选举的记录可看出，改选时主席报告特别提出希望参选诸君"摒弃一切情感上之牵掣，以良知与理智，为人民作一明智的抉择。过去一切错综复杂的情势

---

① 荣县档案馆藏：《四川省政府关于乡镇划分、职员、保甲长考选、甄审、任免、行文、办事、文书处理、保办设备、经费标准、保务会的规则、章程、办法》，001-03-545。

庶几可告终止"。同时，从更多会议记录中所体现出的选举结果大多或为全票，或为绝对多数票通过。问题是，既然选举结果为民意所向选出的人员，为何在现实履职过程中还会出现如此频繁的更动，这着实让人生疑。官治与自治结合下产生的乡镇保甲基层公务人员，是否真能代表国家实现对基层社会的治理，又是否能将本地利益与诉求传呈于上。或许在以下档案中所发现的诸多乡镇保甲人员的去职缘由中能得到些启示。

二、去职原因与交代程序

各县乡镇长属于地方公务人员中最低一级别的行政人员，是官治的最低层级。各乡镇下的保甲长理论上属于自治人员。这是在新县制中明确的。在实践过程中，各县保甲长若不想任职，需要遵循法定的去职理由提出申请，得到许可后，方可离职，否则可能会以擅离职守论处。根据《四川省各县保长甄选任免暂行办法》①第二十条之规定："保长、副保长之去职原因主要如下：甲、'民选保长'产生时，乙、任期届满经考核成绩平庸不再加委时，丙、依法升迁调用时，丁、违法失职经查明撤职时，戊、能力薄弱、贻误公务，经考核免职时，己、怠忽职务，不服指挥，经主管人员呈请撤职时，庚、经甄选训练合格任用后，发现冒名顶替时，辛、自请辞职理由充足，经主管人员核准时，壬、其他依法应行去职时。除以上各款规定外，概不得撤职或辞职。"同时，第二十一条还规定："保长、副保长去职时，非将交代办清不得离职，违者以擅离职守论，除取消其资格外，并勒令回归清理交代，交代办法另定之。"从自治的角度看，选举时通过民意机构投票选出，但离职时却并非经民意机关同意。按照规定，需要经"主管人员核准"方能离职。

---

① 荣县档案馆藏：《四川省政府关于乡镇划分、职员、保甲长考选、甄审、任免、行文、办事、文书处理、保办设备、经费标准、保务会的规则、章程、办法》，001-03-545。

从四川省某些县的实践情况来看，申请去职的保甲长并不在少数。这也说明基层的事务繁多，保甲长并不好做。至于保甲长因何原因提出辞去职务。在四川省某些县的地方档案中，发现保长去职大致存在如下几类情况。

（一）因病辞退

乡镇保甲长因为面对繁重的事务，大多疲于应付，加上有些人员年龄较大，正好以身患疾病为托词（或许真是有疾病），提出请辞。比如荣县踏紫乡第二保副保长李绍阳呈称："窃职自任副保长以来，际今六载，第以桑梓义务，勉为其难，奈于本年上春，负染重病，卧床不起，任是延医调治，日益加剧，数月未愈，实非短时可望痊愈，前曾呈请辞职，未邀洞鉴，若长此以往，不思设法补救，尤恐贻误要公，谁尸其咎。"[1] 对此，经过乡镇长层层上报，县府给出的决定是"准予退休，另选委充"。

（二）能力薄弱

除了因病请辞的外，基层保甲长事务责重事繁，非所有人能干得下来的。因此，即使被选任之后，经过一段时间的实践，被证实确实是难以完成的任务。特别是如果保甲长没有一定的基层人际关系或者背景，工作更难开展。对此，上级机关也是认同的。因此，正江乡第三保副保长刘绍乡呈称："为绵力铨才实难胜任，因家本贫穷，自幼失学，既无高明远大之诚，亦无精敏强悍之才等语，呈请准予辞职。"对此，乡镇长上报县府后，县府经查认为："该保长确系能力薄弱办事无能，加以家生活难维，实无暇服此公务，请辞退着予照准。"[2]

---

[1] 荣县档案馆藏：《荣县政府、永兴、观山、长山镇乡公所等关于保甲长选举、撤、辞、免、委任的训令、呈、名册》，001-03-284。

[2] 荣县档案馆藏：《荣县政府、永兴、观山、长山镇乡公所等关于保甲长选举、撤、辞、免、委任的训令、呈、名册》，001-03-284。

（三）其他兼职

还有一种情况，虽然托词为本人能力不够，工作毫无成绩，但实际上是因为有其他兼职，不能完全兼顾，加之保甲长之责较繁，因此选择放弃保甲长之职。比如正江乡第五保副保长荣文学呈称："为自民选就职，迄今一载，工作毫无成绩，更兼保校长职务，实有绠短汲深，鼎折鍊复等语呈请辞职一案。"对此保长之辞呈，乡镇长最初是不愿批准的，但其言语坚决，最后县府以"该乡第五保副保长荣文学坚请辞退，着予照准"①。

（四）外迁他处

此种情况较少，但却是请辞的最佳理由，即迁往他处。比如荣边乡第一保副保长杨炳荣呈称："本属佃农，今因迁往他处，于副保长一职另选贤能接充。"②此种客观理由，自然是能获准的。

（五）综合因素

也有保长为了能更充分表明其请辞之决意，理由包含以上多种原因，比如鼎新乡第十六保保长胡宗锡呈称："窃职服保长职经委选两任已达五年，才力薄弱，毫无建树，自维以服务为目的，勉事驰驱，不料病魔相扰，曾经请假就医，冀复健全，今病势转危医治无效，当此多事之秋推行政令不可一日懈驰，以病躯垂危之身不能再负重大名义，迫恳钧座准予辞卸，另行改选，以恤残躯而重行政，是为公私两便。"该乡镇长复查后，认为"经查该保长病势沉重，又无健复之望"，初步准予其辞退，但还需

---

① 荣县档案馆藏：《荣县政府、永兴、观山、长山镇乡公所等关于保甲长选举、撤、辞、免、委任的训令、呈、名册》，001-03-284。

② 荣县档案馆藏：《荣县政府、永兴、观山、长山镇乡公所等关于保甲长选举、撤、辞、免、委任的训令、呈、名册》，001-03-284。

转呈县府予以定夺。县府收到该请，经过考虑之后，接受其"因病请辞"的理由，"准予辞退"①。

乡镇人员的辞职亦有相关制度规定。根据《四川省各县乡镇公所职员之甄选任免暂行办法》第十二条之规定："乡镇公所职员之去职依照下列规定行之：甲、依法升迁调用者，乙、违法失职经查照撤职者，丙、能力薄弱贻误公务经考核免职者，丁、怠忽职务不服指挥经主管人员呈请撤职者，戊、自请辞退理由充足，经主管人员核准者，除上列各款规定外，概不准撤换或辞退。"②

乡镇公务人员去职后，根据《甄选任免暂行办法》第十三条规定："乡镇公所职员去职时，非将交代办清不准离职，违者以擅离职守论，除取消其资格外，并勒令回归清理交代，交代办法另定之。"对于乡镇保甲长之去职后的双方交接（民国公文中称之为"交代"）亦有相关制度规定。为避免针对基层的贪腐行径，此制度体现出官治体系下对公务人员的约束与管理。比如根据《四川省各县乡镇长交代暂行规则》（附件3-3）之规定，前任乡镇长需移交后任乡镇长接收的物件包括：一、经费实领实支及其余存数。二、经收款项已解未解数。三、经管仓储积谷、谷款、仓廒及各种登记簿册，收支凭据。四、公款公产公物及公有房屋器材。五、印及各种文卷簿册、保甲户口册籍、户籍地籍册、图书表册、□□③、收支凭证、乡镇公所职员名册。六、经管枪械子弹及其他武器。七、票照存根及未用票照与票照性质相类似之各种单据。八、其他应行交代事项。同时，乡镇长交代时应由县政府派员监盘。前任乡镇长应于后任□□□之当日，将印

---

① 荣县档案馆藏：《荣县政府、永兴、观山、长山镇乡公所等关于保甲长选举、撤、辞、免、委任的训令、呈、名册》，001-03-284。

② 荣县档案馆藏：《四川省政府关于乡镇划分、职员、保甲长考选、甄审、任免、行文、办事、文书处理、保办设备、经费标准、保务会的规则、章程、办法》，001-03-545。

③ 笔者注：□□为档案中折叠模糊未见清晰之处，以下文中所出现之□□均为同一原因。

章文卷及一切存款移交清楚，其余交代事项至迟应于十日内逐项造具移交清册，汇订交代，总册悉数移交后任接收，非经取得交代清结证明书，不得擅自离去供职所在地，但因奉令调职或因病卸职或在职病故者，得委托所属职员或其他人员代办交代。前项代办交代人员应由前任乡镇长或受托人将委代事由代理人姓名，及代理人与前任乡镇长之关系呈报县政府备查。前任乡镇长未能如限办理，交代者应由后任呈报县政府传案严惩并依法议处。①

其中，国家对于交代的监督还体现在监盘员的委任及监督："后任乡镇长接到移交清册时，应即会同监盘员于七日内照册逐项盘查清楚，如有疑问，应即通知前任解答更正，交代清楚后，即由后任出具交代清结证明书，交前任乡镇长收执。前项移交清册应同样缮具三份，以一份交前任乡镇长存执，以一份存乡镇公所，余一份由前后任乡镇长及监盘员会衔呈报县政府查核。"凡依法令应行专案移交之件，应由前任另造移交清册，专案移交后任接收，后任于接收清楚后，仍应出具交代清结证明书交给前任收执，其他交代手续适用前三条之规定。前任乡镇长拒绝交代者，应由后任呈报县政府强制执行并依法严惩。

对于交接过程中发现的问题及处理，诸如："后任乡镇长或监盘员发现前任有亏空公款情事及潜逃嫌疑者，应密报县政府或区署予以扣留。""前任乡镇长因交代不清，私自逃匿或惶报病故者，除查封其财产抵偿外，并依法严惩。""后任乡镇长对于交代故意留难或延不结报者，得由前任呈报县政府，令其结报并依法议处。""后任乡镇长及监盘员，如发现前任移交清册有虚惶或漏列情事，应即据实揭报，不得帮同蒙蔽，违者以通同舞弊论，除将前后任乡镇长及监盘员依法惩处外，如有损失并应负共同赔偿责任。"前任乡镇长应领经费截至卸前一日止。前任乡镇

---

① 荣县档案馆藏：《四川省政府关于乡镇划分、职员、保甲长考选、甄审、任免、行文、办事、文书处理、保办设备、经费标准、保务会的规则、章程、办法》，001-03-545。

长经办案件或事务，未及结束者应于交卸时将有关法令表册财务及办理情形专案移交后任接办。前任乡镇长所兼之职务，依照法令，应随本职解除者。①

新县制推行后联保办公处结束，新乡镇区划有时系两个以上联保区划合并时，也按照相应情形办理交接手续。按照《四川省各县联保办公处结束办法》规定，该交接分两种情形，一种是乡镇公所所在地的联保办公处或乡镇公所在地无联保办公处，其距离乡镇公所最近的联保办公处经管公款公产、文令簿册、房屋器材、公用物品及武器等全部，应由各该联保主任依照公务员交代条例移交新乡镇公所逐一点收清楚，并由各该新任乡镇长出具清结三份，交由卸职联保主任抽存一份，余二份，呈由该管区署分别核转县政府查核。另一种是，非乡镇公所所在地或距离乡镇公所甚远之联保办公处，其经管房屋器材及公用物品，应由各该联保主任依照公务员交代条例移交各该联保办公处所在之保长办公处点收，并由各该保长出具清结二份，交由各该联保主任抽存一份，余一份，连同经管之公款公产、文令簿册及武器等依照公务员交代条例移交所并乡镇之乡镇公所点收清楚，仍由各该新任乡镇长出具清结三份，交由各该卸任联保主任抽存一份余二份，呈由该管区署分别核转县政府查核。

具体的移交清册，按照制度规定均有固定的样式如下：

移交清册式

四川省　县　图记　乡（镇）公所移交清册

兹将前任乡（镇）长　自民国　年　月　日到任起至　年　月　日交卸前一日止内实领实支经费，经收解支各款、各种凭证，及经管各项公

---

① 荣县档案馆藏：《四川省政府关于乡镇划分、职员、保甲长考选、甄审、任免、行文、办事、文书处理、保办设备、经费标准、保务会的规则、章程、办法》，001-03-545。

款公产、文卷簿册、暨公共房屋、器材、公用物品、武器等造具四本清册，送请

查收

计开

经费（各种应行移交事项均仿此开造）

旧管

一、收前任移交　经费若干元（应分别款目年月日逐项开列）

二、收……

以上共收经费若干元

新收

一、收某年某月份本公所经费若干元

二、收……

以上共收经费若干元

开除

一、支某年某月份本公所经费若干元

二、支……

以上共支经费若干元

实存

一、实存未发某年某月份经费若干元

二、实存……

以上收支相抵，实存经费若干元

附＊＊簿＊＊本

附＊＊单＊＊纸

＊＊条＊＊纸

卸任乡镇长＊＊＊

交代清结证明书式

四川省　县　乡（镇）公所交代清结证明书

兹证明前任乡（镇）长　　自民国　年　月　日到任起至　年　月　日交卸前一日止，任内实领实支经费，经收解交各款各种凭证，及经管各项公款公产、文卷簿册暨公共房屋器材、公用物品、武器等均经乡（镇）长　　会同监盘员　　查明，照册接收清楚，理合出具交代清结证明书，交由前任收执。

乡镇长　　　　　　　　　（签名）

监盘员　　　　　　　　　（盖章）

中华民国　　年　　图记　月　　日

即便在制度上对交代（移交）工作进行了详尽规定，基层县级政府及以下仍有大量移交不清或交代不明的事项。《纲要》实施一年，因"物价飞涨，生活昂贵，县以下公务人员，生活不能维系，俸不养廉，贪污以起"[①]。在新县制施行之前与之间，据统计四川省自1935年至1941年期间，移交不清的县长多达403人，每年平均有57人。[②]可见，在基层公务人员去职与交代制度程序的背后可能还隐藏着某种体制下的痼疾。它不仅暴露出基层公务人员的腐败原因，还可能催生基层不稳定因素的产生。与这类问题相伴相生的还有中央财政战时的紧张，以及由此造成的自上而下的层层摊派任务。作为基层公务人员又应该如何应对这些问题呢？

[①] 邹百平：《贡献推行新县制意见》，中国第二历史档案馆，县政计划委员会档案，280—136，转引自周联合：《自治与官治——南京国民政府的县自治法研究》，广东人民出版社2006年版，第229页。

[②] 章开沅、马敏、朱英：《中国近代史上的官绅商学》，湖北人民出版社2000年版，第168—171页。

三、财政紧张与基层摊派

战争时期国家经费本就紧张，更毋庸说财政上拨付给基层行政机构的费用能有多宽裕。县下之设乡镇公所的经费本应在县财政范围内支给，但因乡镇公务人员大多按照规定是兼职不支薪的，因此，县财政预算中难免会将此类人员的经费扣除掉。按照《四川省各县乡镇公所组织规程》（附件3–5）规定，根据乡镇所辖之保分别为15个以上或不及15个分为甲、乙两种乡镇，其中甲种乡镇的县财政较为充裕，而乙种乡镇的县财政则较为困难。不同编制分别预算的经费标准表如下。

四川省各县乡镇公所编制及经费标准表 [①]

项别数额	甲种		乙种		说明
	名额	月支经费数	名额	月支经费数	
乡镇长	一	40	一	30	
副乡镇长	一	30	一	24	
名誉副乡镇长	一	6	一	4	甲种乡镇月支车费6元，乙种乡镇月支车费4元
民政警卫股主任			一		由副乡镇长兼任不支薪
经济文化股主任	一	30	一	24	专任甲种乡镇月支30元，乙种乡镇月支24元
干事	四	24	四	20	民政干事专任甲种乡镇月支24元，乙种乡镇月支20元，警卫干事由乡镇专设国民兵队队附兼任，经济干事由经济文化股主任兼任，文化干事由中心学校教员兼任，均不支薪

[①] 荣县档案馆藏：《四川省、荣县政府关于县、区组织规程、行文办事规则、镇改组的训令、名册》，001–02–449。

续表

项别数额	甲种		乙种		说明
	名额	月支经费数	名额	月支经费数	
事务员	一	20	一	20	专任甲乙两种乡镇月各支 20 元
助理干事	二	24	二	20	专任甲种乡镇月各支 12 元，乙种乡镇月各支 10 元
公差	三	24	二	16	月各支 8 元
公费		30		20	
合计		228		182	

附注：
一、凡依照四川省各县乡镇公所组织规程兼职人员均支本职薪，兼职概不支薪，并不得以任何名义支给津贴。
二、中心学校校长兼任副乡镇长时，民政警卫股主任应改为专任，副乡镇长支校长薪股主任支副乡镇长薪。
三、民政警卫股主任兼乡镇国民队队附时，民政干事与警卫干事应以一人兼任，改称民政警卫干事支民政干事薪。
四、本表规定之人员及经费各县得视财政状况，就规定范围内专案呈请增减之。

从上表中可以看出县财政的紧张，四川省给予川内各县乡镇公所内 15 名公务人员的支薪及所有公费、公差的一个月经费标准甲种乡镇 228 元，乙种乡镇仅 182 元，甲种乡镇每人平均一个月为 15.2 元，乙种乡镇每人平均一个月为 12.1 元。还有几项职务均为兼任不支薪。虽然四川省各县乡镇公所编制及经费标准中亦规定各县可视财政状况，在此范围内呈请增减，但大体上应也如此。县财政对于乡镇经费之紧张，更可想而知保甲经费也不可能宽裕。从对保甲长之选举所需经费的相应规定亦可证明，根据《四川省各县保长甄选任免暂行办法》第二十三条之规定："各县办理保长、副保长甄选所需经费，准在各县保甲临时费项下动支，无保甲临时费或不敷时，准在县地方总预备费项下动支，由县政府以最经济原则核实，拟具预算呈请省政府核定。前项经费不满 500 保之县，得在不超过 300 元之范围内，500 保以上之县得在不超过五百元之范围内，先行动支，并一面拟具预算呈请省政府核定。"① 经费之紧张在各县保长选举的支出规定亦可见一斑。

对基层公务人员兼职不予支薪的做法，并未减轻他们事繁责重的现状。反而因为经费的紧张，会给这些基层公务人员带来向所在地方的百姓去摊收筹派经费的任务。因国家公务经费不足而向民间索取（搜刮），实质是进一步加剧基层公务人员（国家在基层的代理人）与普通民众之间的矛盾。据文史资料记载，因编组保甲所用经费如纸张、门牌等都是公家开支，标榜的不收民间的钱，但是编组完成不久，即由县政府下令，以保为单位，每保需担负 16 元的所谓保甲经费。这笔经费，保甲长本身当然不出，而有钱的人，保甲长也不敢摊派，实际出钱的人只有贫民老百姓。为了保甲经费，人民叫苦连天，如荣县县城后山一土地祠，有一副对联曰："保、保何事，保一方清古，保四境平安，保保都要出钱，拿去龟儿玩格。甲、甲什么，甲街邻铺户，甲左邻右舍，甲甲何日得脱，总要老子出钱。"② 此联反映出实践中百姓对于摊派一事的抵触与抗拒，因此各保内居民纷纷提出各种理由，试图免交。荣县第五区第一八五保办公处保长朱清廷带头，其保内十甲的甲长余仕荣、余占卿、徐宝珊、徐海卿、聂光庭、张富堂、彭树熙、彭光武、彭光大等均上呈请求减轻保甲经费摊收，因其"甲内户口人多地狭，生活恒艰，赈济各甲户口资炊过半，奉经费两元派及户众，至今三分之数未收其一通来，每月增加三元更难负担，适至枯月无料米价增高，百物腾贵，乡里穷民谋生无术，一家八口似有离散之忧，饥啼饿泣惨见凄凉之状"。③

① 荣县档案馆藏：《四川省政府关于乡镇划分、职员、保甲长考选、甄审、任免、行文、办事、文书处理、保办设备、经费标准、保务会的规则、章程、办法》，001-03-545。

② 中国人民政治协商会议四川省荣县委员会文史资料委员会编：《荣县文史资料选辑》第三辑，1997 年，第 60 页。

③ 荣县档案馆藏：《四川省第二区行署、荣县政府、第四区等关于保甲经费征收、预算、公款房屋培修概算的训令、呈、表册》，001-02-060。

面对基层社会的反映，保甲经费难能收齐，如何应对制度之外的基层现实呢？四川第二行政督察专员公署提出"保甲经费变通征收办法案"（以下简称为"变通案"）。该"变通案"首先提出"变通案"产生的背景来源在于向住户征收保甲经费是为唤起民众富于国家观念，然而由于四川过去情形较特殊，苛捐杂税诛求无厌，因此民众对于保甲经费之征收或误指为苛杂之列。然而保甲经费与保甲制度实为救亡图存之要务，关于民生国脉岂能任其缓滞，因此改由随粮附加则财税政举。自从1936年7月起保甲经费改由随粮附加，以扫清一切积弊。其次该案又指出，征收标准因贫富相距不远，富户每月缴二角，则视国弁髦，贫者减少至五仙，贫富之间，经费倒置，影响收款，且征收税率太低，虽符于"不扰民而事举，不浪费而政兴"之意，唯手续层叠需人需时，徒增细碎之劳。因此，"之前保甲经费规定，每保两元原为征收手续繁杂，多派恐征集不易，实则政以财举，两元之落殊嫌太少，若能随粮附加则不妨增加款额"，每保可派至金额数量由各保根据实际情况确定之。

因保甲经费原名为"保甲捐"，既曰捐款，则不须限制捐款额。一保之内若有能一户捐出五元，那么其余之人即可免派，这样于民不扰，于事有成，何所不可？这样一来的变通之法，则不再拘于二角的成例，"富者嫌其轻，贫者觉其重，必致收额难"，因此，"事庶政并举，兹一随粮附加之议，不行则必打破无户至多二角之例，由保甲长量资酌派之"[①]。该方法之创新还可避免之前保甲经费征收负责人，因与土豪劣绅等关系而徇情枉征。因此，改由随粮附征，是基层社会民众提出的解决经费困境，避免多种弊端之法。

由财政紧张与基层摊派可见基层公务人员的"边缘人"地位，甲长向保长诉苦，保长去乡镇公所诉苦，层层而上，却都只是权力链条上的传话

---

① 荣县档案馆藏：《四川省第二区行署、荣县政府、第四区等关于保甲经费征收、预算、公款房屋培修概算的训令、呈、表册》，001-02-060。

人。虽然采取了变通的缴纳方式，由粮税附加，但终免不了一缴。一方面，毕竟要让生于斯长于斯的当地人回到熟人社会中去征款征粮，实在有悖人情伦常。因此，基层社会矛盾的加剧，集中在官民之间，自然会出现许多基层公务人员被控的案件。另一方面，国难当头、经费紧张必然造成乡镇长、保甲长们的收入较低，而其所从事工作却又责重事繁，基层公务人员的贪污腐败渎职等弊病由此而生。蒋介石曾经对于基层公务人员的腐败情事指出四点弊病："一是假公济私，营私舞弊；二是依势招摇，压迫民众；三是假藉乡镇长、保甲长的名义报复私仇；四是现在一般乡镇长和保甲长，往往操一乡一镇执行政令之权，普通派工和征兵，都是由他们经手，所以一般恶劣贪财的，就可以凭借机会勒索穷户。"[1]1943年，四川省民政厅调查表明："全省各县不同的摊派名称，一共是301种……大家都感觉地方的摊筹派募太多，于是谤怨烦兴，乡镇公所成为怨府。"[2]财政紧张与基层摊派似乎是一个问题的两个面相，然而夹在中间的毕竟是基层公务人员。正因如此，百姓怨声载道的背后是基层控案迭起，对基层公务人员的奖惩与考核也受其影响。

四、基层控案与奖惩考核

随着国家政权建设的深入，国民政府的官僚机构及官治体系已不仅在县级一层，逐渐延伸至县级以下的基层乡镇保甲。国家为治理地方而设置的基层行政公务人员，在经费紧缺，事繁责重的现实之下，或者辞职离去，或者寻找机会藉国家公权之名、行危害地方之实。基层民众在面对各种名目的征讨之后，国家至上而下压在地方上的负担越发加重之时，民众与行政人员的抵触与矛盾也越发激烈。抗战时期，尤其在四川省（因作为

---

① 乐天：《公务员待遇史料》，载吉人等：《中国政治内幕》，光明出版公司1946年版，第88页，转引自杨吉安：《权力、话语与社会控制》，南京大学博士学位论文，2011年。

② 胡次威：《怎样实施新县制》，大东书局1947年版，第107页。

大后方承担了较重的征税征粮及征兵任务）民控官（此处之官主要是指基层公务人员）一类的案件越发突出。

民国基层档案中对基层公务人员的控案主要是针对乡镇长与保甲长的较多。以四川荣县为例，几乎每任县长均有被控告的档案记录，更何况人数庞大与基层利益关系密切的乡镇长与保甲长。以往对乡镇保甲长控诉问题的研究，大多以中饱私囊、贪污敛财、枉法滥权、违法粮政役政等类型进行指控。其处置也大多以国民政府相关部门的调查为开头，结果却是对其睁一只眼闭一只眼，模糊了事。实际上，从对基层档案的细致整理，发现除了上述所列情事之外，对乡镇保甲长的控诉理由各种各样，而官方处理也并非一概免议了事，至少在荣县档案中能发现是如此。下面略举荣县档案中几类不同于以往所见的对基层公务人员的控案为例予以说明。

类型一：基层公务人员握款不发

案例一：保长吴文中握款不缴，撕毁公文，辱打警丁

荣县礼佳乡第四保保长吴文中欠缴公款 15 万余元，本所于即月十八日（本乡集期）派警察队丁涂旭阳督催缴纳，该保长仍分文未缴，至晚该丁涂旭阳忽狼藉回所报称：

> 吴保长不缴公款，即将返家，我于场口上请伊到乡公所交涉清楚再走，并示以乡公所公文，伊即怒将公文撕毁弃地，辱骂爹娘。我再跟他同走，务请转来交涉以便销差。伊却回身举起手棍及阳伞架子向我乱打。同时他的哥哥吴德中把我擒着，听其拳打脚踢而去撕毁公文零碎破呈。我周身伤痕及毁损衣服尽可查验，且有帅述元眼见不虚。

通过该警丁涂旭阳的描述后，经查公文确被撕毁破碎，而涂旭阳之头额腮颚各部，均红肿起包，手臂肩膀腰际均有伤痕，衣袖腰襟亦破有两洞。当传帅述元到所，口称情节亦相符合。乡镇长据此认为："该保长吴文中握款不缴已属有碍公务，且致撕毁公文，辱打警丁，实属欺公枉法，无可比拟，横恶至此，何堪任用，若不报请彻查究办，实不足以儆效尤而利公务，除将撕毁公文及破坏服装，存所待调，并饬涂旭阳就医养伤外，理合报请钧府鉴核俯予撤职处分，并转法院究办，以儆横恶而便推行公务。"该案最后以查证属实后，对吴文中予以撤职处分，所欠公款仍饬其缴呈。然而对于打伤警丁一事，则"转该丁自行至赴地方法院验伤起诉可也"。可见，乡镇公所也仅对公事有所核办，而对私人受伤一事则以"多一事不如少一事"的态度推脱了事。这也许也是导致基层公务难推行的原因之一吧。

案例二：经济干事握款不发，意图鲸蚀，妨害工作

此案为铁厂乡户籍干事冯发安控本乡经济干事庐国志。冯发安呈称：

职家境贫寒，服务乡公所自本年七至十月份应领米津旧量四斗，经邹乡长韫芝接事时于八月十六日午后四时呈召开职员会议决议案，本所各员应领薪津食米各项概由经济干事庐国志负责领下，转发记录在卷，查国志已于前月早将各月份食米领下握存，但手霸据颗粒不发，职向伊追索，以维现状，国志反出恶言怒骂不堪瞎职罢工，况政令推行工作不可稍缓，兼遭经济干事庐国志握款不给，东支西吾意图鲸蚀，从公苦人所难，上不敢抗违公令，下受无限摧残，若不报请激究，对于推动前途何堪设想，故特具文呈报钧府查核准予传讯激究，以儆将来而利推进。

县府对此的回复是"令饬该乡乡长查办具报"。

选择此类型案例在于突破了长期以来对于保甲长所控贪污敛财等事的

泛泛而谈，具体对贪污情事下的握款不发一事为例予以展现。上述所选两案，均非基层公务人员对基层民众的米津款项等的贪污不发，而是针对公款及公务人员的米津粮款亦是如此。案例一是礼佳乡第四保保长吴文中欠缴公款十五万余元，乡公所派警察队丁涂旭阳于集期（估计此时间点才能找到人）督催缴纳，反而致警丁被殴打、公文被撕毁。虽然保长乃基层自治人员，但代表国家行事，算得上公务人员，然而其本身与国家内部关系也并未协调如意。否则不会出现如此蛮横地殴打警丁、撕毁公文之情事。同时，该案最后的处理也让人深思，虽然对该保长进行了撤职处分，对于被打警丁，县府却让其自行至法院验伤起诉。案例二中虽也是针对握款不发的控诉，但控与被控双方均为基层公务人员，即铁厂乡户籍干事冯发安控本乡经济干事庐国志。两者均为国家基层公务人员，且均经费紧张，然而经济干事以其手中握存各月份食米而不按时发给乡公所各员，因而被该所户籍干事控告。对此"内部矛盾"县府并未直接干涉，而是转由该乡乡长查办再报。

该两案展现了基层公务人员被控的新场景，超出了之前我们所认识到的基层控案大多源于乡镇保甲长对普通民众的欺压与剥削，从而激起民众反抗，进而控告。这两案均展现了乡内公务人员之间因公（手握公款不缴）与因私（手握其他公务人员米津不发）的矛盾。国家权力试图通过建立基层公务人员队伍来治理基层，却并没有协调好这一队伍的内部矛盾。特殊时期，资源匮乏，国家权力试图通过基层公务人员汲取与整合基层资源，殊不知对这一基层公务人员群体内部的资源尚未分配妥善。国家希望"位虽卑、责至重"的基层公务人员能做到"公私两德具备，上为县府股肱，代推行政令以下达，下则亲民作，首察民间疾苦以上溯"的结果，实践之中却难能实现。公务人员之苦在于"上不敢抗违公令，下受无限摧残"。在基层利益与资源面前，深刻地体现出国家权力在基层的式微以及无奈。同时，使我们对新县制施行后的基层公务人员的地位与环境又有了新的认识。

类型二：公民呈请撤职改选

案例一：双石乡联名上呈对保长予以撤职

双石乡十五保多位公民及甲长联名上呈县府，要求对其保长予以撤职，其理由如下："窃本县双石乡十五保保长丁执中贪污，经本保公民告发，本县地方法检察处侦讯终结'该保长贪污，确有其事'，依法提起公诉，经本县地方法院刑庭会审，由被告律师辩护终结，于法定限期内奉到四川荣县地方法院三十五（年）度特诉字第二四号刑事判决一件，主文'丁执中对于主管事务直接图利，处有期徒刑七年，褫夺公权五年'等因判决，查该保长既犯贪污，又被处徒刑，依法不能再任保长，理合呈请钧府鉴核，准将保长丁执中职务撤消，并恳随发选票，命令乡公所召集保民选举，以沾法益，而照大义。"该保多位公民及甲长对其保长因之前被判徒刑，确仍任保长一事，提出要求撤职之请，该县府经查证后，对其予以撤职。

案例二：东兴乡呈请县府对乡长进行撤职

荣县东兴乡同样也是呈请县府对其乡长进行撤职，其理由为请求确定该乡长为烟犯。东兴乡公民左光福等14人为确定烟犯左承旭不能再任乡长，三请作主，协恳示日改选一案。其案由该乡乡长左承旭被民众检举，曾经前县长委任撤职，当今县长初临莅任，民众希望先以处罚烟犯，嗣以查案改选。然而因东兴乡所举县参议员系中城镇南街户籍刘献文贿串冒充，该献文乃左承旭之兄却对人称，左承旭被人检举吸烟虽被撤职，住仁济医院戒烟三周，取得证单，仍能充任乡长。民众对此却认为，"该献文亦吸鸦烟与承旭狼狈相扶，违反禁政条文，而不知吸烟，先今均不得任公，等于盗者还贼，终是盗也，似此上蒙

下欺，似此上蒙下欺，民等听视其然。"因此，恳请县府示期改选，以
免烟犯执政，以符民望，全乡沾感。对此，县府经医院的临床观察及
检查记录，并出具调验鉴定书，验明其烟毒罪成立，撤职拘案并依法
严办，并查案核委同票之晏仲熏充任乡长，以维要公，而安民心。

案例三：富东乡全体士绅公民呈请对新任乡长撤职另选

荣县富东乡全体士绅公民代表赖清和等 10 人以该乡新任乡长宋
如邵"通缉有案、选以贿成、谨呈检举，恳查究撤职另选，以重民意，
而肃选政"为由提出："殊新任本乡乡长宋如邵，不惟人望未孚抑且
劣迹昭著，过去在黄希濂县长任内曾承乏此职一届，全乡民众，实深
受其祸，如办理役政，则惟贫苦拉充，富家卖放，藉口地方建设，强
派征工之款而又役使壮丁，中饱工费，每遇摊派，定有浮滥，对上则
巧言令色，肆意逢迎，对下则狐假虎威，横豪强暴，故在职数年，挣
得'土皇帝'之称号，盖其人性如豺狼……其被控下台之后，即县
政府通缉有案（为令仰饬属协缉宋如邵务获归案，由法字第 476 号
三十三年十一月二十九日）因其逃逸匿迹，至案悬至今未结，凡其劣
迹，均在通缉铁案之中，毋须赘举。"对此富东乡公民龚伯贤等告发
该乡卸任乡长宋如邵渎职贪污一案，经县府一再传案调查，该被告均
隐匿抗传不到，兹据告发人呈请通缉①前来，除批示并分令外合行令
仰该所遵照饬属协缉宋如邵，务获解送归案。

上述三案例均为乡民对于乡长、保长之身份提出质疑，要求撤职或重
新改选一事。案例一是因双石乡十五保保长丁执中贪污曾被本县地方法检
察处侦讯终结，依法提起公诉，经本县地方法院刑庭会审，由被告律师辩

---

① 通缉令为"法字第 476 号三十三年十一月二十九日"。

护终结，于法定限期内奉到四川荣县地方法院三十五年度特诉字第 24 号刑事判处有期徒刑七年，褫夺公权五年，然而却出任保长，民众要求其应被判徒刑，依法撤销职务，并重发选票进行选举。案例二是因东兴乡乡长左承旭被民等检举其为烟犯，被戒烟三周却仍充乡长，其违反禁政条文要求，并不得任公职。案例三富东乡新任乡长宋如邵因役使壮丁、中饱工费、浮滥摊派，曾被控下台，被县政府通缉有案，因其被县府一再传案调查，均隐匿抗传不到，民众希望对其撤职、重新改选。

对于乡长、保长之被撤及重新选举并非基层社会之首例。实际上民国时期的基层社会多有乡长保长被民众控告下台重新改选之事。然而本处所选几例让人生疑之处则是这些保长、乡长们本就有法定不应任公职的事由，为何能上蒙下欺，从而任职？并如何被民众发现又继而被控撤职？不论是因烟毒、被判徒刑或是被通缉，难道县府在之前任命之时均并无所知？还是为了完成政务（征粮征兵征税）择人，而故意有所避"重"就"轻"，对其前科"视而不见"？基层公务人员之选任虽然有诸多制度约束，及考选规则，但仍能就任。不免让人怀疑这些之上任人员是如何能实现"对上巧言令色，肆意逢迎，对下狐假虎威，横豪强暴，在职数年"。可见，新县制推行过程中也许只需对上负责，不恤民情，才会造成如此多控案。但控案之后，并非能将这些基层公务人员弹劾下台，反而可能会换个地方继续任职。最典型的则是四川新都实验县县长陈开泗，他因不择手段，在战时乱拉壮丁而酿成民变，但后来非但没有被弹劾下台，反而升任行政督察专员和省民政厅厅长。①

民众的控告可以视为国家对基层公务人员的一种监督及考核方式，除了民众监督之外，还有更多制度性的设计，比如《四川省荣县各级监查委员会组织纲要》《荣县县政府设计考核委员会办事细则》等，对基层公务

---

① 胡次威：《国民党反动统治时期的"新县制"》，全国政协文史资料研究委员会编：《文史资料选辑》第 129 辑，中国文史出版社 1995 年版，第 221 页。

人员的考核一直都有，以荣县在 1945 年 3 月所填报的乡镇保甲人员考核奖惩期报表中即看出，从乡镇长到甲长均列入考核范围。考核之后最后确定为奖励还是惩罚，奖励分七等，为嘉奖、记功、记大功、奖金、褒奖状、升用及其他，惩罚分六等，为申诫、记过、记大过、罚薪、免职及其他。具体数据如下表。

四川省荣县乡镇保甲人员考核奖惩期报表 [①]

民国三十四年三月三十日填报

项别＼职别		乡镇长	副乡镇长	干事	事务员	助理干事	保长	副保长	保干事	甲长	合计
原有人数		54	54	216	54	65	548	548	1096	6014	8649
奖励人员	嘉奖	13	6	20	3	10	11	34		2	99
	记功	20	7	18	5	14	18	12		4	98
	记大功	4	6	4	2		5				21
	奖金										
	褒奖状		4	2	5	2	4	1		3	21
	升用		3	2	4	1	8			4	22
	其他										
	合计	37	26	46	19	27	46	47		13	261
惩罚人员	申诫	4	8	7	4	2	25	11		12	73
	记过	4	2	8			18				32
	记大过	1	2	4							8
	罚薪										
	免职	3	4	5	7	1	18	1			39
	其他										
	合计	12	16	24	11	3	65	12		12	152
备考											

资料来源：荣县档案，001-03-245。

---

① 荣县档案馆藏：《四川省政府、荣县政府、铁厂乡公所等关于乡镇长、保甲长考绩、奖惩、记过处分的训令、代电、呈、表》，001-03-245。

从上述数据可以看出，虽然给予奖励或惩罚的项目较多，但从总体人数来看，比例仍不高，在从甲长到乡镇长的总人数 8649 人的考核中，奖励人员为 261 人，占所有人员的 3%；而惩罚人员为 152 人，占所有人员的 1.76%。总体而言，奖励人员（261 人）多于惩罚人员（152 人），奖励人员中，比例最多的为副保长 47 人，占奖励人员总数的 18%；其次为保长与乡镇干事，均为 46 人，占总数的 17.6%。

惩罚的人员虽然总数比奖励人员少，但分配比例却差异较大，其中惩罚人员中占最大比例的为保长 65 人，占总人数 152 人中的 43%；其次为乡镇干事 24 人，占 15.8%；副乡镇长 16 人，占 10.6%。

从惩罚人员的比例来看，保长所占比重最大。从基层档案的许多控案反映出的情况亦是保长被控比例较高。一方面，与保长所从事的基层事务有关，大多是具体征兵征粮摊派征收等事务的执行者，与基层民众矛盾较大；另一方面，保长待遇较低，虽然事繁责重，但待遇并未同步，导致部分保长借机假公济私，中饱私囊，确实被控较多。对于保长群体概括起来有三个特点：中层偏下，能说会道，逃避兵役、为生计而参加。① 正是因为保长这一复杂的身份与地位，决定其难于完全被基层社会所认同与接受，虽然来自于熟人社会，甚至偶尔会被基层社会所排斥。

基层公务人员在执行国家分派的任务时，因处在国家立场角度而言事，其必然存在与民争利之情事。面对资源短缺的局面，也较易形成与基层社会的对立关系，两者必然有非此即彼之果。同时夹杂着基层熟人社会里长期的琐事纠纷，基层公务人员被控案自然容易在某些矛盾集中之时产生，因此，基层公务人员很难真正得到基层社会的接纳与认同，也很难真正做到代表百姓行使权力、为民谋利，难以使地方自治精神得到体现。另一方面，基层公务人员并非官僚系统内正式选任之人，其难以融入国家正

---

① 魏华伟：《国民政府时期河南保长的群体分析》，华中师范大学硕士学位论文，2004 年。

式职官系统之内。因此，基层公务人员渐成为基层社会里的边缘人，其难以回到乡土社会，又未必能得到国家的认同。作为一县之牧令的县长是否会有更好一些的境遇呢？

第三节　县长制度与实践

一、县长的地位与职能

"万事胚胎，皆由州县"，传统封建社会以来官僚制度的最基础皆在州县。清末时称州县，自民国后更名为县知事，后更名为县长。县政首长名称变更的背后其实是社会变革及官制制度逐渐转型过程在基层社会的反映。基层社会是指自县之下的乡镇及以下区域，县长本不应算作基层公务人员。然而县长却与其有密切的承上启下之关系。从县长来源讲，传统封建社会君王对官吏的任命一般到县为止，县官均自带人员上任，清代州县所带之佐杂并不属于州县主干行政系统。① 按照行政现代化及法治社会的理论，此种官制模式属于典型的公共权力私人化现象，用私人势力来承担国家公共职能。从现代化国家建构来看，以私人势力承担公务无法纳入到国家正式公职人员序列，也无法受到制度的约束。借权力贪污、勒索，同时导致行政职能废弛，行政效率低下，吏治腐败严重，成为此类制度的弊端。自民国时期，从县长（包括对县长）开始重新进行基层公务员的调

---

① 清代州县的佐杂，包括各直隶州、属州、州同、州判和各县的县丞、主簿、巡检，其性质均不是正印官的副职和下属职能性官员，全都不隶属于以正印官为首的州县主干行政系统。正印官只能依靠其他人员承担内外事务。这些人员可以分为三个部分：第一是由州县官私人雇用并随其进退的幕友、家丁；第二是盘踞州县的各房书吏，即所谓州县衙署的"六房"；第三是以"三班"（"壮、快、皂"）为主的各种差役。参见魏光奇：《官治与自治：20 世纪上半期的中国县制》，商务印书馆 2004 年版，第 23—24 页。

整。1927 年 6 月 9 日，国民政府发布训令，要求所辖各省的县行政一律用县长制，并慎重县长人选。[①] 中国近代政治史上真正的县长制开始于这道训令。[②]

（一）县长地位

牧令有守土之责，县长为亲民之官，历代以来郡县长得人与否，关系国家之治乱兴衰。根据国民政府《县长须知》的规定，"县政关系极重大，而县长为实施县政之人，故县政之优劣，又全随县长个人为转移，一言一行，直接影响于人民，间接影响于党国，其责任之大，已可概见"[③]。传统封建社会的县长，职务较为简单，大多情况"无为而治"即可。新县制为完成训政宪政工作，并以管教养卫的建设来充实抗战力量，非"无为政治"的县长。县长是遵照孙中山的建国纲领与地方自治言论，有计划地推进新县制中的管教养卫工作，包括户口、土地、财政、教育、合作、军事、农业、水利、工业、交通、卫生、救恤及县府机关内的组织和人事管理。

新政用新人。新县制的颁布为民国时期基层县政制度改革的一件大事。因此，慎选县长为普遍实施新制以来的第一大事。县长若得合适之人

[①] 国民政府训令天字第 677 号，国民政府秘书处发行：《国民政府公报》，河海大学出版社 1989 年版，宁字第 6 号，1927 年 6 月 21 日。

[②] 因军阀混战，北洋政府、广州国民政府等多地所颁规定不同，就全国范围而言，主要是国民党北伐成功后，建立起全国范围内的统治后所形成的县长制。因"联省自治"中的各省中，均有颁行县长相关制度的。比如湖南在省宪法中，将县知事改为县长；广州国民政府统一广东全省后，也颁布了《县长甄别式规程》，确定了县长的身份及参加甄别考试的程序；湖北政务委员会也颁行《湖北县行政公署临时组织大纲》规定设县长一人，承政务委员会之命管理县政。以上内容可参见《中华民国史·志一·政治卷》第二册，四川人民出版社 2006 年版，第 102 页。

[③] 《县长须知》，载《中华民国法规大全》，商务印书馆 1936 年版，第 559 页，转引自邢巍巍：《南京国民政府时期县长职能研究（1928—1937）》，南开大学博士学位论文，2010 年。

选，则县政建设可以蒸蒸日上，地方自治也能如期开展。"县为国家之础石"，为县长者，如李宗黄所述："除必须之极少数人员外，就原有机关人员，照旧委用，遇有不堪造就，必须淘汰或违法撤职必须捕人时，最大多数应就地取材，尤须引用当地之正绅，与有为之青年，造成各级干部，培养地方正气，预备交政权与人民，以符地方自治之本旨，则土豪劣绅，不攻自倒。"[①] 可见，县长地位与地方自治关系密切，与基层治理紧密相关。

（二）县长职能

县长因最接近基层民众，其形象的"亲民"与否，直接决定了国家在基层社会中的形象与权威。国家的大部分行政事务，如兴办保甲、奖励农耕、普及教育、整顿学风、清查户口、肃清土匪等，几乎都会先交到县长手里再转承到基层社会。县长除行政权外，还有一定的立法权和司法权。如《县组织法》规定："县设县政府，与不抵触中央法令、省法令之范围内，得发布县令并制定单行规则。""县设县政府，于省政府指挥监督之下，处理全县行政，监督地方自治事务。县政府设县长1人，分2科至4科，设公安、财务、建设、教育各局，于必要时，得设卫生局、土地局，各科置科长1人，各局置局长1人。"[②] 在县政改革实施以后，为进一步加强县长的权力，通过"合署办公"[③] 的改革，使县长对各局各科的控制得到加强。之后的"裁局改科"[④] 更是拉开了新县制的序幕，

---

① 李宗黄：《新县制之理论与实践》，中华书局1943年版，第82页。

② 谢振民编著：《中华民国立法史》下册，张知本校订，中国政法大学出版社2000年版，第689页，转引自邢巍巍：《南京国民政府时期县长职能研究（1928—1937）》，南开大学博士学位论文，2010年。

③ 所谓"合署办公"是说改变各局分设于县政府之外的状况，将之与县政府合并于同一场所办公。参见魏光奇：《官治与自治：20世纪上半期的中国县制》，商务印书馆2004年版，第160页。

④ "裁局改科"在《县组织法》中的规定为，公安、财政、教育、建设各局如有缩小范围之必要时，得呈请省政府改局为科，附设县政府内。

对之前"合署办公"从表面上解决县政府与各局的分立问题基础上，进一步解决了县行政的整合问题。这一系列的县政改革之后，县长的职权愈发集中。

关于县长的具体职能，在《县组织法》等制度中已有规定，但国民政府公布的《县长须知》是制度上对该群体人员规定得最为详细的。《县长须知》是内政部于 1928 年 10 月颁发各省民政厅遵照执行的制度。其宗旨为"内政部以县政为全国政治之基础，县长乃实施县政之主体"，"县长一人主持全县政事，所有政务之实施、员役之督察、积弊之廓清，均丛集于一身"①。该须知以"奉委""到任""在任""除弊"等四章对县长的职责予以列举，其章下分节、节下分目、目下分项、项下分条，甚至条下再分细目，其规定之详尽和事务之繁琐令人吃惊。② 该《须知》中对于县长在财政、建设、教育、卫生、司法等五个方面的履职规定如下表。

县长履职规定表

财政	整理田赋、整顿税收、清理附捐、保管公款、清查官产、办理公债、收支公开
建设	保护农工、维持商业、提倡开矿、筹办工厂、举办水利、整理盐务、广植森林、修筑县道、其他事项
教育	学校教育与社会教育
卫生	公共卫生、监验医药、整理医药、预防瘟疫、卫生宣传
司法	审理案件与整理监所

此外，县长还必须监督前任移交的案卷、册籍、器械、仓库、钱款、券票、契纸以及其他各票据清楚相符，有无中饱、渎职情形。为全县民众划定工作时间表、编纂行政统计、召集县务会议及自治会议、督促各机关举行总理纪念周活动、与县党部一同厘定重要标语、分发乡村也是县长必

① 蔡鸿源主编：《民国法规集成》第 1 册，黄山书社 1999 年版，第 103—104 页。
② 参见邢巍巍：《南京国民政府时期县长职能研究（1928—1937）》，南开大学博士学位论文，2010 年。

须完成的政务。在以上积极的"兴利"之外，县长对涉及自身、承审员、政府职员、警役、各局所、地方人员、民团、兵差、杂差等的弊端，应"矢志禁绝"①。

这样一种专门针对县长的制度设计已远超出法理上所理解的法律制度的规定。将县政府之事权范围统括到一个叫"县长"的职务之中。全县行政之内凡未规定属于中央或省政府管辖的事权均由县长承担。县长的行政职能与社会职能和帝制时代相比已明显扩张。对于县长职能在制度上所进行的种种设计，其根源在于国民政府在基层实现其权力扩展与政权建设的双重要求。国家各种政务的实施实际都通过县长下达落实到基层社会，基层社会的种种诉求也通过县长上传至国家。县长具体施政的方式方法及最终效果，既直接影响国家对县长个人的考核评定，也关乎基层地方社会对国家的态度。简单说，县长是桥梁，其好与坏，直接关系着国家与基层社会之间关系的和谐或是紧张。

二、制度实践中的问题

目前关于民国时期县长制度的研究，多以其所存在的问题进行分析，综合理论与实践而言，县长制度的设计在实践中存在的问题如下。

（一）政出多门

从前文分析中可知，国民政府时期的县级政府并非单独存在，其为全国行政系统中之一环节。所以，在中央政府之下，除省政府及其各厅处之外，还存在其他一些可以直接指挥或监督县级政府的上级机关。以四川为例，四川省政府民政厅联合在川各高校组成的县政考察团，就全省各县为一抽样调查，其调查报告所述："仅就治安一项，可以指挥川北各县政府

---

① 蔡鸿源主编：《民国法规集成》第 1 册，黄山书社 1999 年版，第 103—104 页。

之机构就有 12 个之多，包括：成都行辕、天水行营、川康绥靖主任公署、四川省保安司令、保安处、四川省政府、民政厅、川陕鄂边区绥靖主任公署，北正面筑城指挥官，九十五军军部，十四区保安司令、十四区专员公署。"[1] 上列可以指挥川北各县的机构，既有地区行政机构，又有省级职能机构，还有驻军军部及保安司令等。以上各级机构之间，相互又无一"协调机构"以促进各方面之联系，多数系"并肩而立，各成系统……"，一遇到突发事件时，均各认为自己主管之事件，为当前最要之急务，同时责令于县长。该调查报告认为问题症结在于"用乱于上，力疲于下"，"数年前，所谓'并立分割之局面'不惟未能因省政府合署办公而澈（彻）底改善，反而旁系机关之增多，而日益加甚，结果，各上级机关，因立场各异，主张不同者有之；因缺乏联系，事实抵触者有之；因权限不清，行文重复者亦有之。政出多门，使县长无所适从"。[2]

同时，县长本身所负责一县之政务就已繁多。在内政部编订的《县长须知》中，规定县长在民政方面，要接近民众，宣传政令，防治匪患，严禁烟赌，预防灾害，办理救济，改良恶习，编查户口；在财政方面，整顿税收，清查官产，办理公债；在建设方面，保护农工，筹办工厂，维持商业，兴修水利，修筑道路。此外，还要求县长在教育、卫生、司法等方面齐头并举，不可偏废。[3] 因此，县长的职位虽不高，在国民政府官僚体系的序列中仅属荐任职，但却事繁、责重、权大。[4]

---

① 参见《四川省政府民政厅联合在川各大学考察县政总报告》弁言，四川大学图书馆，1939 年。抗战以来，不少高校内迁入川。内迁高校中，多设有社会学系、政治系或地方行政系。因此，四川省政府民政厅联合在川各高校组成县政考察团，就全省各县为一抽样之调查，以其考察所得，制为方案，为今后本省地方行政改进之依据谋之。

② 参见《四川省政府民政厅联合在川各大学考察县政总报告》，四川大学图书馆 1939 年，第 11—12 页。

③ 蔡鸿源编：《民国法规集成》39 册，黄山书社 1999 年版，第 103—114 页。

④ 王奇生：《民国时期县长的群体构成与人事嬗递——以 1927 年至 1949 年长江流域省份为中心》，《历史研究》1999 年第 2 期。

（二）兼职严重

传统州县一般仅负责"刑名"与"钱谷"二事。而现代国家建构以后，行政机关设置日趋科学与复杂，分工越细，机构越多。但因人力和财力成本始终不够，因此，大多职务均靠兼职维持。1941年，湖北省统计县长的兼职有25项，抗战时期其他各省情况也差不多，如浙江省县长兼职19项，湖南省24项，四川省28项，江西省20项等，多的则达33项。到1947年，内政部调查各省县长兼职，已达34项。[①] 县长兼职问题在全国范围来看，四川算是较为严重的省之一。南京国民政府时期，县长之职权虽为综理县政及监督所属机关，大致划分之下主要为行政、司法与立法之权等。

（1）行政权。县长行政事务最为繁杂，县内公安、财政、建设、教育等事项，及下级自治之监督，县自治之筹办等，莫不由其综理。其权包括任命权、监督权等。（2）司法权。关于司法权，县长有两种，一为普通司法权，即县长兼理司法；二为特种司法权，即县长兼办军法事务之权。（3）立法权。县设有参议会者，县长对于参议会有提交议案之权，但提交预算案时，事先须经县政会议审议。县参议会对于县长提交案件，须提前审议，如延不审议，县长可于本届参议会闭会后，呈请上级机关核准办理。县长还有复议权，即认为县参议会之决议案不当时，可详具理由送交县参议会复议。[②]

县长职权除以上制度设置之外，因抗战爆发，各种临时机关开始在各县设立，而由县长兼任或负责监督之事也日益增多，县长兼职频繁。县长兼职过多的问题日益严重，新县制施行之后，行政院鉴于此问题的日渐严重，曾于1940年对地方各县行政机构及县长兼职进行过调查，根据其调

---

① 章开沅、马敏、朱英：《中国近代史上的官绅商学》，湖北人民出版社2000年版，第181页。

② 钱端升等：《民国政制史》（下册），上海世纪出版集团2008年版，第542页。

查结果，制成各县县长兼职一览表，兹节录如下。

各县县长兼职一览表 ①

序号	兼职名称	依据法令	颁行机关
1	司法处检察职务及行政职务	县司法处组织暂行条例	国民政府
2	监所协进委员会委员长	修正县监所协进委员会暂行章程	司法行政部
3	军法官	各省行政督察专员及县长兼理军法暂行办法	军事委员会
4	义勇壮丁总队部总队长	国民兵义勇壮丁队管理规则	国民政府
5	国民自卫总队总队长	战时国民军事组训整备纲领	军事委员会政治部
6	县社会军事训练总队总队长	社会军事训练实施纲要	军事委员会行政院
7	国民抗敌自卫团县司令	战区及失陷地区国民抗敌自卫团计划纲要	军事委员会
8	县征兵协会主任委员	各县(市)联保征兵协会组织规则	军政部
9	县兵役宣传委员会主任委员	兵役宣传及监督实施方案	军事委员会
10	优待出征抗敌军人家属委员会主任委员	优待出征抗敌军人家属条例	国民政府
11	防护团团长	各地防护团组织通则	军事委员会
12	县防空支会会长	各省防空协会县市支会组织规程	航空委员会
13	县航空建设支会会长	中国航空建设协会各省市设立支会办法	中国航空建设协会总会
14	空袭紧急救济联合办事处主任委员	赈济委员会泰渝乙代电	赈济委员会
15	国民兵团团长	国民兵组织管理教育实施纲领	军事委员会
16	船舶总队大队长	各省市船舶编队演习试行办法	同右（上）
17	后方勤务部军运代办所所长	军事委员会后方勤务部军运代办所规则	同右（上）

---

① 陈柏心：《中国县制改造》，国民图书出版社 1942 年版，第 115 页。

续表

序号	兼职名称	依据法令	颁行机关
18	县动员委员会主任委员	各县市动员委员会组织大纲	同右（上）
19	县禁烟委员会主任委员	各县市禁烟委员会组织通则	国民政府
20	县禁烟经费保管委员会主任委员	各省市县禁烟专款管理通则	行政院
21	县赈济会主任委员	各县赈济会组织规程	赈济委员会
22	盐务协助专员	地方官协助盐务奖惩条例	国民政府
23	国民经济建设委员会各县支会主任委员	国民经济建设运动委员会总章	国民经济建设运动委员会总会
24	县评价委员会主任委员	非常时期评定物价及取缔投机操纵办法	经济部
25	县新生活运动促进会主任干事	各县市新生活运动促进会组织大纲	新运总会
26	县义务教育委员会首席委员	实施义务教育暂行办法大纲施行细则	教育部
27	县社会教育推行委员会主席	各县市社会教育推行委员会组织纲要	同右（上）
28	县强迫儿童入校委员会联合会主席委员	学龄儿童强迫入校暂行办法	同右（上）
29	县免费及公费学额审查委员会当然委员	各级学校设置免费学额及公费学额规程	同右（上）
30	抗敌后援会主任委员	各地抗敌后援会组织工作纲要	军事委员会

附注：
一、此表系根据山东、山西、浙江、福建、湖南、湖北、广东、广西、贵州、甘肃、宁夏、青海、绥远、西康等省所送调查表编制而成。
二、表中所列县长兼职名称，系以中央法令所定者为限，其根据地方政府法令之兼职更属名目纷歧，概未列入。

县政府的许多骈枝机关，其设立的原意，均在使所欲推行的事务，得有充分发展的机会，以故上级机关的法令对于这些机关的首脑，终是无例外的由县长兼任。而县长所兼者，不仅是各种机关的主脑，尚有许多职务，也是必须由其兼任的，如县司法处的检察职务及行政事务等。实际上，县长的精力时间，均属有限，本身职务已极繁剧，兼职过多自难免顾此失彼，转滋贻误。于是县长兼职问题，遂一度成为县政改革之一重要问题，引起时论的严重指责。[①] 且上列县长兼职的法令均有依据，大多为中央各机关部委的法令。由此可见，县长兼职并非地方社会需要，而是源于国家的需要。

因此，行政院根据1940年的调查结果，商得各主管机关统一，并报奉国防最高委员会核准，制定了调整各县地方行政机构及县长兼职办法。调整后的县长兼职如下表。[②]

调整后的县长兼职表

兼职名称	调整办法
司法处检察职务及行政事务	仍由县长兼任，俟各县成立法院后，即将县长此项兼职解除
监所协进委员会委员长	仍由县长兼任，俟各县成立县参议会后，即将应会裁撤
军法官	仍由县长兼任
国民兵团团长	仍由县长兼任
防护团团长	仍由县长兼任，并由县警察局局长（或警佐）兼任副团长
县航空建设支会会长	仍由县长兼任
县动员委员会主任委员	仍由县长兼任
优待出征抗敌军人家属委员会主任委员	该会应裁并，或附属于动员委员会，如附属动员委员会时，其主任委员一职，仍由县长兼任
县新生活运动促进会主任干事	仍由县长兼任
后方勤务部军运代办所所长	此职以裁撤为原则，如有设立必要之县份，仍由县长兼任

---

① 陈柏心：《中国县制改造》，国民图书出版社1942年版，第115页。

② 原令参见内政部法规汇编民政类第三目页53—56，转引自钱端升等：《民国政制史》（下册），上海世纪出版集团2008年版，第576—577页。

续表

兼职名称	调整办法
船舶总队大队长	裁撤
盐务协助专员	裁撤
县赈济会主任委员	此职改由县政府民政科科长兼任，凡依县各级组织纲要，设有社会科各县，则由社会科科长兼任
县义务教育委员会首席委员	此职改由县教育局局长，或主管教育之科长兼任
县社会教育推行委员会主席	此职改由县教育局局长，或主管教育之科长兼任
强迫儿童入学委员会联合会主席委员	此职改由县教育局局长，或主管教育之科长兼任
县免费及公费学额审查委员会当然委员	此职改由县教育局局长，或主管教育之科长兼任

附注：凡调整各县地方行政机构案内，应予裁撤之机关，原由县长兼任之职务，当然裁销，此表概未列入。

虽经过一次调整，县长兼职减少了 16 个，但仍然有 14 个兼职在身。国家于特殊时期，对于县长之"重视"可见一斑。县长兼职过多之问题使得其在进行基层社会治理时，无法单独完成各方面兼职机构所下达的各种命令、安排的种类繁多的各种摊派以及行政任务时，只能再设法向下层层摊派，或依赖其他辅助人员，由此导致新一轮问题的出现。

（三）考绩不实

四川省主席张群在对四川省训练团宣讲《川省十大病根及其治理方案》的报告中提到的十种病根中，有三种即与公务员相关，"公务员精神生活之颓废与散漫""公务员道德堕落"以及"公务员之浅薄与低能"。因此其提出应借助县长甄审、考核奖惩及保障进行治理。[①]

1936 年初，四川省府对县长工作的安排主要包括，民政事项、财政事项、教育事项、建设事项、保安事项及司法事项。川省对于县长各项工作的要求及具体考核，在《公务员考绩法施行细则》基础上，制定了《四川省县长考绩暂行规程》。在考绩各项工作的分数比例上，可以看出县长

---

① 周开庆：《民国川事纪要》，（台北）四川文献研究社 1974 年版，第 154—155 页。

工作的重点。第一是民政工作（共占 14 分）占分比重最高的，包括：保甲（5 分）、禁烟（4 分）、救济（3 分）、新运（1 分）、征工（1 分）。第二是保安工作（共占 8 分），包括："清剿土匪"（3 分）、碉堡（2 分）、民枪登记烙印（1 分）、整理保安队（1 分）、办理军法案件（1 分）。第三是财政工作（共占 8 分），分为两种情况，一是不兼征收局各县，包括：整理地方财政（4 分）、协助督催（2 分）、办理验换契（2 分）。二是兼征收局各县，包括：整理地方财政（3 分）、征解省税（3 分）、办理验换契（2分）。第四是教育工作（共占 7 分），包括：用人行政（2 分）、督导认真（1分）、推行小学义教民教等（2 分）、增筹经费妥善分配发放（2 分）。第五是并列的两项，建设工作和司法工作（同样都是占 6 分），其中建设工作包括：经常事件（3 分）、饬办事件（3 分）；司法工作包括：诉讼（2 分）、经费（1 分）、法收（1 分）、监所（1 分）、表报（1 分）。①

新县制之后对于县长亦有考核，虽然对县长的具体工作项目及考绩有明确的法律规定，但基层县长的工作及考绩却并不会按照制度所列项目进行，常出现考绩不实之现象。比如 1940 年时进行县长年终考绩时，四川省政府曾对荣县县长曾德威进行考绩，其考绩情况如下表。

1940 年荣县县长曾德威考绩记分表

县别	荣县	姓名	曾德威
到职年月	1937 年 11 月 16 日	等级	试署荐任四级
平时奖励及事迹	推行役政传令嘉奖，超过屠宰税最低标额一层以上记功一次，办理禁政成绩甚佳嘉奖，修筑乐西公路提前完成记功一次	平时惩处及事迹	
工作概况		工作分数	
主管长官签名盖章		备考	

资料来源：四川省档案馆，第 54 全宗第 3264 卷。

---

① 四川省档案馆藏：《四川省各县县长被控诉、纠举案件办案结月报表》，第 54 全宗第 3263 卷，第 48—50、65、70—73 页。

从中央对县长工作项目的规定及考绩，到基层具体的规定和考绩对比来看，法律规定中的施行细则及暂行规程对县长工作项目及考绩内容规定得详细具体，每一考绩分值也清楚明了。但在具体到某一基层县长的工作考绩时（比如荣县县长曾德威）就较为笼统，比如并没有具体每一工作分类及工作事项的分值，而仅对工作考绩给出一个总的工作概况及总分。

而在抗战时期，因对县长的工作过分强调粮政与兵役，因此其考绩多侧重这两方面各项，分配到其他事务上的考绩分数就更少。"近年奉令实施新县制、加强推行地方自治，每感用力多而成功少。推原其故，政令过繁，县府力有不胜自属原因之一。然狡猾胥吏，实不免专以应付功令为能事。除粮役两政，尚能集中全力赶赴程限外，其余要政，均以关系考成甚微，敷衍塞责。"[①] 因此，虽然对县长设计了考绩的制度，然而事实上，能否真实考察出其政绩则很难确定。相反，这样的制度设计，反而会使县长在办理政务时厚此薄彼，只对考绩所占权重比例大的事项设法完成，而其他则推脱敷衍，使某些有利于基层社会的政务反而难于推行。

三、制度与实践下的反思

民国时期对县长的控案较多，从国民政府监察院及其所属机构所收受的民控官的案件来看，自 1938 年 1 月至 1944 年 12 月，监察院收受人民书状总计约 21350 件。四川省在政权统一之前和之初，民控官的案件并不多，大概与社会动荡，机构不健全有关。而随着政局逐渐安定，以及司法机构建设的加强，民众向普通法院控告官吏的行为才逐渐增多。尤其是新县制推行之后，县政改革又带来新一波控案。1935 年至 1949 年间的四川省民控告官案件有相关档案记载的，四川省档案馆的民政厅、秘书处等

---

① 王玉娟：《民国川省县长的铨选与考绩》，四川大学出版社 2014 年版，第 159 页。

省政府机关档案中，民众控告县长的案卷就有大约一千多卷。① 从被控的基层行政人员来看，据四川省民政厅统计，从 1935 年至 1949 年，县长被控且经调查已结的案件共 923 件。② 以荣县为例，其在 1940—1949 年间共有四任县长任职，根据四川省民政厅的《四川省各县县长被控诉、纠举案件办案结月报表》③ 中可知，此期间，这四任县长均有被控记录，其中曾德威、刘觉民、赵廉均有 1 次被控记录，而黄希濂最多，被控多达 11 次。涉及贪污、渎职、害民、烟毒匪、枉法、聚敛、粮政等不同类型的控诉原因。对此荣县四任县长的具体控告类型及查明和处理情况具体如下表所示。

荣县四任县长被控案件情况表

县长姓名	时间	类型	案由	查明情况	处分	备考
曾德威	1940.10—12	贪污	贪赃枉法弁髦禁令，国民政府四川省执委会请查	查与事实不符	免议	
黄希濂	1942.1—3	贪污	被控贪污	并同被控渎职违法案办理	免议	
黄希濂	1942.1—3	渎职	被控渎职违法	除未据专署查复部分仍令饬查外，余均不实	免议	
黄希濂	1942.1—3	烟毒匪	被控包庇乡长谢纯	不实	免议	
黄希濂	1942.1—3	害民	被控剥削脂膏	查非事实	免议	
黄希濂	1942.4—6	渎职	丁硕章等呈控：渎职违法	查与事实不符	免议	

---

① 以上数据参见黄小彤：《民国时期民控官的途径与控案处置——以川政统一后的四川基层政权为例》，四川大学博士学位论文，2007 年。

② 参见黄小彤：《民国时期民控官的途径与控案处置——以川政统一后的四川基层政权为例》，四川大学博士学位论文，2007 年。

③ 四川省档案馆藏：《四川省各县县长被控诉、纠举案件办案结月报表》，第 54 全宗第 5535 卷。

县长姓名	时间	类型	案由	查明情况	处分	备考
黄希濂	1942.7—9	枉法	王黄氏控：滥用军权	令该县府申复不实	免议	
黄希濂	1942.10—12	聚敛	余大水等控：舞弊渔利藉名取巧	专署查复不实	免议	
黄希濂	1943.1—3	聚敛	严翼等控：派款重叠	本府视察查复属实	电令停收并予记过一次	
黄希濂	1945.4—6	聚敛	办理政警罗锡三等藉烟勒索案	经派员查明后令该县长遵办	免议	
黄希濂	1945.4—6	粮政	县参会检举附征积谷三千市石修建中学校舍	该县长办理手续不合应补提县参会追认将本府处分情形呈监察院函省参会	记过一次	
黄希濂	1945.10—12	贪污	赵亮熙等控与专员田伯施贪污	经派员查明所控不实已分别函复粮食内政两部	免议	
刘觉民	1946.4—6	枉法	郝君培控□杀其子郝玉书案	经专署查系格毙匪犯有案	免议	
赵廉	1948.3.25	贪污	陈天培控贪污舞弊			

资料来源：四川省档案馆民政厅档案，全宗号 54，案卷号 5535，案卷名《四川省各县县长被控诉、纠举案件办案结月报表》。

　　新县制施行期间，曾出任荣县县长的共有六位。其中除第一任县长曾德威在未开始推行新县制时已任职，至新县制刚刚开始如火如荼展开时已调任，以及最后一任县长邹以南，仅做了三个月县长，因荣县解放时擅离职守无故离任外，其他四位均经历了新县制的推行期间。下表将新县制推行期内，任职的六位县长的姓名、任职时间及离职原因列举如下表。

荣县新县制时期历任县长任职时间及离职原因表

县长姓名	任职时间	离职原因
曾德威	1937.11.15—1941.5.14	调升达县专区专员
黄希濂	1941.5.15—1944 年底	调任内江县长
刘觉民	1945.1—1946.8 月底	调升中央日报社长兼西南行辕文官处长
赵廉	1946.9.1—1948.8 月底	先调四川省党部要职，后调西南行辕经济处长
刘桂崇	1949.9.1—1949.8 月底	免职还乡
邹以南	1949.9.1—12 月初	四川省邻近解放时，各地县长全以党、团员骨干分子换充。邹以南由省党部推荐调任，接事仅三个月，荣县即获解放，他又托病回归高县，故一切应急政令及人事更替，均尚未得施展，即擅离职守

资料来源：中国人民政治协商会议四川省荣县委员会文史资料委员会编：《荣县文史资料》第四
辑，1997 年，第 103 页。

从上表所列诸位县长中，黄希濂任职期间，正好是集中了抗战与新县制推行两大重要事件的期间，其也是在新县制推行期间任职时间最长的一位县长。在此期间，荣县的新县制工作推进也最为典型，曾多获表彰，并被评为新县制推行的"模范县"。实际上，从查阅黄希濂任县长期间的荣县档案看，这一时段也是基层矛盾最突出和集中的时刻。那么黄希濂任职期间是如何处理这些矛盾，他为何又成为被弹劾最多的一任县长？为何被弹劾之后，他没有被免职，反而还被调任到内江任县长？这值得深思。

县长与当地绅民之间的复杂关系而引发的控案实不在少数。时任省主席的张群认为：

> 民间告密，固非尽属虚诬，然流弊滋多，殊难究办。社会风气日浊，相率请张为幻，一般民众日在痛苦之中，不问呻吟之事，而豪酋将事此流，辄付攻汗为挟持之工具，以捕风捉影之词，逞射影含沙之技，即使查非实在，淆乱听闻，以售其计。在此抗战时期，举凡征兵征粮征工募债诸要政，无不功令轰严，限期责效，而人民身体自由、

言论自由、法律之保障加强，行政人员偶尔操之过急，即致控案如鳞，不曰贪赃枉法，即曰残民以权，报章腾载，众口嚚然，动以贪墨罪名，骇人听闻。奉办战时行政因之多所掣肘，此其一。国家多事，派别分歧，多欲垂涎蹈瑕，遂其攘夺，地方豪酋与之相互结钩，往往歪曲事实，张大其词，一若本党主持之政府，或于无官不贪，无吏不污，阳假惩贪之石以为政争之具，稍不加察，辄堕其师？此其二。①

可见，省政府对于基层控案如鳞的解释，在于"行政人员偶尔操之过急"所致，其已即予公务人员被控案以极大的理解与宽容。对此，蒋介石也曾以四川省兼理主席的身份训令第三区专署："人民检举各级行政人员违法失职行为，本府曾于一月训令通饬各专署县府，准其密告，即来呈未经具名或具名不实者，亦得酌予受理，此在本府切求吏治清明，原具苦心，即在被控人员，如经查明所控并非事实，自亦无伤清廉。……如必严格绳以递呈手续，殊失整饬吏治之道。"②

县长远仕他乡，"言语之不通，风土之不谙，利弊则咨访无从，狱讼则洞听无术，不得不倚奸胥为耳目，循宿弊以步趋"。更重要的是，官员在本籍任职，"营私固易，举发亦倍宜。阿比固多，责备亦倍多。祖宗丘墓之所在，子孙室家之所托，立身一败，万事瓦裂，非一官传舍之比，乡评之可畏甚于舆论"③。可见，清时已有人认识到县官避籍制度并不一定能保证执法公廉，反而在熟人社会之中，置于"祖宗丘墓之所在"之地，周

<hr>

① 四川省档案馆藏：《四川省府检发各专县实施惩治贪污办法四项，人民控告官吏递呈办法及伤各县澄清吏治争取民心而利戡乱的训令》（1943—1949年），第54全宗第7948卷。

② 四川省档案馆藏：《四川省政府处理铜梁县民旅外军政同乡会呈控县长藉势敛财、违法渎职，科长、承审员恃势滥权、包庇烟赌控案及三区专署查复及四川省府指令训令》（1938—1942年），第54全宗第5736卷，转引自黄小彤：《民国时期民控官的途径与控案处置——以川政统一后的四川基层政权为例》，四川大学博士学位论文，2007年。

③ 郑大华校点：《冯桂芬马建忠集》，辽宁人民出版社1994年版，第9—10页。

围的基层监督会让其自觉行事。制度不一定能优于环境，尤其是在传统熟人社会环境里，所谓的"众口铄金、积毁销骨"必然有其存在之理由。在现代型国家政权建构过程中，基层政权与基层公务人员的设置与安排显得尤其重要。县长作为基层公务人员的最顶端、国家官僚体系的最底层，既须处理好来自基层社会的不同意见，又须完成来自国家下达的各项任务，自然处于既重要又尴尬的地位。在县长之下，基层公务人员几股力量的争夺与牵扯，使得基层社会在理想环境下的制度与现实治理的实践过程变得更为复杂。

县长被控案的背后，可看到民国时期基层县长作为国家所派驻基层的公务人员，所行之事大多是替国家来汲取基层资源，特别是战时需要征集人力、物力、财力，又或者国家新政推行之时，需要次递推进以达实效。尤其是为了实现国家利益而触动了基层权威的利益（比如当地士绅）时，更难以被接受与认同。加之民国基层官员的避籍制度，使得基层县长无法融入到基层社会之中。县长希望能完成上级交办的事项，如果仅靠个人力量，以及其行政班子的人马，是难能成功的。与地方士绅的关系处理好，对其开展工作相当重要。"一个地方官只要和当地的豪绅巨室处得水乳交融，同气求声，保你卸任之后，名利双收，平安走路。如果你同他们相扭，一定会自讨麻烦，身败名裂。"①

虽然制度及政令上的程序性工作及纸面上的文书转承均能得以顺利开展，但触及利益的工作，完成却相当吃力。地方士绅所带领下的当地民众并未将国家委任的县长当作自己的"父母官"，更未将其视为自己人。有的县长能结交到当地士绅力量，自然行事能左右逢源，既能安抚当地力量，又能对上有所交待。有的县长则可能只知完成公差，却难于被当地势力接受，而沦为"边缘人"。

---

① 《认清土豪劣绅》，《新新新闻》1948 年 3 月 11 日第 5 版，转引自黄小彤：《民国时期民控官的途径与控案处置——以川政统一后的四川基层政权为例》，四川大学博士学位论文，2007 年。

　　基层公务人员之间复杂的关系，以及夹在国家与基层之间充当向基层汲取资源的"代理人"是"上下左右"难以适从。基层"代理人"是生于斯长于斯的本地人，这些基层公务人员"代理"国家行事，向基层汲取资源。同时，他们大多因处于官治体系与自治体系的交叉点，产生方式既体现出官方任命，具有代表国家的权力因素，又有基层自治所希望突显出的民选因素，不能完全脱离基层社会的愿望。基层社会的矛盾冲突除了需要协调民众与代表国家权力行事的公务人员之外，在公务人员内部之间，公务人员与国家之间也存在诸多引而未发的矛盾。这也导致基层公务人员在行为选择上不得不在上层制度与下层实践之间犹疑、徘徊，基层公务人员的这种属性使得国家意志在基层经常转移、被更改甚至抵制，偏离了制度设计者最初设想的应有效果。在诸多控案中，除了反映基层公务人员的复杂关系与地位之外，也不排除因为基层政治之间的派系争斗借基层民众之手而挑起控案，使现任某些公务人员更迭重选，从而获得其他机会的可能。这一可能性在基层自治单元中的保甲亦有所体现，国家政权体系自乡镇一级即告终止，而基层社会中保甲改编的实践又让我们看到制度纵深向基层自治单元的具体实态。

第四章　基层微单元：保甲改编与实践

　　保甲是一种以户为基本单位的编民组织，其根本特点和职能在于通过邻里之间的连带法律责任来维持治安。[①] 保甲是基层社会中地方自治的微单元，保甲长虽未被纳入国家正式官僚体系中，却是与基层社会接触最密切的一层级。南京国民政府重新编查保甲之目的在于更好地控制基层社会，单元化的格局利于国家政权进一步地延伸，以强化对基层社会控制。因此，在保甲改编中对保甲编组的安排、保甲人员的选任与训练、保甲经费的拨付与摊收、保甲制度的宣传等均可以看出国家对于此制强力推行。在具体保甲事务实践中，基层保甲人员却多方受阻，由此演化为杜赞奇所称的"政权内卷化"。新县制下的保甲制度，性质上已成为乡镇内的编制，地位不如以前之特立，且保甲对象重在乡村。保甲改编除协助户口调查及定期登记外，根据调查登记结果还需定期调整编组。因此，新县制下的保甲编组比以前的编查更为精确，国家向基层的渗透也更为深入。

第一节　保甲制度

一、地方自治与保甲制度

　　新县制中体现出地方自治的一个主要方面在于基层民意机关的成立，

---

　　① 魏光奇：《官治与自治：20 世纪上半期的中国县制》，商务印书馆 2004 年版，第199 页。

基层民意机关成立后则可实行保甲长与乡镇长的民选。地方自治所希望达到的人民自己处理公共事务，公共事务的兴革与管理应由人民自己自下表达其意思与推选管理人的目的则能实现。而所有这些工作的开展，均建立在保甲编组完成的基础之上。新县制时期的保甲改编与历史之前的保甲制度有所不同则在于此。理论上归根结底是以实现地方自治为目的而进行的，而实际上却有国家权力对基层控制进一步加强的趋势。

地方自治本有人民对自己有利害关系的公共事务，不依赖国家管理而由自己处理或按照自己意思处理的含义。一个地方内的公共事务由人民自己管理较为妥帖，因地方情形本地人民最能明了，故宜由自己管理，地方自治运动因此发生。理论上，人民于一切有利害关系之事务由自己处理或自己参加管理，为广义的自治；国家内的团体受治权之委托自己处理团体内一切行政事务，为狭义的自治。

孙中山先生所主张的地方自治，在于给人们实现选举、罢免、创制和复决的权利，使人民能自行选举或罢免县长、县参议会委员、各级公务人员，创制法律保障自身的权利等。其希望"唤起民众，发动民力，加强地方组织，促进地方自治事业，以奠定革命建国的基础"①。因此，实施新县制就是实施地方自治，所谓"唤起民众"就是启发地方自治的意识，"发动民力"就是发挥地方自治的力量，"加强地方组织"就是充实地方自治的机构，"促进地方自治事业"就是表现地方自治的效用，"奠定革命建国的基础"就是完成地方自治的最大使命。保甲作为基层微单位，与地方自治是何种关系？保甲须由上而下督查人民实行保甲任务，其健全的过程是由上而下；地方自治则须人民由下而上发表其意思，实施的顺序是由下而上。因此，保甲与地方自治的性质有下列几点不同。

第一，地方自治是为人民自己处理公共事务的兴革与管理，因此，应由人民自己自下而上地表达其意思与推选管理人；保甲为实施管教养卫诸

---

① 李宗黄：《新县制与管教养卫》，《中央党务公报》第 2 卷第 27 期。

事，是由上至下按级督率人民，纵然保甲长也由人民推选，但所执行各种事务是受命于上级官厅，非依保民的决议而进行，此不同者一。

第二，地方自治团体因受治权的委托自己处理公共事务，有意思表示能力，有执行能力，具有法律上的人格，为权利义务的主体；保甲虽为人民的组织体，仅以巩固人民团结与便利行政，未具有法律上的人格，非权利义务的主体，此不同者二。

第三，地方自治为人民图谋各种生活福利，其办理的事务多具建设性，即人民为自己的需要所建议的公共事务，人民所建议的事务能予完成，则人民生活的需要方能满足，地方自治的工作是主动性的；保甲为政府或地方自治团体使人民达到某种任务的方法，保甲的事务为政府或地方自治团体所指定的工作，是被动性的，此不同者三。

第四，地方自治组织采个人主义，各个公民均为团体活动的一份子，以个人为组织基点；保甲为使基层民众相互联系成单元，利用基层社会中户的单位，以户为组织基点，此不同者四。

保甲与地方自治性质虽属不同，但亦有相应的联系：一是，保甲组织有自相治理的机能，能养成民众自治的精神；二是，保甲为国家管理人民的方法，有安定地方秩序的功能，一切自治事业利用保甲组织推进较能实现收效更快；三是，以地方自治之目的为满足地方人民生活的需要，满足民众生活的需要须发展地方公共事业，必须合多数人的能力始能达成，多数人的力量须民众有组织始能表现，而民众管理公共事务的能力须民众经受训练始能实施。组织民众训练，民众以住户编成保甲为最利于进行，故保甲制度实为实现地方自治的阶梯，这也是新县制将保甲纳入乡镇地方自治团体内的原因。

二、新县制前后的保甲编组

新县制施行前的保甲制度，以《"剿匪"区内各县编查保甲户口条例》

的内容最为清晰具体，该条例具体规定了保甲组织及编组方法、保甲人员的产生、保甲长的职责、保甲制度的运作、联保制度等几个方面。之后又颁发的《各县区公所组织条例》对当时地方自治制度中某些弊病予以纠正。两个条例相互辅正，在批评地方自治的基础上，提出以保甲取而代之的结论，保甲被赋予地方自治基层组织的地位。虽然该制度已在全国范围内推行，因四川当时尚未结束防区制，因此该保甲制度在四川的推行不力。1939年后，国民政府推行的新县制在四川较为得力，四川成为全国为数不多全省范围普遍推行新县制的省，且取得成果斐然，多个县被作为"模范县"表扬宣传。新县制下推行的保甲制度，包括保甲的编组、保甲机构和人员以及保务会议几项，虽然保不属于一级法人实体，但保办公处的设立却使得其具备了准行政的规模。[1]新县制推行过程中的保甲改编，四川省也给予相应的经费预算，据《四川省政府公报》公布的《四川各县三十年度乡镇保甲户籍经费预算审核标准》（附件4-1）所规定，为各乡镇公所经费、各保办公处经费、保甲临时费、乡镇公所职员调训旅费，保长、副甲长训练费，乡镇公所保办公处设备费，乡镇公所修建费等均有预算规定。

国民政府当时在四川省推行保甲制度的具体程序是：正式组织保甲工作之前，先会组织保甲编查人员，对其进行两周的训练，然后分发各乡，每乡一人。具体编组保甲的原则是：每10户为一甲，10甲为一保。每户只登记户长姓名（其户长可以由编查人员指定其中某人为户长）。每编10户即由10户人中选出一甲长。其选举的具体办法是：如欲选某人，即在其姓名下划一圈，一圈多者当选。编组10甲后，需选出保长，将10个甲长姓名，填写在表格内。选举人在被选人姓名下划一圈，作为一票，以票多者当选。在一乡编完之后，由编查将全部保长姓名呈报，由区长或派人

---

① 魏光奇：《官治与自治：20世纪上半期的中国县制》，商务印书馆2004年版，第229页。

临场监选，用无记名投票选举。由于新县制下的保甲已经不是单纯的治安组织，而是职能全面的县、乡镇地方自治基层单位，因此确定编制时须考虑适应各方面情况，不再强调或拘泥于十进制。①

事实上，因保甲之前的"名声"并不怎么好，胡次威在任四川省民政厅长时曾表达过对"保甲"名称的贬斥之意以及不想继续沿用"保甲"这一名称的意思："保甲之所以令人生厌，在于保甲在人事上的不健全和推行战时政令所种下的仇恨。"② 不仅如此，民国时期的官员及县政方面的学者已对保甲制度及人员任用方面具有一种担忧："何况乡镇长联保主任保甲长，未能由干练有为、公正严明之士充任，而待遇亦不足以供养廉之需，以致土劣地痞，岁得乘虚而入，利用法定组织为其营私舞弊剥削平民的工具，反成为农村破产的动力。对于这样简陋的组织，我们不仅不能抱过大的奢望，事实上只能求其与农民相安无事，消极的不致骚扰人民，已属万幸。"③ 费孝通在其《乡土重建》中也提到了保甲的问题："保甲成了中央政府要钱要人的工具，而非地方自治团体。它虽然加强了中央权力，却堵住了自下而上的政治轨道。中央与地方的协调关系遭到了破坏，基层行政陷入僵化。"④ 从这些角度来看，杜赞奇所提到的"赢利型经纪"（地痞流氓）对基层社会的占领与"保护型经纪"（地方精英）的退出似有一定的道理。

新县制施行后各县编查保甲虽有差异，但大致程序相似，以荣县为例予以说明。荣县正式开始编查保甲工作之前，由荣县县长对编查保甲一事作了"告民众书"⑤，标志着编查保甲工作正式启动。说明中强调此次保

---

① 魏光奇：《官治与自治：20 世纪上半期的中国县制》，商务印书馆 2004 年版，第243 页。

② 胡次威：《乡镇自治提要》，大东书局 1947 年版，第 95 页。

③ 陈柏心：《中国县制改造》，国民图书出版社 1942 年版，第 191 页。

④ 费孝通：《乡土重建》，上海观察社 1948 年版，第 51—54 页。

⑤ 荣县档案馆藏：《四川省政府、第二区行政公署、荣县政府等关于编查保甲户口、保甲人员考核、编查支出的训令、办法、预算书》，001-02-027。

甲的编组主要原因有三：一是为了肃清"赤匪"，二是为了恢复社会秩序，三是为了维持地方治安。其主要围绕着"整理地方，刷新行政"，且把在豫、鄂、皖实施有效的编组保甲的一切法规借鉴到川来施行，其工作的实际是借编组保甲来重新整顿地方秩序、进行基层社会治理。而在具体的工作安排上可以看到，其安排大多是依靠民众组织，对其组织训练，以增进自卫能力。针对地方的治安与武装力量，"三省剿总司令"蒋介石曾发布过一道训令，对当时实行地方自治制度提出批评指摘，进而得出以保甲制度取而代之的结论。[①] 在该训令中，其曾提出区分治安组织的"团"与作为地方武装力量的"练"，保甲制度只属于"团"的范畴，不包括武装。因此，保甲与治安防务实际是相互关联，相生相息的。

荣县具体的编组与省内各县相差无异，均为"以户为单位，户设户长，十户为甲，甲设甲长，十甲为保，保设保长，数保以上，设一联保主任，再上则设区署"。不过，在人员的选任方面，主任以下的各级人员"由本地推奉头脑清晰，公正士绅充当。凡是住居该地的人，都有轮流担任的义务。假使被人选举出来了，如推辞不任，依照行营编组保甲条例的规定，和委员长迭次的命令，那是要加以严重的处罚"。从荣县县长公开的"告民众书"中可以看出担任联保主任以下的各级人员，首推当地公正士绅，但其他居住人员有轮流担任的义务，如果推辞不任还会被严加处罚。

查口立户、按户立甲、按甲编保。因此，户口整理是荣县民政施政工作中的首项。新县制后对于保甲编组的重视在1941年5月至1942年5月的荣县政府施政概况中仍能见到，其开篇民政中的第一项工作即是乡镇保甲的编组工作："一、继续办理整理保甲清查户口工作，完成全县户口统计，缮造各乡镇户口册，每户三份计，1644本。装订户口册籍，1644厚本。

---

① 《中华民国史事纪要》（初稿），民国二十一年册，第344—351页，转引自魏光奇：《官治与自治：20世纪上半期的中国县制》，商务印书馆2004年版，第200—201页。

二、调查各乡镇漏户（计查得二五户均编入适当保甲）。三、处理各镇乡保间户口争执案件六件。四、办理户口异动登记并按月派员赴各镇乡督导抽查。五、充实本府户籍室。"①

国民党政府重新编组保甲的初衷是为整顿基层社会，加强社会控制，同时清剿中共势力在基层的蔓延。然而越是进行到基层，越能发现基层政府在具体办理保甲事宜之时，已然偏离初衷，逐步转变为针对当地的土匪与民政事务，并且对上行下达的文书也出现越级呈报，比如1940年，荣县县长出巡到各乡镇检查，发现对于上峰所传达之制度与精神"能认真推行者固多，而措置谬误者亦不少"②，并对其错误做出了八点提示。同时编组后保甲长的权力似乎有些过大及不受乡镇长约束之嫌，搞得乡镇长很是头疼。如荣县第三区竹园乡乡公所乡长刘慎修曾呈文区长张云程："新县制实施以来，各种行文，均有系统，保甲为基础干部，尤应恪守乡镇法规，服从命令。乃近有保甲长等，不谙法理，私心自用，擅拟公文，越级呈请上级行政机关，蒙蔽事实，鱼肉乡民，发生纠纷，职有鉴于此，拟请钧府通令各乡镇，管辖保甲长等，如有呈请县府或区署文件时，须经乡镇长查核，加以考语，转呈上级机关，庶免手续麻烦，剔除一切欺蒙之弊……"区长对此的意见为"所呈不无理由，拟恳予以采纳"。从荣县档案中反映出保甲长试图在"权力真空"的范围内造成"权力的内卷化"是不一定能实现的。上至乡镇长、区长均对其加以监督，要求必须经其查核，以免"欺蒙之弊"。自然，我们也可以说这是一个问题的两个面相，从保甲长的"蒙蔽事实，鱼肉乡民"的一面，可以说他们是"把持村政"造成"内卷化"的原因，但是若从政权监督和制度性设计，实际是在防止"内卷化"发生的制度安排。

---

① 荣县档案馆藏：《荣县政府施政概况》，001-02-580。

② 荣县档案馆藏：《四川省、荣县政府关于县、区组织规程、行文办事规则、乡、镇改组的训令、名册》，001-02-449。

第二节　保甲长的选任与训练

一、保甲长的选任

新县制下的保甲改编，按照《纲要》第四十七、五十、五十四条的规定，如保设保办公处，置保长一人，副保长一人，设干事二人至四人，甲设甲长一人，照规定仍由民选。保长须"师范学校或初级中学毕业或有同等学历者，及曾任公务人员或在教育文化机关服务一年以上著有成绩者及曾经训练及格者，或曾办地方公益事务者"。据粗略估计，新县制改编保甲后，全川约有 8 万保，80 万甲。这 8 万保长、80 万甲长，如何选任，如何训练成为当局头疼一事。

有鉴于此，蒋介石兼任四川省主席之时，以川省开始施行新县制为由，特地公开发表了劝告川省贤良士绅一齐出来做乡镇保甲长，共同领导地方自治的演讲。[①] 蒋特别指出："新县制能不能顺利推行，不只影响四川一省，对于整个国家的影响更是大得很，所以现在是四川同胞救乡报国的唯一良机。希望全川同胞，特别是士绅，一致奋起，负起这神圣的责任。同时各县长各党部工作人员，更应心诚意诚的采访地方父老中之贤能者，求他们出来替人民做事。"可见，基层社会在保甲改编一事推进过程中，对保甲人员需求的巨大缺口，以及战时人力资源的紧张与无奈。川内很多县在选择保甲长时主要是依靠年龄较大的受旧式教育出身以前的旧保甲长，其熟络的当地人脉或许更利于保甲编查工作的开展。

基层社会的文化底蕴决定的对熟人的信赖和选择并没有随着现代国家的建立、国家政权各方面的推进而有太多变化。因此，也可以理解为何在《纲要》内容中关于保长选任的要求，除了"师范学校或初级中学毕业或

---

① 《蒋兼主席劝川省好士绅出任保甲首长》，《田家半月报》1940 年第 7 卷第 10 期。

有同等学历者"之外，还有"曾任公务人员或在教育文化机关服务一年以上著有成绩者及曾经训练及格者"，或"曾办地方公益事务者"。实际上是因为地方保甲长人员的缺口太大，因此对于人选的标准则有所放宽，只要对地方有所作为之"能者"，且自身愿意，均有可能当选保长。至于甲长的标准，更是在参照保长标准之上进一步放宽。

在保甲长的选任问题上，似乎可以印证新县制下的保甲被视为地方自治的基层单元，由民众推选保甲长来实现地方自治的构想与现实之间的差距。即便是由民众推选出的保甲长却也终日忙于催粮征税的工作，根本无暇顾及地方自治之事。因此，实践中的保甲长的具体所为与制度所赋予的职责实在相差甚远。保甲长对地方自治之事的不热衷还反映在其开会的不积极。例如，荣县档案中所见，荣县留佳镇镇公所召集各保长前来开镇务会，商讨某些急办要件。镇公所曾先行电令各保准时出席，不得藉故不到。然而，第三保保长余干城、第六保保长胡远清、第七保保长聂体先等六人仍然违令不到，且既不先行请假又不派人出席。因此该镇对于此六位保长违令不到记大过一次。[①] 由此看来，保甲长在基层社会不仅权力甚大，而且无视上级命令。想必这与其虽为基层自治组织，但并非基层公务人员，且保甲长多数为无薪给，仅有少量的办公费与车马费的现状有关。

保甲长作为国家与基层民众之间的重要中介，对基层政权建设具有重要作用。之前的研究对于保甲长的认识大多偏向于认为其是一群因科举被废除后尚无出路，而对现实不满的乡绅劣化后出任保甲长的。事实上，从档案中所展现的保甲长的简任及考核表情况来看，并不能明确指向这一结论。除了部分年龄较大、受私塾教育的保长可能是乡绅出身外，大多数年龄较轻、接受新式教育的年轻人则未必是异化后的乡绅。无论怎样去猜测保甲长的身份渊源，有一点是值得肯定的，在基层社会中出任保甲长的人

---

① 荣县档案馆藏：《四川省政府、荣县政府、铁厂乡公所等关于乡镇长、保甲长考绩、奖惩、记过处分的训令、代电、呈、表》，001-03-245。

员中大多经过各种训练班的训练。因此，对于保甲人员进行适当训练的重要性即凸显出来。川省府自实施新县制后，拟定四川省各县保长甄选任免暂行办法。令各县从事甄选，并于各县设置训练所训练保长，计共训练54328人。此项工作在1940年下半年及1941年上半年大致完成。至于甲长方面亦拟定四川省各县甲长选用暂行办法，通令各县照办，并拟定施以训练。在训练过程中，从课程的设计、训练人员的选任、训练方案的设计等，均可展现出国家意志贯穿始终的思想，亦可看出国家对基层社会的渗透从保甲人员的思想意识上已经开始通过训练进行渗透。

二、保长训练

四川省制订有《四川省各县保长训练大纲》①（附件4-2），该制度制订是为增进各县保长办事能力，责成各县调集全县保长实施政治军事训练，以便能彻底推行政令，加速行政效率。各县保长训练事项由省政府派遣政治军事指导员，会同各县县政府负责办理，以县长为训练班班长，区长为副班长。各县保长训练期间定为两周，以一次调集训练完竣为原则，但县境辽阔，保长较多，或有其他特殊情形之县，得酌量分区次第训练完毕。各县保长训练科目如下：一、政治科目：（一）保甲法令摘要，（二）民众组织与训练，（三）义务征工，（四）筑路，（五）农村合作社条例摘要，（六）禁烟法令摘要，（七）新运纲要，（八）公民常识，（九）精神讲话；二、军事科目：（一）制式教练，（二）野外勤务摘要，（三）射击教范摘要，（四）夜间演习，（五）陆军礼节摘要，（六）"剿匪"须知，（七）碉堡。上述所列训练科目，由政治军事指导员及各县县长科长区长分别担任，但不另支给薪津。

---

① 荣县档案馆藏：《四川省政府、第二区行政公署、荣县政府等关于保甲人员训练的指令、纲要、规则、名册、计算书》，001-02-091。

各县调训保长须具有下列各项资格：（一）年龄在 20 岁以上，50 岁以下者；（二）识字明理身心健强者；（三）有相当家产及乡望者；（四）思想村政而素无劣点败行者。凡未具有前条各项资格之保长，不得调训，应在各保内，另选合格人员，受训后接替保长职务。各县保长在受训期内之伙食费，及办理训练所需公费，应于保甲内节约开支，保甲经费不足，得在县预备费内拨用，如县预备费不足时，保长伙食应归自备，不得摊筹。各县办理保长训练完竣后，须将办理情形及费用数目详报省政府督核。

四川省内很多县政府还专门颁布了训练所简章，比如《荣县县政府保甲人员训练所简章》① 以期对保甲人员训练的要旨方法、训练组织、训练科目即时间分配、各种团体组织、学员、考核及训练后工作、经费等方面均进行了完备的规定。各县根据省令要求，结合自身县情所进行的制度安排反映出地方自治的空间与自由。例如荣县根据县内保甲长的人数及特点，安排分两期进行训练。第一期在荣县县城内设立了专门的荣县县政府保甲人员训练所，负责调训全县保长；第二期则设分所于各区适当地点，依次定名曰"荣县县政府保甲人员训练第几分所"，负责调训全县甲长。训练期间均定为一个月，必要时可以延长。其训练要旨为，养成受训人员负责任、守纪律、重秩序、尽职务、重公轻私，迅速确实之精神。训练方法以教学取启发式与自动式，故讲习时侧重实际问题之互相研究，注重小组讨论，业务演习，教学相长，共策进步。

在组织安排上，第一期的训练所体现了以县长为中心的原则。训练所所长 1 人，由县长兼任，综理全所事务。以下设教育长、副教育长、教育处处长、副处长、政训处处长、副处长、军训处处长、副处长、总教官各一人，政治教官若干人，训育干事 8 人，教育副官 1 人，副官 2 人，军需1 人，处员 6 人（教育、政训、军训三处每处二人），办事员 8 人，雇员 8

---

① 荣县档案馆藏：《荣县政府、地方干训所、第二区等关于保甲长培训、经费拨付的训令、名册表》，001-02-313。

人（所本部及三处各设二人），由所长分别于县府总队部及各机法、学校、士绅、职教员中调任、聘任或委充之。而第二期的各分所的组织另定之。而具体受训学员的编制则为：受训学员以区、联保、甲之制度编之，设区长1人以教育长兼任，设联保主任2人，于区长中调任，各设联保书记及户籍员各一人，于区署职员中调任，设保长8人，于现任联保主任中成绩优良，兼督军事所，择调8人充任，设甲长80人，于学员中习军事所指定，其余学员均编为户长，每甲10户（全县计861保，于第一期完全调训，故可为上之编制）。受军事训练时，即照自卫队之编制，以副教育长任副区队长，编为2联队，8分队，24小队，各级副分小队长助教，于各区现任副区队长，联保主任中调任。

对学员的资格、名额及选送，考核等方面，第一期学员以现任保长及队长为有资格入选者，同时需合于《川黔两省整理各县保甲方案》第十二条及《非常时期保甲长选用办法之规定》，由各联保申送学员，须由各该区长考核转送，并须于现任保长外多送一合格人员，以备考询，并经入所时审定合格者，始得受训。同时，学员伙食自备，每名暂定4元，多退少补，第一期由财委会于各队应领办公费内扣支。《简章》还对学员入所时应带的各物亦有规定：步枪1支，配子弹，皮带全（旧、坏皆可），蓝色单军服2套，军帽1顶，黄腰皮带1根，青裹腿1双，白色亲汗裌2套，白单被1床，白毯1根，面盆1个，面帕1根，洋瓷碗1个（陶碗亦可），牙刷漱口盅各一，日记本1个，笔墨各件，草鞋2双。而第二期各分所学员调训资格及入所手续、伙食，携带用物等项另定之。至于受训考核及训练后的工作规定，受训人员在受训期间之日常生活，由军事训练处及各级队长考核之，其修学效果、思想、学力与任事之能力、经验及受训后工作，经常之联系，指导与核查等，分别由教建政训两处及训育干事考核之。受训后除有原职，仍回供职外，其余均以保长及自卫队长分别委用。

三、甲长训练

甲长训练的目的是增进甲长办事能力，将县属各区甲长施以相当之政治军事训练，能推行政令深入民间。在组织安排方面，甲长训练以县长为总队长，设总队部于县府，以区长为区队长，设区队部于区署，以联保主任为联保长，设联队部于保长联合办事处，区队、联队以数字顺列。

具体的各项训练，包括指导人员、科目、训练地点、着装、考勤考核均有详细制度性的规定。比如甲长军事政治的训练由省政府派遣军事政治指导员会同县政府负责办理，并由各指导员赴各区督促指导。甲长训练以联保为单位，分别举办，其训练地点规定于联保所在地的场市，无场市的联保则选择联保内适当处所，以为训练地点。为方便集合人员，甲长训练时间应在各场赶集日举行，以共训练 60 小时为准，每次训练时数由 2 小时至 4 小时，上午或下午举行，斟酌地方情形定之，以便于受训人为原则，其无场市之联保须另酌定训练时间。除此之外，对甲长训练的出勤考核也比较严格，每次由联保主任负责召集，由联保书记任管理员，登记无故缺席人员及其他事项，凡调训甲长须按时集合受训，每月无故缺席一次者申诫，两次者记过，三次以上者撤职核办。

具体的训练科目亦有所区分，甲长训练的政治科目，以民财教建保为范围，并以甲长所极应明瞭者为主要部分，其他关于国家情势、民族意义及新生活运动亦得酌量加入；军事科目以典范全为主，并实行操作与野外演习。上项政治军事科目即由县府购用军学图书馆出版的甲长训练纲要，发交各联保备用，由联保主任聘请当地士绅、小学教师或委派曾经受训的保长教授，并由县长、区长担任精神讲话，至军事政治科目时，数分记军事占 40%，政治占 60%。甲长训练，联队以下编小队，小队以下编分队，以保长为小队长，小队坿为分队长，小队以编百人为标准，分队以编 30 人至 40 人为标准。训练时的着装也有相应的规定，甲长受训时应着蓝色中山服，其有经济困难不能制中山服时，亦必着短服，唯不得缠帕于头上。从这些训练的具体规定而言，似乎形式意义更大于实质意义。对计划安排得如此详细，服装考虑得如此整齐，但不知道训练之后是否能达到预期效果。

关于训练的经费问题。甲长训练，每联保必需的训练费即在该联保征收保甲经费应解节余项下坐叩开支，但至多不得超过10元，于办理完竣后，取据呈报县府备查。[①] 下表以荣县第二区鼎新乡联保造呈的甲长训练经费开支预算表为例，形象的展现出该乡的285名甲长，训练5个月，在办公费、灯油费、蔬菜、油盐柴米、杂支等各项上的开支分布。

荣县第二区鼎新乡联保造呈甲长训练经费开支预算表 [②]

类别＼名称	月数	人数	开支数目	备考
办公费	5个月	285	10,000	每月2元，合支如上数
灯油费			30,000	每月6元，合支如上数
蔬菜			150,000	每日1元，每月30元，合支如上数
烧柴			150,000	每日1元，每月30元，合支如上数
食盐			30,000	每日2角，每月6元，合支如上数
食油			30,000	每日2角，每月6元，合支如上数
杂支			100,000	每周牙祭一次，肉20斤，洋5元，一月4次，支洋20元，合支如上数
食米			25石	每学期学员50名，每名一期征米1斗，共5石，合支如上数
合计		285	法币500,000 食米25石	

附记：本班共调队长学员夫役285员，分5次训练，每次调队长5员，学员50名，伙夫2名，

---

① 荣县档案馆藏：《四川省政府、第二区行政公署、荣县政府等关于保甲人员训练的指令、纲要、规则、名册、计算书》，001-02-091。

② 荣县档案馆藏：《荣县政府、地方干训所、永兴、台观乡公所等关于学员成绩、自传、灾款发放、壮丁征送、演习、查验烟毒、粮食征购、召开会议、经费支付的训令、呈、名册、表》，001-03-310。

学员每名每月在保内征取食米 1 斗，法币 2 元，5 个月共调甲长 250 名，共征米 25 石，筹洋 500 元。

主任　胡珊林
中华民国二十八年十月

甲长是最基层的协助执行公务的人员，也是与地方社会防务密切相关之人员。国家权力推行至基层，其无暇顾及的基层防务制度均仰赖于基层社会自身的人员。因此在人力财力均较为紧张的时间段内，需要加强对基层甲长的训练，一方面是将国家的精神与权威贯穿至基层自治人员，另一方面也是增强基层自保能力。通过一批人（已训练的甲长）来带动另一批人（未参加训练的普通民众，或被编入壮训队的人员），因此，从甲长训练班的课程设计则可看出此两点目的。下表以荣县第五区刘家乡甲长训练班讲授学科为例。

荣县第五区刘家乡甲长训练班讲授学科一览表

科目	时数	科目	时数
精神讲话	10	音乐	4
精神总动员	2	兽疫防治概说	1
三民主义	4	步兵操典	8
党史	2	射击教范	6
保甲须知	10	陆军礼节	2
新生活运动	8	内务条例	4
警察须知	4	军事学科一览表	
公共卫生	2	制式教练	
兵役法	6	徒手各个教练	18
抽签实施办法	2	持枪各个教练	14
优待条例	6	班教练	12

续表

科目	时数	科目	时数
合作法	6	排教练	4
仓储	2	战斗教练	
管教养卫实施表	2	班教练	16
禁烟禁毒条例	3	排教练	8
民权初步摘要	2		

资料来源：荣县档案，001-02-310。

　　关于甲长训练的制度细致程度，还可以从针对甲长训练的各层级规定来观察。相关制度包括，省政府制定的《四川各县甲长训练大纲》、荣县政府制订的《荣县甲长训练大纲》，而荣县下辖的各区也制订有相应的制度，比如荣县第三区制订的《荣县第三区甲长训练实施办法》。三种不同层级主体所制订的关于甲长训练的规定大体上相差无几，上层机关制定的制度在大方面的规定较为全面，比如训练纪律、训练科目等。但在细节方面，愈至基层机关制订的细节性的内容规定得越细致，比如所带物件、训练时间等。下面就三种制度中所相同项目的规定进行比较之后，整理列表如下。

省、县、区三层级军长训练制度比较

	四川各县甲长训练大纲	荣县甲长训练大纲	荣县第三区甲长训练实施办法
训练地点	以各联保所在地之场市，或无场市而选择本联保内适当之处所	联保所在地之场市，无场市之联保则选择联保内适当处所，以为训练地点	联保所在地，觅适当公地为训练校舍
训练时间	应在各场赶集日上午九时至十二时，以共训练六十小时为准，但无场市之联保，须另酌定训练时间	应在各场赶集日举行，以共训练六十小时为准，每次训练时数由二小时至四小时，上午或下午举行，斟酌地方情形定之，以便于受训人为原则	每期训练三旬，第一期自本月九日开始，二月九日毕业；第二期自二月十一日开始，三月十四日毕业；第三期自三月十六日开始，四月二十八日毕业

续表

	四川各县甲长训练大纲	荣县甲长训练大纲	荣县第三区甲长训练实施办法
训练纪律	每次由联保主任负责召集，并以联保主任及管理员，维持纪律秩序，及登记听讲缺席。凡调训甲长，须按时集令受训，每月无故缺席一次者劝告，两次者记过，至三次以上者撤换之，情有可原者酌予处罚	甲长训练每次由联保主任负责召集，由联保书记任管理员，登记听讲缺席及其他事项。凡调训甲长按时集合受训，每月无故缺席一次者申诫，两次者记过，三次以上者撤职核办	无
训练科目	以民财建教保为范围，并以甲长所急应明瞭者为主要部分，其他关于国家情势，民族意义，及新生活运动，亦得酌量加入，由县政府及区署按科目之性质分派所属职员，或聘请当地品粹学优之学校教师担任训练，并由甲长区长担任精神讲话	甲长训练之政治科目，以民财教建保为范围，并以甲长所急应明瞭者为主要部分，其他关于国家情势、民族意义及新生活运动亦得酌量加入；军事科目以典范全为主，并实行操作与野外演习。上项政治军事科目即由县府购用军学图书馆出版之甲长训练纲要，发交各联保备用，由联保主任聘请当地士绅、小学教师或委派曾经受训之保长教授之，并由县长、区长担任精神讲话，至军事政治科目时，数分记军事占百分之四十，政治占百分之六十	以目前实际需要为原则，另拟课程进度表按次实施之
训练经费	各联保办理甲长训练所需公费，应在保甲经费余款内，搏节开支	每联保必需之训练费即在该联保征收保甲经费应解节余项下坐叩开支，但至多不得超过拾元，于办理完竣后，取据呈报县府备查	调训学员各级伙食费洋四元，毕业时多退少补，教练长伙食由各学员分担。伙食开支每日由给养造表，向全体学员报销
所带物件	无	甲长受训时应着蓝色中山服，其有经济困难不能制中山服时，亦必着短服，唯不得缠帕于头上	来班受训学员应各携步枪一支，子弹二十发，碗筷一套，棉被一张，草席一床，面帕一张，脸盆一个，漱口盅牙刷一套，汗小衣中山服各二套，草帽，裹腿，腰皮带等件
施行条件	本大纲由省政府通令施行	本大纲自公布之日施行	本办法呈请荣县县政府核示后公布之日施行

　　从三个不同制订主体关于甲长训练的规定来看，愈是接近基层主体所制订的制度内容越细致，可操作性愈强。从三个制度的施行条件可以看出，省制度由省政府通令即可实施，而县制度则由县政府公布之日起可实施，而区制度则需呈请县政府核示后，公布之日再施行。县级以下政权组织所制订的制度最终是受制于县政府的审核。对于同一内容，不同制度的不同规定，可以有效地认识上级政权组织所认为的基层社会的需要与实际基层需要之间所存的差距。同样是关于甲长训练的制度规定，省—县—区不同层级的制度设定目的与运行效果显然是不同的。愈至基层，愈关注具体细节问题，比如经费，省颁制度仅指出在保甲经费项下开支，而区级制度对于伙食费的开支与报销均有所考虑。愈至上级，愈关心宏观的制度架设及效果，比如训练科目、训练纪律等，完全忽略掉所带物件等琐碎细致的方面。

　　纵观保甲长的训练，因为在人员急缺之时挑选的人员不尽全然符合国家需要，国家设训培养符合其意志之人员。因此，在训练的时间地点选择、设置课程、安排训练老师、训练经费来源等方面均有所偏重。事实上，虽然人员选任在数量上达到了要求，但在短时期内希望通过训练来改变人员内在的质量素质是不切实际的，也是难以完成的。于是，保甲及各种壮干训练逐渐演变为上级各层级以争夺受训人员而形成派系的现实。比如川政统一之初的壮丁干部训练中，荣县将区队坿、联队坿、联保主任和保长分四期集中在资中受训，每期六周结业。训练中主要以拥护中央及蒋介石为中心，并喊口号，成立同学会，选出通讯员。① 同

---

　　① 训练班的干部，是蒋介石的别动队，训练虽然有军事训练，但主要的目的，是拥护蒋介石，不但叫出了拥护的口号，而且，每叫蒋介石官衔就要立正，表示敬意。四期结束后，又奉令成立同学会，各联保委训人员选出代表一人参加开会，及选出通讯员一人，布置情报网搜集情报。晏光侯：《保甲制度在荣县的改编情况》，中国人民政治协商会议四川省荣县委员会文史资料委员会编：《荣县文史资料选辑》第三辑，1997年，第60—61页。

时，1936 年，刘湘又把全川联保主任分四期调至成都受训，每期一千人。训练目的是与壮干班唱对台戏，拆壮干班的台。在训练中也喊口号，拥护刘主席，毕业后印同学录。[①] 之后这些在不同"阵营"中受训的干部回到荣县又办各种保长甲长训练班，担任训练老师。这样，两大阵营分别代表着中央与地方的势力，互相较量比拼。这一有趣的现象使得即使在川政统一后，仍能看到中央与地方在基层人员训练方面的博弈与较量。

新县制之后，随着对地方基层公务人员的需求量扩大，其训练更为密集，因训练所生派系也应运而生。如此这般，使得基层社会形成割裂把持之势，与训练之初衷背道而驰。因此，新县制推行至第二期工作时，对于干部乡镇保甲长的训练逐渐减少，转而开始进行以民众组织为中心的民众组训，更多地发挥民众团体之力，这实际上也是在行动上对孙中山所推行之地方自治事务的另一种响应。

第三节　保甲事务与经费

如前所述，四川编组保甲始于 1935 年，川政统一后根据《"剿匪"区内各县编查保甲户口条例》进行过保甲整理，此为川省的第一次编组；1937 年，根据《四川省各县保甲整理办法》编整过一次保甲，此为第二次编组；1938 年，又根据《整理川黔两省保甲方案》和《四川省各县整理保甲施行规则》进行过第三次编组。新县制推行下，保甲已非乡镇以下的层级而系乡镇内的编制。乡镇成为一级法人，为自治体，那么保甲也不是仅具有自卫的功能，更是自治的细胞，保甲编组根据"容纳保甲于自治组

---

① 晏光侯：《保甲制度在荣县的改编情况》，中国人民政治协商会议四川省荣县委员会文史资料委员会编：《荣县文史资料选辑》第三辑，1997 年，第 61 页。

织之中，乡镇内之编制为保甲"这一原则进行。

一、保甲事务

保甲编组只是在形式上完成的保甲，而具体的保甲事务则由法定事务与实际事务两方面构成。法定的保甲事务在不同阶段有不同的规定，从 1932 年的《"剿匪"区内各县编查保甲户口条例》、1938 年的《整理川黔两省保甲方案》、1940 年的《乡镇组织条例》到 1942 年的《乡（镇）保应办事项》的规定来看，对乡镇保甲这种基层保甲事务与职能规定最为详尽者应为最后一个，即《乡（镇）保应办事项》。[①] 其也是新县制推行后规定的最具体的保甲事务，以下列举了乡（镇）保应办事项总计为 34 项。

（1）办理户口调查及户籍人事登记；（2）编组训练国民兵队；（3）维护地方治安；（4）预防天灾人祸；（5）赈灾济贫，育幼养老；（6）办理国民学校及中心学校；（7）调查登记学龄儿童及失学儿童；（8）办理成人补习教育及职业训练；（9）办理民众教育馆、体育馆及其他民众娱乐场所；（10）筹集国民教育基金；（11）调查整理地方公有款产；（12）调查登记公私荒山荒地；（13）改进鱼林畜牧；（14）办理农产品改良运销；（15）改进手工业；（16）举办农工产品比赛；（17）兴办其他各种造产事业；（18）兴修桥梁、河堤、堰闸、池塘；（19）修筑保护四境道路；（20）修筑街市；（21）建设保护乡村电话；（22）创立合作社，经售各种合作事业；（23）协助调查地价；（24）设立卫生所及保健药箱；（25）提倡灭蚊灭蝇运动；（26）取缔不洁饮食品；（27）设置公墓；（28）掩埋露尸露骨；（29）禁烟禁毒，取缔游惰；（30）改良风俗、革除陋习；（31）奖励节约储蓄；（32）调解纷争；（33）保护名胜古迹；（34）其他乡镇保认为应行举办之事项。

---

① 《江津县政府训令》，江津市档案局馆藏江津县政府档案：472，转引自冉绵惠：《民国时期四川保甲制度与基层政治》，社会科学文献出版社 2010 年版，第 141—142 页。

此上为国民政府内政部的相关保甲制度规定，地方县级政府自然也有据此制定相关保甲规约。[①] 事实上，从所列的 34 项可以看到几乎是事无巨细地涵盖了基层社会所能发生的所有事务，甚至连灭蚊灭蝇、保护乡村电话、名胜古迹、奖励节约储蓄等这类事宜均考虑在内。但始终位于前三甲的，仍然为户籍调查、组训壮丁及维护地方治安三项。

在法定事务中未提及，但实际中多发生于保甲长之间具体实施的事务则是代为征税、纳粮、征丁，此三项任务属于未见于明文的"国家事务"。保长所受人厌弃的大多原因是来自这三项任务的执行，因破坏了其原生社会关系的平衡。其实这三项任务并非保长所要为之，乃是奉国家之"令"，而不得不为之。越是积极协助地方政府完成"国家事务"，越会成为邻里乡人中令人生厌的角色，也越多出现在档案中成为被人控诉的对象。如前文所述，保甲长实则是在国家与基层社会的夹缝中生存的"边缘人"。

虽然从国家与制度的层面，我们能理解建立保甲的初衷除了是对孙中山先生所倡导的地方自治理论在基层社会的落实，在实践中更主要的体现为国家权力下渗到基层，稳固地控制基层社会，并在战时汲取基层资源"为国所用"。然而保甲长毕竟是来自于基层社会中的人，其不同于县长及以上官僚体系中的人员。在传统乡里乡邻的熟人社会中，让他们戴着国家赋予的冷冰冰的"保甲长"面具到认识或相熟的邻里之间完粮、纳税、征丁，实非易事。

以征粮为例，荣县档案之中关于荣县政府、荣县征收局要求保甲督催

---

① 《合江县通用保甲规约》，《四川合江县县政年刊》（1935 年 10 月—1936 年 12 月），第 98 页。《江津县政府训令保字第 1 号训令（1938 年 1 月 22 日）——令第二区区长》，江津市档案馆藏江津县政府档案：109。合江县的保甲规约分别规定了户长、甲长及保长职责，强调依法和绝对遵重之义务，而江津县的保甲规约则强调户籍、治安和民风民俗的具革方面。以上内容可参见冉绵惠：《民国时期四川保甲制度与基层政治》，社会科学文献出版社 2010 年版，第 132 页。

粮民完粮一案①之中即有充分体现。荣县征收局局长唐式训咨请荣县县政府，因其"征收本季粮税尚欠甚钜"希望县府能在"明日联保会议时，饬各联保主任，转饬各保长，严饬各该管甲长，务限于一周内，将各该甲内所辖粮民负责督催来局完粮或到该管地方设有分征之处完纳，并饬其有以考绩为奖惩之责任"，征收局未能完成的纳粮任务，希望县长在联保会议上通过联保主任转保长，再转甲长，层层督催到粮户来完成。国家行为瞬间经层层下达后转移到基层保甲长头上。县府对此以"国家大局"为重，自然转饬各联保主任遵照办理。同时，在制度层面上也予以法律保障，根据《修正四川省各县征收局组织暂行规程》中的第十一条，"征收局办理省税事项，对于各县联保主任及保甲长有直接指挥监督之权，遇有重要事故，并得商同县政府办理"；第十二条，"征收局对于各联保主任及保甲长催款不力或违抗命令，暗施阻挠者，得随时商同县政府处办或撤换之"。然而对于征粮一事，在行政与立法的双重保障之下，保甲长能否顺利完成呢？

督饬各保甲长负责催粮的训令发出后，各联保主任反应不一，以下选取四位联保主任的不同态度为例进行分析。

第一位，文昌宫代行联保主任，刘历耕。对此呈文，他以本场联保主任吴民岩及保长多人均赴资受训，其仅为暂代行使职权，因此各保长之代理人等均系"勉为承乏，故其他政务之推行已感竭蹶，兹复加以粮税重责，实无力以承担"，同时，他还提道："且保甲改组大殊往昔，昔今日之某甲究系今日之何保，既无从考查，况一般粮名多系别名，隐号当然不能清查，其为某保甲长所管之粮，而转发负责办理，更有难者代理保长等，窘迫者多，若有亏挪，而职系无产之人，何能负责偿出？更何能息借垫缴？"至此几点理由之后，刘提出："所有困难情形与其日后受处，不如当前要恳破格收回粮票，暂缓发下，职惟尽力督催。"文昌宫的代行联保主

---

① 荣县档案馆藏：《四川省、荣县政府、征收局关于征收保安费、交纳粮款、税款的训令、函》，001-08-006。

任为避免日后受处罚，则将原发粮票及滞发罚收据随文呈请县府及征收局收回，缓待主任回籍后再行发下，共计该年上季粮票 59 张，滞纳罚金收据百份。该主任以其为代理之主任，暂时行使职权，因此各保长仅勉强承认，普通政务均推行困难，更不用说纳粮这一关系到每户之切身利益之事为理由，果断退回了县府及征局发下的粮票及收据，请求待日后主任培训回来后再行发予正式任职的主任。这样的推辞若听起来确为事出有因，那么其他非代理的联保主任对此事又作何应对呢？

第二位，镇紫场联保主任，萧解悬。接到这一训令，他详细分析了其不能办此事的四点理由，虽情理上其以"当此国难方殷内政急修之际，敢不力图整顿，以尽国民一份之责"为开头，认为确实在此非常时刻，应尽国民之责去完粮，但其诉说了一个背景故事，即自新政推行以来，当地人都不愿意胜任此职位，经推选数月后，仍无一人可行，而其本身有病却勉强上任，"可为乡人率循，复不免遗误，滋多为害地方，幸蒙钧座及刘前区长明鉴，不因小过遂加斥责，待遇之浓，恩威与公私而并重，报德之忱，距容刻置"。虽然于上峰之情、于国民之责，似乎均应做好此事，但接下来却依据实际之势提出四个"无力承办"该事的原因：（1）其"为寒士，不能自立，全靠亲友之维助，始得以舍耕糊口，此其不敢负担，无力承办者一也"；（2）"保甲与粮款，两皆重大，舍此则彼误，就彼则此失，又势所不能，无力承办者二也"；（3）"加以征局旧例，各保所欠粮尾，不问贫富，有无能力赔垫及是否欠之民间，皆一律将办款人押迫，并饬其抬缴。悬本家贫，自卫尚鲜筹计，何堪入累，倘有产可迫，宁不毁家杼，难以报国家于万分之一，此其环境所迫，不能承办者三也"；（4）"一经办理，则私人一切事件皆无暇时，甚至日常公务，即自然乡野生活再无可省，每日亦须洋数角，此又应用无可费，畏前不敢承办者四也"。因此，有此数弊，"悬不敢苟图目前坏法与将来遗作"，因此他在"奉令之余，不胜惶骇，所以叕叕恳辞者。非敢违命，实系已备之罪人也，纵情有可原，而法距容恕"。希望县政府收回所附的原粮票五十八户，滞纳罚金收据一百张。此联保主任在呈文中虽然能意识到催粮为国家大事，应尽国民之责，但确实于自身的条件，确切的环境，征局旧例的掣肘，繁杂的政务牵绊，经费的具体困难等各方面均无法兼顾，因此承认为罪人也不愿意完成，大有"有心无力"的感叹。

第三位，第一区杨家场联保主任，刘克恒。收到训令后，即会同征局委员磋商，将其代为征收的工作做了如下变通：粮票仍托粮税分征委员代收，所出收条，用他名义，即得认可，在分征撤销前托代收的粮票及所收粮银概行退还。除将粮银悉数缴局外，其余粮票，通过召开保甲会议，明令将粮票分别转发各保甲长等负责办理。但他又提出"殊各保甲长等以新政推行事务繁（多），且现值训练壮丁期间，上峰明令不容稍懈，更兼资产微薄，责不能胜，恳由联保转请钧府，准予退还。窃思财为庶政之母，政务之推动，完全赖以进行，关系至钜，责贵专司，当此政务繁多，万绪待兴之际，行政事宜尚苦时多延误"。因此，他又指出事实上县府对此情况是早经洞悉的，"若再兼办粮税匪特，政务之不能推动，而财政方面亦根本不能见效"，况且其以自身能力实不足以肩此重任为由，充分考虑了事实上力量薄弱后，"思维辗转，万难办理，与其到时贻误，不如早日退还粮票"，因此，"职自应督饬各保甲长等，对于粮税严密督催到局完纳，倘有因循，即照本区区务扩大会议，由该保甲长赔缴"，这样一来似乎"政务推行无阻，粮税办理容易"。该主任形式上的处理是召开会议进行督催，但并不承担该责，而是督催各保甲长自行到征收局去完纳，将纳粮之责任交还给征局。同时亦返还三钱以上粮票八十九张，罚金三联收据一份，大有"金蝉脱壳"之势。

第四位，荣县第四区老龙场主任，杨德铭。收到此令后，"召集各保长、征局黄委员同场开会计议"，他认为"保甲事繁任重，专司其事，已虑有负委任，若兼收粮款，责任累已，尤复害公"，因此想出一个解决之法："今为公款求便利起见，由各保长慎重考虑，推选一人专司收缴粮款责任，由各保甲长负责督催，方期粮无滞纳，款有保障，经众议决，推选出少年老成，家室殷实之朱凌云一人，堪任收缴粮款职务，已征得本人同意，用特保请委任以专责任而利国款。"该主任的"挪移大法"，用得极为适时，自身之责被转移到当地一"少年老成，家室殷实"之人头上，既有当地威望又有经济实力负担。

以上四位联保主任的身份及解决之道较有代表性。无论正式主任还是代理主任，无论是直接推辞还是各种婉拒，无论自主召开保甲会议还是约同征局委员商定，无论职责转移还是找到"替身"，可以说皆是"八仙过海，各显神通"。然而，对此各种反应，上级均以"查欠户粮票，应裁交各联保主任及保长甲长会同征局员丁，挨户催缴。此次随令印发行营颁行颁发第七项规定甚明，职责所在，该主任岂能规避。且案经通令办理，该联保无不能独异，所请收回缓发一层，应毋庸议，原缴粮票并收据发还，仰即遵照办理"批复。

对于各种推脱，征局为完成征收任务只能咨请县府协助，荣县征收局以"坿城各团蒂欠冬季粮款剿赤费及夏季粮款各粮户，叠经敝局鸣锣，加紧督催，并派员下乡，挨户追收，不期该欠户等，仍复玩延，并不缴纳。刻值上峰严限扫解陈欠期迫，如不咨请贵府派警勒追，转瞬期满，将何扫解。相应将该蒂欠历年粮款各粮名，缮造清册，备文咨送贵府，即烦查照，派警勒追，或饬该管保甲长等限期缴楚为荷"，要求县府派出警察勒令追收。警察乃国家暴力机关之一种，对于征粮一事，到最后基层保甲长无法完成，竟以警察出动，可见新县制之前保甲力量之微薄与无助。抗战之后，随着新县制推行，加之在保甲长身上的事务除征粮一项外，征兵更显繁重与棘手。国家威权在制度设计下不断渗透，保甲事务渐成为各方矛盾集合与爆发的交汇处。

二、保甲经费

大多数关于保甲的研究中甚少单独关注过保甲经费问题，冉绵惠[①]在

---

① 冉绵惠：《民国时期四川保甲制度与基层政治》，社会科学文献出版社 2010 年版。

关于四川保甲制度与基层政治的研究中对川省保甲制度的研究已较为深入与细致，但也主要集中在保甲制度在四川的建立、推行、职能与作用，及在基层政权的运作等方面。杨红运[①]在关于战前江苏省保甲制度研究论著中，也着眼于保甲施政过程中的制度设计、人事要求及实施步骤。因此，保甲经费常常成为一块被忽略的空间。

财政为庶政之母，从保甲经费的征收、预算到使用，基层社会中均是有制度可依的，比如《四川省各县保甲经费收支规程》《四川各县三十年度乡镇保甲户籍经费预算审核标准》《荣县征收保甲经费暂行实施办法》等从上至下各级的相应制度。除制度之外，保甲经费包括的内容也十分细致，以荣县编组保甲每 1 万户照专署规定经费标准表为例。

荣县编组保甲每一万户照专署规定经费标准表[②]

项别	名额或份数	费额（元）	说明
编查委员薪	5 名	200,000	编查委员 5 人，每月支薪洋 16 元，以两月半计算，合如上数
编查委员车马费	5 名	50,000	每名月支伏马费 4 元以两月半计算，合如上数
编查委员办公费	5 名	12,500	每名月支办公费 1 元以两月半计算，合如上数
户口调查表	30,000 份	120,000	户口调查表包括住户船户寺庙公共处所等调查表在内，每种填造两份，约计 3 万份，每千份约需 4 元，合如上数
门牌	10,000 份	15,000	每千份约需 1.5 元，合如上数
保统计第一表	600 份	2,400	上表每保填写三份约需 6 万份，每千份约需 4 元，合如上数

---

①　杨红运：《复而不兴：战前江苏省保甲制度研究（1927—1937）》，山西人民出版社 2013 年版。

②　荣县档案馆藏：《四川省政府、第二区行政公署、荣县政府等关于编查保甲户口、保甲人员考核、编查支出的训令、办法、预算书》，001-02-027。

续表

项别	名额或份数	费额（元）	说明
编户登记表	1000 份	4,000	每千份约需 4 元，合如上数
编户名条附标语	10,000 份	10,000	每千份约需 1 元，合如上数
保长摊举表	100 份	400	每千份约需 4 元，合如上数
一年内五中异动报告表	15,000 份	15,000	每千份约需 1 元，合如上数
保长户口异动覆查表	100 份	400	每千份约需 4 元，合如上数
一年内保户口异动呈报表	4,000 份	16,000	每千份约需 4 元，合如上数
甲长户口异动清查表	1,000 份	4,000	每千份约需 4 元，合如上数
填写户口调查表方法	1,200 份	4,800	每千份约需 4 元，合如上数
编查保甲户口条例	1,200 份	7,200	每千份约需 6 元，合如上数
户口异动登记须知	1,200 份	7,200	每千份约需 6 元，合如上数
编查保甲户口宣传纲要	1,200 份	7,200	每千份约需 6 元，合如上数
保甲规约样式	100 份	600	每千份约需 6 元，合如上数
保图用纸	300 份	1,200	每保三份，每千份约需 4 元，合如上数
切结	3,000 份	12,000	每千份约需 4 元，合如上数
保甲长姓名简历册	300 份	1,200	每千份约需 4 元，合如上数
预备费		40,000	上列各项纸张印刷费均系估计，故另列预备费，以便不足时得以补充
合计		531,100	
附记			查全县户口根据二十三年度调查约 12 万户，但多未确实，现以 15 万户计算，每万户照专署规定经费标准 531.1 元之标准预算，以 15 万户计，共计 7966.5 元，结束时实支实报。

资料来源：荣县档案，001-02-027。

该表中所列项目有 22 项之多，包括：编查委员薪、编查委员车马费、编查委员办公费、户口调查表、门牌、保统计第一表、编户登记表、编户名条附标语、保长摊举表、一年内五中异动报告表、保长户口异动覆查表、一年内保户口异动呈报表、甲长户口异动清查表、填写户口调查表方法、编查保甲户口条例、户口异动登记须知、编查保甲户口宣传纲要、保甲规约样式、保图用纸、切结、保甲长姓名简历册、预备费。而从其所占比例来看占比最高的为编查委员薪，占比达到37.7%，超过三分之一。占比最低的为保长户口异动覆查表和保长摊举表，均同列最低，占比仅为0.075%。从各项目中，可见花费在各种表项上的费用较多，因制表份数较多，虽然单位费用低，但总量还是很大的。保甲经费的开支大体上分为两类，一是人员方面的开支，包括支薪、车马、办公费；一是材料方面的开支，包括印刷各类表式、制作各种门牌、标语、图册等消耗性费用。

保甲经费的来源如何？根据《四川省各县保甲经费收支规程》①对县级保甲经费收支的规定，对保甲经费的来源及收支均作出安排。

首先，保甲及联保经费的来源主要是两个：向保甲内各住户征集保甲捐款和地方公款。其中，保甲捐款，每保每月以五元为限，每户每月摊缴数同，应按其财产之多寡，列为等级。最低五仙，最高不得超过二角，极贫寒者免派，由各县斟酌地方情形拟定适当标准。令饬全县各保、各联保遵照办理，一面呈报备查（例如，财产达于若干元以上者，列为某等；若干元以下，或全无资产者，列为极贫免派）。其保内户数不只一百者每多10户，每月最少应多筹洋五角。而地方公款，应彻底加以清理，列表专案呈报，由县政府财委会统筹办理，并层报县府查核。

其次，保甲经费（捐款）之征集以由县统筹为原则，其办法为：(1) 由各县财委会制具保甲捐款票是（事）项，捐票应按捐款等级分别印制，并编号数票列附后。(2) 各县保甲长及联保主任应将管辖区内捐款额数、住户姓名及其每月纳捐数目与等级层报县政府核准后，令饬财

---

① 荣县档案馆藏：《四川省第二区行署、荣县政府、第四区等关于保甲经费征收、预算、公款房屋培修概算的训令、呈、表册》，001-02-060。

委会填发保甲捐票，并登记数目。（3）为节省手续及费用起见，将前项保甲捐款于一年度内得分作四季征收，每季一次收足三月之款，其第一季定自当年会计年度开始之日即七月一日起征，第二季定自十月一日起征，第三季定自次年一月一日起征，第四季定自四月一日起征。（4）前项捐款应由保长负经收之责，各甲长负督催之责，各联保主任负汇集之责，区长负复查及审核之责，县政府负抽查之责。保长将款收得后除依第三条第一项之规定将该保应支办公费（每月2元，每季6元）扣出后，其余之数应即汇缴联保主任，联保主任除将该联保本月份核定应支之款扣出后，其余之数应汇缴区署，转缴县财务委员会其联保经费以后，由区按其领，转发联保所辖保数。过少保甲所缴经费尚不足开支者，其相差数目应由县财委会就其他各区署各联保所解款内，照数拨给保与联保及区署缴解款时均应分别备具解款凭单及收据，其联保与区署并应各列具收支简明表，各种样式附后。（5）以上各种票据统由县财委会制发，其工本费得就收得之保甲经费内开支。

再次，保甲人员大多属于兼职不支薪的情况，因此，保甲经费的开支大部分用于办公经费之开支。因此对于保甲及联保办公处之经费开支数目，《四川省各县保甲经费收支规程》规定如下。

1. 保长办公处每月支2元，其用途为：

（1）保长办公处纸张笔墨灯火及其他必需之用；

（2）保甲会议与壮丁集合训练时之茶饮；

（3）甲长办公必需之费用。

2. 联保办公署经费依照本府民字第9705号训令颁发预算标准及各县核定案开支。

在《四川省各县保甲经费收支规程》基础上，关于保甲经费之收支，1935年10月23日省政府曾召集各区专员会议，议决由保甲经费内分摊至各县保甲经费，以原有地方公款公产之收益扩充不足时，照行营规定向住民征集，每保每月以五元为限，本区各县联保办公处及保办公处均已陆续成立。对保甲经费，除以地方公款公产尽数扩充外，其无公款公产或以公款公产扩充尚不足数者，应准向住户征集补收，征集办法规定如下：

1. 各县保甲经费由各联保办公处统收统支。

2. 每保照规定派收保甲经费五元，以三元作保长办公经费，余作联保办公处经费。

3. 各保派收保甲经费应先召集保甲会议，收保内住户按照贫富程度核定登记，分作甲乙丙丁四等，除丁等免收外，其余甲乙丙三等住户按全保每月五元数量，分别征收，应由保汇造各联保派收保甲经费总名清册，呈经区署核准，收费时并应制盖用区署钤记收据以资证信。

4. 保甲开办费及甲牌木门牌等费，按照上列等级于第一次派收保甲经费时附带征收。

5. 各保派收保甲经费应按月收，收支数目榜示周知，不得稍有浮收滥支情事。①

对于防止联保主任或保长在征收保甲捐款时的舞弊情事，该《四川省各县保甲经费收支规程》还专门规定了，"联保主任或保长未取得县财委会捐票时不得迳向住户收捐，违者严惩，住户对保甲人员之无票收捐者得拒绝付款或专法究办"，"各保保长、各联保主任于每季收得捐款后，应即将出款人姓名、纳捐数目等级及解款金额列榜周知，其每月开支款项亦应按月公布，区长于收缴捐款时亦应将各联保所缴所领及解县之款分析列明榜示周知"。

同时，经费的征收现状，收支预算及实际支出使用情况均是有表可查的。编查保甲经常费分为两项，一是编查委员费，即委员们的支薪、车马及办公费用；二是编查保甲印刷表，包括户口调查表、门牌、

---

① 荣县档案馆藏：《四川省第二区行署、荣县政府、第四区等关于保甲经费征收、预算、公款房屋培修概算的训令、呈、表册》，001-02-060。

保统计第一表、编户登记表、编户名条附标语、保长推举表、编查保甲户口条例、保甲规约样式等大小表式、保甲宣传标语、保甲规约等共 13 项。

新县制推行后，依照四川省各县乡镇公所编制及经费标准表的规定，及整编保甲清查户口彻底调查确定后之乡镇数目拟列，如乡镇数目尚未确定，或所划乡镇辖保过于悬殊，或故意扩大乡镇范围，致违规定之县，应按各该县旧有联保保甲户口数目代为估列，再令各县就估列范围内自行调整。甲种乡镇公所，月支 228 元，年支 2736 元，乙种乡镇公所，月支 182 元，年支 2184 元。其多列者照列，少列者代为补列。各保办公处经费依照四川省各县保办公处编制及经费标准表之规定，及彻底整编确定后之保数拟列，如保数尚未确定，或故意扩大保的范围，减少保的单位，致违规定之县，应按各该县原有保甲户口数代为估列，再令各县就估列范围内自行调整（保办公处月支 13—32 元，年支 156—384 元）。保甲临时费包括整编保甲费，乡镇保甲人员奖恤费，保甲杂支费等，应查照 1940 年度所列数目及 1941 年度实际需要数拟列。另还有乡镇公所职员调训旅费、保长副训练费、甲长训练费、乡镇公所设备费、保办公处设备费（每保办公处以 300 元为标准）、乡镇公所修建费、县政府户籍室开办费（每县以 500 元为标准）、县政府户籍室增设人员薪给、户口普查费、户籍及人事登记表册费等等。除项目及因乡镇区划调整而致标准发生变化外，其经费征集方法大体上同于之前。

国家政权在基层的步步推进，除了面对基层纷繁复杂的社会关系外，还要面临财政紧缺等一系列国家层面的难题。国民政府为实现重新建构地方秩序的目的，利用新县制的推行改编地方保甲，并加强训练。但在抗战时期财政入不敷出的情势下，保甲制度所必须的经费却并非全数尽由财政支持，部分还是需要依赖地方豪绅或当地民众自筹。除此之外，还有自然灾害突发后的赈济以及对战时阵亡烈士及其家属的抚恤等难题也出现在新县制推行过程中。四川省连续几年灾害频发，对民生造成了极大影响。加之抗战时期，大量川军奔赴抗战前线，牺牲巨大。在灾难与战争前，国家与基层如何合作，使国民政府能一方面发挥国家力量给予尽量的赈济与抚恤，另一方面则整合地方慈善救济体系，联合一切民间团体力量，也是亟待解决的问题。

第五章　基层应急保障：社会救恤

国家与社会面临的最大考验是如何应对灾荒与战争等突发状况，基于灾荒救济与战争抚恤目的的社会救恤制度由此出现。传统社会救恤思想大多停留于贤君仁政及慈善施舍观念。近代以来，除官方救恤事业发展之外，私人救恤模式在民间以各种私人团体的形式普遍发展。南京国民政府政权趋于稳定后，内政部公布了管理各地私立慈善机关的规则，于是救恤制度渐入正轨。新县制施行后，国家对慈善组织、救济团体等民间组织，通过制度化使这些组织与团体更为规范，传统社会的默认规则已逐渐转变为文本上的详细规定，社会救恤事业日趋进入现代化国家框架的规范体系内。实际上即使在经费短缺，财政不济，需要地方势力予以支持的救恤领域，国家也逐渐通过制度化的形式实现对这类组织的主导。

第一节　社会救恤

一、新县制前后的社会救恤制度

基于传统文化及农耕文明基础之上的救恤思想，在我国古已有之，即所谓"故人不独亲其亲，不独子其子，使老有所终，壮有所用，幼有所长，鳏、寡、孤、独、废疾者皆有所养"的道德观念与传统社会大多留于贤君仁政及个人慈善施舍的观念。这两种救济观念所蕴含的救济形式体现为赈济与抚恤。赈济多体现为平籴法中"虽遇饥馑水旱，籴不贵，而民不散，取有余，以补不足也"①的粮赈为主的方式。在赈济中，主要依靠事先设置的各种赈仓。抚恤则体现为"老老，慈幼，恤孤，养疾，合独，问病，通穷，振困，接绝"等形式下的多种救济方式。传统社会历代均有救荒、恤养等各项社会救恤制度的实施。而在各种救恤制度的历史发展变迁过程中，亦能展现出救恤的主导权在国家与社会之间左右飘摇的地位。②传统社会的救恤事业至近代以来遭遇"三千年未有之大变局"的背景，社会转型过程中外来力量的介入，使得救恤事业除了官方主导之外，不仅有来自国内民间绅商的力量，还有来自境外教会传教士带来的西方社会救恤观念与救恤方法。

　　社会救恤制度源于西方。欧美初期社会事业皆由教会担任，欧美各国的慈善事业，首先起源于基督教，而后逐渐转入政府工作。1601 年英国伊丽莎白女王所颁《济贫法案》为后世救恤法之滥觞。事实上，中国古来素重家族伦理观念，救恤事业所依赖的贤君仁政及个人慈善施舍等观念，与欧美各国发源于宗教博爱精神的社会工作如出一辙。迄至清末，大部分救恤事业仍留在民间自由组织状态之下，虽自西洋文化输入，尤以基督教在华创办的新式孤儿院盲哑学校等少数私立机关，可视为中国救恤事业制度现代化的前奏。中国民间尚有其他传统救济事业，比如佛教、道教及其

---

　　①　《汉书·食货志》，转引自蔡勤禹：《国家、社会与弱势群体》，南京大学博士学位论文，2001 年。

　　②　唐朝时兴起的"悲田院"，其原名为"悲田养病坊"，是由佛教寺院主持出资，专以救济贫人为主。佛家认为，供养父母为恩田，供佛为敬田，施舍为悲田，故佛教寺院将其主持的慈善设施称为"悲田养病坊"。唐朝末年，唐武宗于会昌五年（845 年）下诏灭佛，令僧尼一律还俗，寺院经济被摧毁，由寺院主持的"悲田养病坊"无法展开活动，一度瘫痪。于是，济贫的责任由宗教团体转移到政府身上。唐朝兴起的悲田院到北宋时仍在延续，名为"福田院"，此时"福田院"则完全由政府主持，以官廪向乞丐发放钱粮。在开封设居养院，收容鳏寡孤独者。宋代首创安济坊，收养贫病人员，给予治疗。又设慈幼局，用常平息钱收养弃婴。对因贫不能够埋葬的或无主死尸，北宋政府下令设立漏泽园，给官地，令僧侣安葬他们。以上内容均来自蔡勤禹：《国家、社会与弱势群体》，南京大学博士学位论文，2001 年。

善士以宗教信仰为出发点而设立的各种院、堂、会、厂（养老院、普济堂、同善堂、育婴堂、慈善会、施粥厂）等，私人救济模式在民间以各种私立机关的形式普遍发展着。

近代社会保障制度诞生之时，救济与抚恤成为社会弱势群体获得帮助的一种方式。无论是从国家层面还是社会层面，也无论是从法律制度层面还是道德宗教层面，国家或者社会应给予社会弱势群体，或因灾害、战争以及其他原因导致无法维持最低生活水平的社会成员以关注及救恤。至1928年南京国民政府，政权趋于稳定，内政部公布管理各地私立慈善机关规则，于是救恤事业渐入正轨。以后凡被灾各省均按制度要求设省赈务会，县设赈分会，由当地政府党部及民众团体代表组成之。①

新县制推行后，制度更是进一步健全。1943年9月，国民政府公布《社会救济法》，该法分为救济范围、救济设施、救济方法及救济经费四章。规定救济项目有安老、育婴、残废教养、流民习艺、医药救济、家庭补助、贷款、职业介绍，以及天灾急赈各种业务。各省市县普设救济院，救济经费得列入中央及地方预算。所救济者包括老幼因生命的过程中或职业遭遇厄运或危险者，疾病或贫穷者，以及因我国抗战受灾或受难者。对于上述不幸分子，政府拟定救济办法，责成各级政府负责施行。在中央为社会部，在各省政府为社会处，至于县市政府对于救济亦各有专责。甚至乡镇公所亦应各视其人力财力为普遍而适当的救济。至于救济的经费由各级组织机关自行筹拨，此种救济虽由政府主办，但私人团体及经济充裕的个人，亦鼓励其努力于救济事业。四川省在实施新县制之后所公布的《四川省实施县各级组织纲要三年计划大纲》中的第二期工作要项中，在关于养的方面就明确指出，"整理恢复及筹设收养孤老残废等慈善机关及事业"②。

---

① 笔者注：后文中所出现之振务、赈务、赈济等"振"与"赈"二字之写法，均基于档案中原样呈现，有可能属于档案中所留存之错别字，但含义均为"赈济"之意。

② 四川省档案馆藏：《四川省实施县各级组织纲要三年计划大纲》，044-02-3625。

　　从救恤制度的建立可见，救恤虽是国家制定的制度，仍希望能够以有能力的私人及团体参与到救济事业之中来。不仅是宏观的制度制定上的体现，即使是在基层的区域社会中也能体现到对本地有能力进行救济的士绅的需求。比如 1944 年四川省荣县制定了《荣县募集救济基金委员会募捐办法》①，该办法规定了成立募集办事机构及负责人，募集基金是首要工作。同时，荣县组织了募集救济基金委员会，设主任 1 人，由县长兼任；副主任 2 人，由党部书记长和参议会议长兼任，委员 6 人，由机关法团首长或公正士绅充任。这一基层救济机构的成立及组成人员中，可以看到虽由国家公务人员牵头，但占比多数的人员仍然为当地的机法团体及士绅。

　　在因各种情势而出现的需要得到救济或者抚恤的群体面前，如何建立赈济、抚恤及救济的方式，何种主体参与其中，如何达到或者未曾达到的结果，这些种种问题都将会带给我们更深的思考。中国传统社会多以守望相助为基本原则展开救恤活动。这是不需要国家制度涉入，在乡邻之间自发形成的有规约或无成文的默契与习惯。清末以降直至民国稳定之后的社会大变革，现代社会保障理念下的制度安排与实际的传统乡土社会秩序之间是顺利融合，还是冲突碰撞？如何在灾难及战争面前，在基层社会突显出国家的强势权力，又不忘在政府力所不能及之处利用社会力量予以补充及调整，这些问题都将是本章需要思考的问题。

二、民间社会救恤团体

　　国家的救济院与地方的慈善团体互相联动，共同推定了社会救济事业的发展。如果说救济院的救济制度及设施是建立在国家制度体系之内的，那么地方的慈善救济团体，则是根植于传统基层社会由来已久的，只是因外界环境变迁之时，在制度转型时期的社会冲击之下重生而成。国家与地

---

　　①　四川省档案馆藏：《荣县募集救济基金委员会募捐办法》，186—3278。

方的相互联动，构成了现代国家的救济制度体系。据民国社会部有案之全国社会救济机关及慈善团体数统计，四川总计有 258 个，其中红十字会有 14 个，红卍字会有 1 个，宗教组织有 4 个，而团体或私人组织共计有 239 个。[①] 透过对民国时期的慈善组织的分析会发现，"这一时期正是现代化民间慈善救济团体的成立、发展、成熟的时期。中国民间慈善团体真正实现了多元化发展模式，完全民办、半民间半官方，全国范围、全省范围、市县范围，业缘、地缘、血缘，世俗、宗教等等，各种各样、大大小小的慈善组织纷纷建立起来，其遍及城乡的救济组织网络为战争频仍、自然灾害多发的民国社会的稳定和发展提供了生活、生产等物质、技术保障"[②]。即使在位于内陆四川省境内的县域社会范围内亦有不少社会慈善组织，下文即以荣县为例选择几个具有代表性的团体予以描述。

（一）佛教居士林

荣县佛教居士林由信仰佛教同志组织之，自刊木质方形图记一颗，文曰荣县佛教居士林，定有章程为《荣县佛教居士林简章》[③]，其地址暂设荣县东郊弥陀院。该组织主要以研究佛教真理，宏扬净业，增进社会道德为宗旨。

在人员设置方面，该组织设林长 1 人、副林长 2 人，综理本林事务，执行一切议决案。暂置总务股（筹划本林进行及交际、招待、保管图书器具事项）、弘化股（关于弘扬计划及林员修持上殿威仪纠查事项）、文书股（综理往来信件及撰拟编纂宣传记录报告事项）、会计股（经管出纳银钱及簿据账目造册报销榜示事项）4 股，每股设正副主任各 1 人，干事 2 人或 4 人。林长、副林长及各股主任均由林员分别票选以得票最多者当选任期。两年均得连选连任，概系名誉职，唯各股干事由各主任遴选之。本林

---

① 张益刚：《民国社会救济法律制度研究》，华东政法大学博士学位论文，2007 年。

② 张益刚：《民国社会救济法律制度研究》，华东政法大学博士学位论文，2007 年。

③ 荣县档案馆藏：《四川省政府、第二区行政公署、荣县政府等关于成立慈善团体的训令、办法、函、职员表、调查表》，001-02-104。

职员有故意旷废职务或于职务上营私舞弊者，经林务会议议决，得令其辞退。本林雇事务员 1 人，林役 1 人，常川驻守，受本林职员指挥，按月由本林酌给薪饷，事繁时得酌量添雇之。

该组织会议及权力机关分为林员大会与林务会议两项。林员大会为本林最高机关，每年一次，议决本林重要事件及改选本林职员，必要时经林员 20 人以上之请求，亦得临时召集之。林务会议由本林职员组织之，议决本林通常事件，每月至少开会一次，开会时以林长为主席，林长有事故不得到会时，由副林长代理之。本林各会处主任均得参加会议，正主任有事，故不能到会时，由副主任代理之。

至于该组织之经费问题，其来源主要为：入林基金由林员随喜捐助、林员之特捐、指定用途之特捐、非林员之乐捐。经费均系本林林员捐助，永远为本林基金，除本林林员大会议决开支外，不得随意动用。

该林之下暂设佛学社、佛经流通处、书报公阅处、演讲会、念佛会、放生会、赈济会、临终助念团，各设正副主任一人，其选举方法及任期与各股之主任同其他应办事业随力举行。而其救济职能在其进行佛教研究之外，亦有赈济等职能。该组织更多地是借助于民间传统社会对佛教信仰的内在需求，而组成并发扬其救济职能。因其根植于传统社会的土壤之中，且其组织制度较为规范，属于民间组织中影响较为广泛的慈善组织。

（二）基督教会组织

教会组织在荣县的活动，据荣县文史资料记载，最早可以追溯到光绪二十九年（1903）加拿大牧师王雨春进入荣县起。[①] 基督教会组织在川内的 140 余县中选择了 10 个县作为 10 个链环区，荣县即为其中之一（余九个分别为成都、彭县、仁寿、乐山、自贡、泸州、重庆、涪陵、忠州）。

---

① 林树森：《基督教在荣县》，中国人民政治协商会议四川省荣县委员会文史资料委员会编：《荣县文史资料选辑》第一辑，1995 年，第 41 页。

其中在荣县内的华英幼稚园、华英中学均为教会背景的学校。荣县教会的繁荣时期，集中在 1916 年至 1932 年，成都先后派了更多的传教士到荣县来，比如石玉光、石玉德（均为加拿大人），钟明牧师夫妇（加拿大人，管男学堂），任曙光（加拿大人，管女布道），赫玉光（管女学堂和幼稚园）等，因此基督教的大规模传教布道活动由县城到乡镇逐渐蔓延起来。教会在荣县的活动机构主要为教堂、医院、学校、避暑山庄等。据文史资料记载，基督教在荣县的鼎盛时期，福音堂不下十个之多（有些乡镇未设福音堂，而由布道员巡回组织活动未计在内），仅在县城就有三个。①

荣县教会医院，建成于 1914 年。开始称为"福音医院"，1918 年"英美会"易名为"美道会"，始更名为"仁济医院"。首任院长为加拿大人康德昭（1912 年来荣）。地址在县城北门清富山，与礼拜堂毗连。1918 年，康德昭回国休假，由加拿大人饶守仁继任。1921 年，饶离职，白流井派来眼科医生代理院长，因代理院长不熟悉中国话，对职员、病人生硬粗暴，不久便被轰走。此后院长由中国人刘月亭担任，直至 1934 年刘去职，由女护士马某经管财政、行政，张光伦（私立华西协和大学的中国医生）主业务。1935 年，华人医生罗文杰任院长，1938 年又增华人医生曾汝宜管业务。1940 年，成都协和医院派何美贞（女，加拿大人）护士到荣县主管医院经济、行政，由徐锦生任院长专管义务。到 1948 年，何调走后，医院一概事务由许锦生负责，到 1949 年荣县解放。②

荣县的教会学校是在礼拜堂建成后陆续开办的。经过几十年的演变，俨然成为荣县一个独立的教育系统。如"华英小学"，男、女各一所，创建于民国元年（1912），地点在礼拜堂侧面，由王雨春兼男小校长，赫玉光（加拿大人）任女小校长。1917 年，王雨春回国后，由石玉光接任。

---

① 林树森：《基督教在荣县》，中国人民政治协商会议四川省荣县委员会文史资料委员会编：《荣县文史资料选辑》第一辑，1995 年，第 45 页。

② 林树森：《基督教在荣县》，中国人民政治协商会议四川省荣县委员会文史资料委员会编：《荣县文史资料选辑》第一辑，1995 年，第 48 页。

赫玉光回国后，穆志贞接任。"华英两等（高、初）男小学"创办于 1916 年，地址在城北新建校舍；"华英两等（高、初）女小学"创办于 1918 年。1920 年，华男两等小学附设初中进修班；1922 年，华女两等小学亦附设初中进修班。1922 年，教会新设幼稚园一所，同年在城东福音堂新办华英初小一所，约在 1928 年至 1930 年间，又先后在双石桥、张家场、李子桥等有福音堂的场镇办起了男女华英初小。这样，具有相当规模的教会教育系统遍及荣县所有地方。

颇有意思的是，本以为教会所设学校、医院为民间组织与官方无关之时，却在荣县档案之中发现荣县上报的四川省第二行政督察区辖县各级公务人员调查表之中，截取出与教会相关的下表所列四所学校。这几所教会学校与荣县县政府、荣县征收局、荣县营业稽征所、荣县县党部、荣县财委会、荣县国民兵团、荣县救济院等机关人员作为县各级公务人员在调查表中一并上报。由此看来，当时荣县的县各级公务人员之中，教会学校的校长同样也是被视为基层公务人员。

荣县各级公务人员调查表（部分）

机关名称	职别	姓名	别号	年龄	籍贯	履历
私立华英男初中校	校长	杨富贤	士彦	40	荣县	华西大学毕业
私立华英女初中校	校长	陈静肃		25	雅安	华西大学毕业
私立存仁初中校	校长	叶芝	仙蒂	49	荣县	四川法政毕业
私立荣东初中校	校长	蓝其昌	显谟	46	荣县	外国语专门毕业

资料来源：荣县档案，001-02-649。

（三）济生会

荣县济生会相较于其他民间组织具有一定的特殊性，首先在于其救济对象的特殊，该组织专门针对月妇女婴的救济而设，订有章程《济生会章程》（附件5-1）①。起因缘于"近来连年干旱，中日战争，兼之兵役流离，百物昂贵，以致弱小贫妇，难以谋生"，"于是溺女打胎，慈变为忍，抑或抛弃道路，骨月离分"。其本着"一胎一女可成万物之灵，不谐忽生忽灭竟作含冤之鬼"的仁心，创办此济生会。实际上，济生会在川省的历史可追溯到前清光绪末年，川东荣昌县，李君，名铭三，开办育婴会以济贫妇而救婴孩。其形式以"以倡约同人，皆愿自行乐捐，设一当铺，名曰济生当"。"本会遵民生主义，以补政教之不及，凡有贫产难育者，不论月妇婴儿皆可得领当物之息金，以延生活，应名其会曰济生会。"且刊刻木质方章一颗，文曰"荣县济生会当铺印"，呈请荣县县政府立案，批示指令祗遵，从当物开幕之日实行。

该会的具体组织方式，首先由荣县县政府批准后，通知全体人员开第一次茶话会。并捐基金，设立机构。选举家庭较为殷实的两人分别任济生会主任和任济生会兼理，共同管理该会基金。主任与兼理，限定一年一换，由主任前一月函知同人等，每年二月初六日，开常年会一次，当场票选2人，若需要留充前任，亦宜开会或留充，或另选，由票定之。不过票定以后，仍需众人盖章后呈请荣县县政府核准，方为有效。可见，政府对该会领导人员的认可具有绝对意义。同时，该会章程中对主任与兼理的人选仅针对会员，而不准会外任何军政机关"滥充"。主任与兼理，可聘请管事1人，专管当物及监察进出数目；另聘会计1人，专司账簿文件。对于管事与会计，"均要请保负责，由主任兼理许可后，每年有议定薪赀多寡，开会时，当众宣布批簿为据，其火食出包，以便每月报销，至于当铺房租，亦宜预定"。同时，开设当铺，取息济生之责。各人员均为义务，并无薪水，若有发现欺吞款项，则主任与兼理，将同负赔偿之责。开会时，规定参会人数过半，方为有效。

---

① 荣县档案馆藏：《四川省政府、第二区行政公署、荣县政府等关于难民救济、禁毒、募捐、宗教哥老会清查、监视、已送、军纪整顿的训令、指令、函》，001-02-411。

　　该会成立后，不论何省何县人民，如自愿参加乐捐者，即由入会之年，仍照章程中规定的"姓名、性别、祖籍、现住省名县名乡名保数甲数地名、职业、乐捐、缴款日期"，填列在本会流年册簿上。对于自愿捐助的款项规定是："凡属自愿乐捐者，呈请荣县政府批准后，其款永不准扯回（撤回），以及挪作别用，开设本当内所有会金头息，均请县政府出示保护，无论军政营业，概不抽息纳税，亦不得估借估拨，勒提此款。"

　　其方式主要以当物而施济。其以济急扶危为目的而开设的当铺，因此规定"当价至多不得超过三十元"，因此稍有一些办法的家庭，应当不会当贱价之物。若有"来铺估当，籍事生非，呈请县府制止"。当物的基本规则是："本铺当物，量时估价，自承当之日起，至赎取之日止，以六个月对期为限，每月取息贰分，如过期未取，即将当物另卖，因六个月，四季已占其二，贫户全年之山粮，已收其半可以变卖而取其物也。"为示监督，"本会逢双日，当期每日由会计记一出入总数，每月底又记一总数，复由主任同兼理人，澈查核算，请示报销"。其具体的施济方式为："凡在荣县编入保甲册内极贫之孕妇，自临盆之日起至 40 日止，准经当地保甲，具领盖戳，持交本当主任，量款拨给。如有业可抵，抑或有钱放借，并非极贫而图财妄领者，查确，报请政府处，以该保甲同负赔偿之责。若极贫所产之婴儿满了三月，亦由当地保甲盖戳具领，产母同婴儿，务到本铺，将婴儿乳名注册，填给生庚年月日时，照像（相）两张，亦照生庚年月日时箕斗，写于像片上，以一张存本铺，以一张发给婴儿之母，依像领款，以杜诈取之弊，体变另照，以便考察发展如何。一岁至三岁，每月十五日，发给婴儿扶养之费，量款支给三岁满后，即行停止，其照像费由本会支给。"可见，其考虑得相当周全，既能救济到确实需要帮助之人，又能防止图财妄领之人。

　　除救济扶助外，其还负有培养与指导之责。对于已满 6 岁受其资助之幼儿，启蒙其教育，并至 7 岁时，通过比赛予以考核奖励。"凡领济生会之婴儿，已满 6 岁时，即嘱其以七端八目之字音与意义，再教以国民公约之顺其儿童力量，而教以字母之多寡，务求字音明解为度，一年毕业，至次年，婴儿已经 7 岁，到了二趁开会票选主任与兼理的日期，即于是日来会比赛，分为甲乙丙三等，每等考列一二三名者，每名额奖量款支给，三名以后者，无奖，但比赛前十日内，各持像（相）片，来会报到。"而对于 7 岁以后，经比赛后的儿童，根据其学业、智识、性情及家庭贫穷之程度，"指以相当之学校而学之"，但"若家长另选职业者听便"。同时，在七岁之前夭殇者，"亦必来铺销册，注明死亡年月，发给抚恤，量款支给，若遇残废代请荣县县政府核夺"。

从该组织章程规定来看，该组织虽为民间慈善组织，但其中多项规定均须遵县政府的核夺或批准。可见，民间慈善组织章程由传统社会的默认规则已转变为纸面上详细的各项规定，社会救济事业日趋进入现代化。除了民间自行成立的救济组织外，尚有一个由县政机关直接办理的组织，即救济院。新县制时期关于救济院所颁布的法规有政府所颁的统一制度，也有各地方救济院所自行制定的规则。

三、官方救济院的实践

国民政府时期颁布的《社会救济法》使国家的立法精神转向社会本位与人格本位，将传统社会以来从未系统整理过的社会救济活动进一步转变为救济行政事业，制度化的条文使得大多靠道德性质规制的救济事业逐渐转变为法定的国家义务。在《社会救济法》所涉的五章五十三条法条中，各项规定既包括救济对象，又涉及救济设施，包括安老所、育婴所、育幼所、残废教养所、习艺所、妇女教养所、助产所、施医所等组织。关于救济行政组织，自中央以至地方，皆有明确规定，尤注重县市乡镇的推行；职责分明，设施普遍，使救济行政，从此进入有计划有系统的渠道。这一重要机构当属各基层社会所设救济院。

社会部对救济院统计的公布，多有集中于城市之嫌。如云南的慈善团体，多集中于昆明市一处，其他各县，至为贫乏。四川省情形较佳，乡镇亦有慈善会等设立。据社会部有案的全国社会救济机关及慈善团体数，至1945年年底，四川共计有255所，其中综合救济院有140所、育婴所3所、育幼所37所、贫闲习艺所15所、施医所18所，以及其他以救济为目的之设施。① 虽然，公立救济院所限于国家财力不能在乡村普遍创设，然每一县设立救济院的业务，不应限于县治所在，而实当以笼罩全县为宜。社会救济为社会行政的主要部门，其设施体制，自应以整个社会行政制度为归依，中央负研究、设计、实验、示范及督导审核之责。省级机构，主在推广及辅导工作，训练中级人才。县为社会救济实施之单元，其重要性在于应以每县能有一完善的救济院为理想，针对当地需要举办各种救济设施，宣扬社会救济的意义与功效。如四川南部及三台县救济院，均因军队驻扎，业务停顿；四川古宋县救济院，因县政府改设田赋粮食管理处，遂至停办。究其原因，均以救济院为一次要机构，乃加轻视。② 下面即以荣县救济院的情况作一样本进行分析。

（一）设立

救济院设立所依据的制度基础来自于国家制度与地方制度，比如国民政府颁布的《社会救济法》《救济院规程》《各地方救济院规则》《救济院基金管理办法》《救济院基金管理委员会组织规程》与四川省政府颁布的《四川省各县市局整理救济院所办法》《四川省各县市局救济院所钤记刊发规则》等法律法规建立，是政府进行社会救济工作的具体执行办理机构，其内部组织、人员编制与任用、经费管理、业务运行等都有法可依，有规范可循。救济院制定有组织规程与办事细则、出入所办法、请假规则、习艺规则、童婴领养办法、儿童学习就业辅导办法、贷款章程等规则制度，以

---

① 国民政府社会部编印：《社会福利统计》，1945年。

② 魏德良：《社会救济设施问题商榷》，《社会工作通讯》1947年第4卷第7期。

有条不紊地办理业务。荣县救济院的设立为 1935 年刘湘统一川政后，积极整顿政权行使，改善法制规章，以期事有专管，责有攸归，因此其将原来的孤儿院、济贫所、栖流所合并，新成立了救济院，并按年由地方财政在公学产田租收入内拨黄谷 800 老石（每石折大米 225 市斤），供给该院增收孤老膳食之用，其余经费由该院以工业养院，自给自足。[①] 其第一届院长由丁硕章担任，之后又更迭过几任院长。

救济院的宗旨为"老有所依、幼有所托、生有所养、死有所葬"，但实际据 1938 年 7 月 1 日起至 1939 年 6 月 30 日止一年期间的统计数据，"本院前届移交收容人数 380 余名，自二十七年七月（1938.7）接办后，老弱残废儿童，迭有增加，计老男 43 名，老妇 37 名，残废 30 名，婴孩 30 名，孤儿 420 名，难民儿童 20 名，计共 580 名，二十七年度后半期，因抗战关系，出征军人家属贫苦无依者多，其子女由各区联保纷送来院，近今增收至总数 655 名"[②]，而被收容人员的生活状况，"本院之衰残老幼在二十七年度上期因连年旱荒影响，窘于经费不敷之故，以致每日饭盒仅稀粥杂粮两餐，尚且不能裹腹"。因此，救济院未满足温饱，沿街尚有乞讨者，足未尽到救济之能事，主要原因在于靠政府所拨给常年有限黄谷，出入差距悬殊，不能自救，虽欲改进，财力不足。因此，如因循守旧，亦非良策。明智的办法，则采取另筹资金，开展投资少收效快，产销适应的工艺范畴，逐步扩展，走向半机械阶段，始能增加收益，丰富支付。这一改进的效果，从荣县救济院工作概况报告书中亦有反映："乃从事发展营业，推广部门，努力生产，渐次改为白饭两餐稀粥一餐，自二十八年一月一日（1939.1.1）起，将每日口食，完全改为白饭三餐，蔬菜两肴，并于工读作息之余，加以唱游及讲故事等，以陶冶其性情。"[③]

---

① 伍正魁、沈克明：《荣县慈善机构创建工业见闻录》，中国人民政治协商会议四川省荣县委员会文史资料委员会编：《荣县文史资料选辑》第十三辑，1995 年，第 74 页。

② 荣县档案馆藏：《荣县救济院工作概况的报告》，001-02-277。

③ 荣县档案馆藏：《荣县救济院工作概况的报告》，001-02-277。

（二）人员

荣县救济院的人员设置因其开展工业前后，颇有不同，在开展工业之前的救济院的人员设置大致与传统救济院相差无几，在未开展工业之前，行政编制管理人员设置、待遇及权责划分如下表。

荣县救济院职员一览表（未开展工业前）

部别	职别	姓名	职掌
	院长	丁硕章	总揽全院事务
	副院长	漆希文	协助院长处理有关事项
会计室	主办会计	夏朝宗	编制财经计划审核凭证
	助理会计	杨汉文	记账（旧式）编制报表
文牍室	秘书	雷洞之	承办文件兼缮石印刻版
管理部	主任	赵玉英	负责老年生活照料少年体操
	管理员	龚善祥	协助主任完成任务
	管理员	丁尚文	担任文化教育等
事务室	主任	阳仙囿	现金收付保管物资
	事务员	李仕洁	院内外勤杂事务
营业部	主任	吕湘琪	销售自制产品并经销重庆三峡布厂产品
石印部	主任	王修成	负责承印有关安排指挥业务
缝纫	技师	董海成	对来料加工裁减缝制教授学员

说明：1. 院长只支给车马费，相当于出差乘车及补助。

　　　2. 其余人员待遇是最低薪给制，金额不详，在本院自有资金项下支付。

　　　3. 对于孤儿从事学艺及其老、中、青、少参与劳动者视其产生效益，按劳酌给津贴，以资鼓励。

资料来源：荣县档案，001-02-277。

由于县地方财力的捉襟见肘，教育经费都不能按月划拨，救济院的基本建设也无力照顾，因此，救济院多以另行的方式筹募资金，包括向县中巨富张子鑑先生商谈救济院创建工业基金、设置工艺部门、孤儿青少年参加学艺、年老但无病痛的人员参加劳动获取报酬等方式。开展工业化自救的救济院之后的人员设置则出现了一些变化，以荣县救济院工作概况报告书中对开展工业后的现任人员设置详细情况如下表。

荣县救济院职员一览表（开展工业后）

职别	姓名	性别	年龄	籍贯	资历	备考
院长	宋如邵	男	31	荣县	荣县旧制中学毕业，曾任西康转运局财务主任，丹巴县政府总务科长等职	
副院长	漆希文	男	44	同	成都济川公学政治科毕业，曾任团总队长、警佐、团务局长等职	
指导员	李佐钦	男	50	同	私塾三年，曾任荣县坿东乡联保办公处评理员	义务职
	张义兴	男	34	同	小学毕业，曾任城区一联保长	义务职
会计主任	杨腾蛟	男	30	同	小学毕业，曾任丹巴县政府财务科长，荣县征收局股员、江津县政府科员等职	
庶务	龚清贵	男	19	同	荣县初级中学毕业，曾任小学教员	
文牍	曹柏林	男	36	同	成都四川法政学校修业，曾任联保书记、小学教师等职	
书记	王仲乔	男	46	同	初级中学毕业，曾任一五〇师工兵营书记	
事务主任	彭仲元	男	22	同	初级中学毕业，曾任一五〇师工兵营书记	
办事员	彭守身	男	38	同	荣县县立小学毕业	
	刘鸿章	男	24	同	华英小学毕业，曾任户籍员	
	黄熙华	男	36	同	荣县县立小学毕业	
管理主任	朱子文	男	27	同	荣县初级中学修业，曾任荣县社训分队长	
煤矿管理主任	钟文恺	男	34	同	荣县旧制中学毕业，曾任二十军上尉服务员	
管理副主任	曾笃周	男	29	同	资中干训班毕业，曾任荣县社训分队长	
管理员	江恺思	男	21	内江	沱江初级中学毕业，曾任小学教员	
	曹良树	男	27	荣县	资中干训班毕业，曾任荣县社训分队坿	

续表

职别	姓名	性别	年龄	籍贯	资历	备考
	曹迪初	男	40	同	小学毕业，曾任重庆伙食公司管理员	
	朱雨休	男	22	同	荣县初级中学毕业，曾任本县营业税稽征所所员	
	陈鸣珂	男	22	同	私塾五年，曾任五通桥盐务稽核所办事员	
印刷科主任	王修成	男	36	同	荣县县立小学，曾任成都福民公司石印科主任	
袜机科主任	缪彦知	男	26	同	荣县华英中学毕业，曾任四川行政第二区官硝处委员	
排字科技师	余世聪	男	38	成都	私塾五年，曾任成都乾记印刷公司排字科主任	
刊刻科技师	余世礼	男	22	同	私塾三年，曾任成都协成公司刊刻技师	
机器房技师	王念模	男	29	荣县	高小毕业，曾任成都福民公司机器科技师	
装订房技师	罗佑文	男	28	富顺	私塾三年，曾任民新公司印刷壮丁技师	
缝纫科技师	董海澄	男	25	荣县	私塾三年，曾任本院缝纫技师四年	
制帽科技师	戴荣森	男	34	同	二十四军八旅教导队毕业，曾任荣森帽庄经理	
机织科技师	黄焯光	男	34	同	私塾三年，曾任本院机织科技师四年	
司号科技师	伍汉周	男	49	同	私塾三年，曾任第八师二十九团二营号目	
煤矿助理员	童吉春	男	32	同	经商十余年	
	张培钦	男	38	同	经营煤矿十年	
	吴伯和	男	35	同	经商十余年	
	周明初	男	20	同	小学毕业	
煤矿运输队长	谢光照	男	34	同	经商数年	
煤矿工程师	龙正海	男	57	同	经营煤矿四十年	
煤矿领导员	宋玉廷	男	52	同	经营煤矿三十年	
煤矿技师	钟贵川	男	42	同	经营煤矿三十年	

资料来源：荣县档案，001-02-277。

从上述两张表的对比可以看出救济院开始开展工业前后在人员方面的变化，西方救济思想中自给自足、教大于养的精神逐渐进入到中国地方救济事业中。救济院自身开展工业自救自养，教化救济人员自己参加劳动，既是一种物质救济，也是一种精神救济，更是一种能力扶助。

其一，人数的增加。开展工业之前总人员仅 13 人，除了救济院的固有行政人员外，可以说能涉及工业的部门及人员仅营业部（销售资质产品并经销重庆三峡布厂产品）、石印部（负责承印有关安排指挥业务）及缝纫（对来料加工裁减缝制、教授学员）共 3 人。而在开展工业之后，救济院的总人员增加至 38 人，除固有行政人员外，增加的涉及工业的部门及人员包括印刷科、袜机科、排字科、刊刻科、机器房、装订房、缝纫科、制帽科、机织科、司号科、煤矿助理、运输等相关部门及人员 25 人。

其二，性别的变化。在第二张表中所见的救济院人员均为男性，这与以往所认识的救济事业多由女性作为工作人员的初步印象有所不同。大概也是因为工业开展以后，对强劳动力需求的增大导致男性工作人员需求增加。也或许是荣县救济院因开采煤矿修筑道路等工作，比如因荣县北天堂寺一带，煤藏较为丰富："爰就财委会管领天堂寺公产业内，开凿煤矿两处，将训练之游民采煤运输劳工队，前往开采，目前每日可出煤 1 万余公斤，因到天堂寺之路崎岖小径，运输困难，以致所出煤矿不能畅销，乃于本年五月八日，在县府召集春季行政会议时，提议修筑道路，向财委会无息贷款 2000 元，俟将来在煤矿所获赢余项下归还，当经决议通过，该路现正赶筑中。"[1] 这些工作的开展及管理使得荣县救济院不同于某些救济院多以女性管理，所从事之事业多为纺织类工作相关。这也是因各地资源不同，因而就地取材，既宏救济，也解经费之困。

其三，年龄年轻化，从第二张救济院的人员情况表中，可统计出救济院人员的平均年龄为 33 岁。由此可以看出，救济事业不仅是一个坐等施

---

[1]　荣县档案馆藏：《荣县救济院工作概况的报告》，001-02-277。

舍的工作，还是积极主动的工作，寻求与创造就业机会之处。尤其对于院内的孤儿青少年学得一技之长、解决青年人的谋生、为其安顿处所与工作有不可言说之利。

（三）经费

救济院的经费来源一般有两项：一是救济院基金的利息，二是临时捐款。救济院基金由各地方收入内酌量补助或设法筹募，该项经费应分别列入省预算及县地方预算，作为固定款不得挪减。据 1938 年 7 月 1 日起至 1939 年 6 月 30 日止一年期间的统计数据，荣县救济院的常年经费，分救恤与薪公两项："每月由县地方财委会拨款 1007 元，惟按救恤费所列贫民口食一项（即包括全院衰老残废孤儿婴孩）呈准预算仅只三百名口食，以现有收容人数比较，实以超过预算半数之多，不敷经费，即在各种营业盈余项下挹注。"① 为要解决超出预算半数之经费问题，即适合地方一切需要，增设事业部门，因机器不易购置，纯以小手工业为主，除一部分衰老残废婴孩不能习艺外，其余则考查儿童身心强弱智愚甄别，使各习一艺而资自立。因此该院除原有事业各科不计外，年来因收容人数超过预算半数以上，限于经费不敷问题，并先后添设卷烟科、袜机科、制帽科、司号科、草织科、藤织科、篾织科、碾米科、纺绩科及儿童运输队等，皆设备完竣，用增生产而利救济儿童。

增设各工业科之后的救济院营业如何？"经一番出品的改善，人事的调整，所出售各种货品，深得各界人士赞许，计自 1938 年 7 至 12 月结算，铅石印科赢余 1300 余元，机织科赢余 700 余元，缝纫科赢余 300 余元，布匹售货处赢余 200 余元，袜机科赢余 100 余元，卷烟科赢余 100 余元，牛角科、草织科、藤织科、纺绩科、碾米科共赢余 200 余元，总共赢余 3200 余元（即以此项赢余挹注不敷经费，暨增加营业资本之

---

① 荣县档案馆藏：《荣县救济院工作概况的报告》，001-02-277。

用)。"① 可见，荣县救济院在开展工业自救以来，不仅使被救济对象能参与到劳动生产，解除其技艺及精神困顿，扶助其重生之外，还大大地减轻了经费的紧张局面。

(四) 困难及计划

救济院自 1935 年成立，至 1939 年运行四年以来，经历了新县制前后，已逐渐凸显其现存的困难："本县幅员辽阔，人口有 60 万之众，慈善救济机关惟本院一所。朔自二十五年吾川不幸，各地旱荒，但本院呈准衰残老幼婴孩预算口食为 300 名，而每名每月又仅给最低口食费洋二元零六仙，无论若何努力生产，亦属杯水车薪，于事无济。从二十八年一月一日起，日常生活虽稍加改善，而每届严寒，缝制棉衣不易，衰残老幼，难免冻冷，春夏所着土布单衣，仅只两件，尤法脱换洗浆，此固本院经费不敷之困难情形，确属衰残孤儿目前之生活实况，尚冀各界热心慈善人士，大力助援。"由此看来，经费困难是主要问题。

从全国范围的救济院看，问题不仅仅是经费困难。"各地方救济事业，由于中央与省市之竭力倡导，渐呈蓬勃现象，如四川贵州河南等省，均订有增扩县市救济设施办法，期于三年之内，完成一县一院目的，其他各省亦在积极扩展，年有进步。统计各种公私救济设施及慈善团体院内收容人数，截至 1944 年 6 月底止计共 458147 人，院外救济人数共 17984208 人。检讨实施情形，数字上多增加，但据视察报告，内容尚欠充实，原因有五：（1）物价飞涨，预算所列经费，不敷实际需要。（2）缺乏曾受专业训练之干部，而地方优秀青年，亦多目救济事业为消极工作，不愿献身服务。（3）院内救济与院外救济，未能配合环境需要，善为运用。（4）对于受救济人教养工作，未能采取新精神新方法，以扶助其重生。（5）各地救济设施与当地有关机关团体，缺乏密切之联系，

---

① 荣县档案馆藏：《荣县救济院工作概况的报告》，001-02-277。

未收通力合作之实效。"①

在荣县救济院对今后的计划报告书中，除了完成 1938 年的规划外，对 1939 年拟发展救济事项的计划为："1. 扩充收容游民习艺：本院前此开办之游民习艺所，训练采煤运输劳工队 75 名，业经实地工作，成绩颇佳，值兹抗战转入最严重阶段，关于后方人力物力需要尤为迫切，拟将全县游民乞丐分期收容，施以采煤运输劳工等训练，从事尽量开采各处煤矿，增加地方生产，藉供战时燃料，其收容办法与所需经费，刻正计划中。2. 添设常年小学：本院所有幼童幼女孤儿共有 420 名，皆因贫苦无依，不能维持最低生活，始送来本院请予救济，然有养无教，殊为慨叹，本院虽曾亟谋补救，聘请教师教读，无如书籍学科设备等项，多不完善，收效极小，故拟于下年度实行半公半读制，爰就本院地点成立常年小学一所，遵照小学规程，专聘教师 2 人，负责办理，至所需经费，尚在呈请县府鉴核中。"② 由此可见，新县制推行后的救济院计划的主线是帮助收容的游民提高其技艺能力，同时增加地方生产以供战时所需。同时办理教育，聘请教师为所收养之幼童提供教育。从计划核心看，与新县制所倡导的管教养卫中的教养思想正相契合。救济事业亦成为战时国家事业及基层县制改革中的一部分。

从各民间慈善救济组织与救济院的分析中可看出，新县制推行下，恰逢抗战救国灾荒时期，就救济组织而言，包括三种类型：一是由县政机关直接办理的，比如救济院等；二是由县政府监督办理的，比如各种公立或私人的施医、施粥等院、堂、会、厂；三是县政机关予以辅助的，包括有中央及省在地方上所举办之较大规模的救恤事业，比如救恤难民、优恤抗属、贷款、赈荒赈灾等。从这三种不同的救济情形在实践中所反映出的情况，救恤问题大概算是新县制实施以来最不容易被重视之处。在一般的县

---

① 张翼鸿：《社会救济法实施成效之检讨》，《社会工作通讯》1945 年第 2 卷第 3 期。

② 荣县档案馆藏：《荣县救济院工作概况的报告》，001-02-277。

政实施中，虽事关民生，但社会救恤事业无疑是最弱的一个环节，无论是它主管的机关，还是其所负监督辅助任务的机关。首先是县政府直接办理的救济院。救济院的经费紧张，如果按百分比来看也许它还是县预算中最可怜的一笔，其所需经费及所作出的成绩大多依靠当地士绅的救济之资而成。其次是监督运用的任务方面，县政府做的成绩就更少了，对于《慈善团体法》所规定的调查、整理、运用慈善团体注意事项未能施行，大多《地方慈善团体立案办法》均视同具文。各地方对所主管的救济院以及法律上所负的监督慈善团体责任，尚且如此无力兼顾，那么它的第三种，即辅助中央或省救恤事业所能尽的力量，也就可想而知了。在这方面县所做的工作也许比前两项较多些，因为中央及省都是上级，在县政工作只限于应付上级的情形下，所有上级赈济机关所需的协助，县各级组织自然不能不尽其能予以满足，但即是如此，这项工作究竟做到什么程度，那也是恐难一概而论的。

第二节　灾荒救济

一、地方救灾制度的建立

据《四川省近 500 年旱涝史料》记载称：1931 年至 1949 年，曾有过几次较严重的水旱灾。1931 年，"淫雨为灾，江水暴涨。低洼处尽或浑国。漂没田房财物，淹死人畜不可数计"，当时已为二等受灾县之一。1933—1934 年的水灾，均是前期干旱，后期突然暴雨，继而转为水灾。1936 年，前期久旱，至"7 月 22 日，大雨连朝，淹毙人畜无数……"之后，又久旱。1937 年，旱自上年延至本年夏。"7 月 25 日至 26 日，山洪暴涨，沿岸房舍稻豆淹没漂流，一望无际……"之后又旱。1945 年 7 月 10 日，特大暴雨，荣县城区一日雨量达 58.8 毫米，为百年一遇洪水，以致"山洪暴涨，江水入城深达丈余，房屋人畜、农田禾稻，冲没殆尽"；"大佛桥、西门桥西端及锁江桥右岸码头被冲毁，南门坝水深 3 至 4 米，街道冲掉一半。朝峨眉山归来路过此地的外地教民（多为老年妇女），夜宿南关，适逢暴雨，死者无数。本地居民，亦死无胜莫，露尸田野，惨不忍睹。1948 年，水灾。"为省统计的三十五县市遭受水灾县之一……"1949 年，"七月大雨，洪水爆发，平地水深丈余。冲毁房屋，人畜无数。淹没田土甚多，实为罕见奇灾"①。

面对如此灾害，维持基层社会秩序及进行灾荒救济对于基层社会秩序稳定显得尤其重要。以荣县为例，比如 1936 年为"丙子"年，1937 年为"丁丑"年，而这两年之间荣县连续遭受特大旱灾，被民间称为"丙子干丁丑"。1936 年 7 月，天大旱，全县未下透雨，旱情一直延续到第二年春夏。因田土龟裂，塘堰干枯。4 月 30 日及 5 月 1 日，始降甘露，所得雨量为 37 公厘，久旱土干，所降雨量，土壤尚未湿润，继之以骄阳肆虐，南风时作，田畴龟裂，农民播种的旱作物大部分枯萎，玉米高粱等无法下种。立夏已过，尚无秧苗栽插，而秧母田的秧苗亦多枯死，入夏，小春大为减产，胡豆、豌豆大片干枯，成片无收。② 春间遇旱犹饥殍载途，几难维系。而今夏之栽插又如是其微，稻谷之收竟已绝望，故一般民众无不惴惴自危。尤其是邻县犍为、宜宾山地之处又劫案频发，一至秋后则旧粮已尽。省府训令荣县："鉴于去冬天旱，今春又未下透雨，小春收获平均不足三成，要求全县普遍修筑塘堰，实行以工代赈，口食由业主负担"，并规定救济春荒贷款办法：一、业主贷与佃户；二、富绅贷与贫农；三、乡镇仓积谷借贷。施行后，灾民得以暂时维持生活。一方面筹募赈款办理急赈。无如稍有资产之户，均已负担筑塘费用及贷款，无力再行募助，故拨

---

① 《水旱灾害简述》，中国人民政治协商会议四川省荣县委员会文史资料委员会编：《荣县文史资料选辑》第十一辑，1995 年，第 7 页。

② 龙达舜：《丙子干丁丑》，中国人民政治协商会议四川省荣县委员会文史资料委员会编：《荣县文史资料选辑》第十二辑，1995 年，第 203—205 页。

有赈款，为数甚微，杯水车薪，无济于事。因而成为纸上空谈，无力抗灾赈灾。[①]

然而面对此类天灾，在救灾制度方面从上而下有不少安排，比如国民政府行政院制定的《勘报灾歉规程》《监放赈款办法》《救荒实施办法》《天旱区域播种稻苗互助办法》等，四川省也制定了相关的《四川省政府查灾放振注意事项》（附件 5-2）以及在 1937 年大旱之际四川省赈务会专门制定的《四川省振（赈）务会暂定二十六年赈灾办法》（附件 5-3），荣县政府也有相关的制度出台，比如《荣县各乡镇公所、农会勘报灾歉特应注意事项》，荣县几个乡联保联合出台的《荣县城厢五联保合办赈灾委员会议决实施办法》等，荣县县辖各区也针对各自情况制定了《荣县第一区饥民管理暂行办法》《荣县第五区救灾办法》等具体的制度。由此看来，灾荒的发生虽然造成了民众疾苦，但制度层面上从上至下的考虑却并没有懈怠与遗漏，甚至基层政权机关相互联动（如荣县城厢五联保合办赈灾委员会）共同抵御灾害的救济办法也层出不穷。从立法技术的角度审视这些制度，虽然县及其下区署制订的制度不具有法律条文所要求的文字严谨及专业性，但越是基层的制度条文，越能读出文字的通俗与易于操作。更重要的是，通过梳理档案中由上而下的各类制度条文，对灾荒发生时的报灾、勘灾、赈济灾民过程中遇到的各种问题及相关组织设置及人员弊端也逐渐显现。

二、灾后救济程序与方案

赈济活动首先始于对灾情的了解与调查，所以报灾与勘灾是赈济活动的基础，直接关系赈济活动的成功与失败。

---

① 龙达舜：《丙子干丁丑》，中国人民政治协商会议四川省荣县委员会文史资料委员会编：《荣县文史资料选辑》第十二辑，1995 年，第 203—205 页。

（一）报灾

所谓报灾，就是灾荒发生后，地方官员具文上报，将辖区灾荒情况逐级上报，直至中央。报灾的基本作用是下情上达，便于中央统一指挥协调，做好救灾的准备工作。既然是上报，对于报灾的基本要求就是时间要求，报灾期限的限制便成为首要重点。

一般而言，乡镇基层地亩被灾，先由乡镇公所同乡镇农会造具灾歉报告表并报县府，会同田赋管理处派员实地复勘电报，同时省府、财政厅、民政厅、省田赋管理处再查酌议赈。根据荣县县政府的规定，"报灾时间应为夏灾限立秋前五，秋灾限立冬前一日为截止日，但临时急变因而成灾者，不在此限"，"旱虫各灾应随时履勘至迟不得逾十日，风雹各灾及其他急灾应立即履勘，至迟不得逾三日。灾歉轻重应以被灾田亩全年收获总计，在中稔以下者为标准量。至收获中稔半数以上者，以不出灾论。乡镇长、乡镇农会干事长勘报灾歉如有呈报不实，或报灾逾限者，依公务员惩戒法处分之"①。

（二）勘灾

勘灾，就是对灾情进行具体的勘察，落实受灾地区的具体方位、面积、人口、程度，要求时间要快，勘察要准确，不能挂一漏万。1934年2月24日，行政院修正后重新公布了《勘报灾歉条例》。1936年8月10日，国民政府行政院又公布了《勘报灾歉规程》。四川省也制定了相应的《四川省政府查灾放赈注意事项》②作为补充，其主要对查赈及放赈两方面进行了规定。尤其对于查赈者，除了要求头脑清晰、体力强

---

① 荣县档案馆藏：《四川省政府、田赋管理处、荣县政府等关于田赋减免办法、查报灾情、散振户的训令、代电、名册》，001-02-426。

② 荣县档案馆藏：《四川省政府、报务会、荣县政府等关于赈灾的训令、办法》，001-02-017。

壮、能耐劳苦而有救灾志愿者为先外，更为了避免出现舞弊情事，特别做了一些规定，比如，查赈员须避本籍，最好能在邻县互相对调为宜，至低限亦必互易其所住之乡镇；查赈员亲询灾民时不能令保甲长等代为说话，以杜蒙蔽。查赈员还有一些自由裁量权，比如"放赈非普通慈善性质，只须稍能生活及有力谋生者均不应给赈"。查赈员在查赈的同时还需要注意宣传，比如"查赈员应择各镇乡赶集之期扩大宣传，1.政府给赈之意义，2.灾民应遵守之秩序，3.保甲之舞弊情形，4.准灾民随时而报舞弊情事"。

（三）放赈

进行勘灾之后就要开始放赈了。对放赈而言，首先需用布告予以公告，《四川省政府查灾放赈注意事项》之中特别提出对于布告"应以最浅显之语体文字为宜，如能分条布告尤妙"，可见官方对民间社会的深刻体察。同时散放地点的选择及安全问题应由县区斟酌，全负全责。散放时应以最敏捷之方式，力求迅速为要，并应督饬各负责人员不可稍事偷闲。散放时间如遇灾民面述请求补赈者，须细心详询，但除有特殊情形外，均不能徇情要求。对于防止在放赈过程中的诸多舞弊情事，《四川省政府查灾放赈注意事项》的考虑主要有以下几方面，一是赈票于灾民领到赈款后，须饬捺手印收回，以资查考；二是孤独残废不能面来领款者，须由其邻近数户公推一人代领（保甲长不可代领），并当众宣布应共同负责，以后发生弊端须连坐；三是散放之前，应抽短时间召集灾民集体讲话，第一使知不能扣捐扣款及暂时索债等，第二使知办事人有公费不须保甲供给，以杜不肖者藉派招待费；四是散放时须饬唱名人，令灾民口诵其全家大小口各若干，亦可借征其口数确实与否。

对于具体的救灾方案，下面以被民间称为"丙子干丁丑"的1936年至1937年那次特大旱灾为例，来看看四川省赈务会暂定1937年赈灾办法的方案。① 其具体方案（事实上，诸多救灾方案归纳来看，主要也是这几种）如下。

（一）平价

主要由受灾县份由县府就赈分会召集机关法团及地方公正士绅，增推派若干人共同经理其事，事竣仍照原有组织办理。另再由地方筹集劝募款项，或挪借地方不急公款，向外购运粮食办理平价，事毕归还原款（如有折耗得以劝募之款弥补）。由县府出面劝谕殷实绅商将存储米粮，除家口足食外，悉数照平价办法陆续售出，不得违令储藏，至地方公有之米粮亦应照此办理，以资调节。同时，严禁奸商买空卖空操纵粮价及国债，居奇偷运高价等事，违者由该管署查明依法严办。赈分会应会同县府遴派廉干人员分赴各乡调查，如有三四两项情事发生，即由县府查酌情形处理，勒令平价出售，派出之员亦不得从中包庇需索及纠众估借、非法封仓等事。每一家口购买米粮数量应视该县人口粮食之多寡平均定出，限度以防多买专卖之弊。

（二）平粜

平粜以救济购买力薄弱之贫民为主旨。照平价办理的受灾县份，由县府就赈分会召集机关法团及地方公正士绅增推派若干人共同经理其事，事竣仍照原有组织办理。各乡应设平粜处所，由县府赈分会调查灾区面积及贫民多寡，而定每处由县府赈分会派廉干人员前往监督办理。购买平粜之贫民责成甲长将该田花户门牌，汇集呈缴该管区长，督同联保主任严加审核后，分别填给三联购粮证，以为购粮之证据，并将存根一联汇报县府备查。每人每日购米粮若干，由县府及赈分会统计规定。平粜

---

① 荣县档案馆藏：《四川省政府、赈务会、荣县政府关于灾情调查、赈济、严禁米价飞腾的训令、调查表》，001-02-016。

价值由县府赈分会共同议定，总以平价低廉适合平民购买力为原则。平籴所属款粮，除照平价之中由地方筹集劝募款项，或挪借地方不急公款，向外购运粮食办理平价以及由县府出面劝谕殷实绅商将存储米粮外，其灾情特重者得由本会酌量补助之。平籴事竣应由县府赈分会报销榜示，并汇报本会备核。

（三）工赈

工赈系为救济极贫灾民之无法谋生者而设。由县府赈分会召集机关法团及地方绅士妥议举行，以有利该县农事之工程为原则（如凿塘筑堤修堰等事，如所作工程属于私人者应照省府规定田业主酌给口食），绅士中有熟悉工程或能指导技术者聘为赈分会工赈指导员协助办理之，如附近公路铁路地方有相当需要工作，应由赈分会尽量组织应征并加以指导（如运土木石料等）。由县府赈分会勘定工程地点及应需工人数量计划工程大小，然后调集受赈灾民分配工作。举办工程所需赈款，应由本地设法筹募，如须动用本会旧存赈款或新领赈款者，须由县府赈分会将计划书报核批准后，始能动支，如动用其他地方公款，亦须先报主管机关核准，不得先支后报。应受工赈之灾民，应照平籴之规定手续[①]，发给工赈证，于工作时凭证发赈务，须严防坐领及尅扣等事。工作时每灾民应领之工赈由县府赈分会议定公布之，至低数须能维持个人一人之生活，不得义务征工。

荣县政府在《救荒实施办法》中也提到了以工代赈的赈济方案："如修筑道路，开辟水利，开垦荒地，就各地情形，由政府与地方人士详为规划，或集资举办、或私人建筑、或由政府酌拨公款办理，均可招雇多数少壮男丁前往工作，而一般少壮藉此可以谋生，建设救济同时并举矣。至于

---

① 平籴规定手续是指，购买平籴的贫民责成甲长将该田花户门牌汇集呈缴该管区长督同联保主任严加审核后，分别填给三联购粮证，以为购粮的证据，并将存根一联汇报县府备查。据《四川省赈务会暂定二十六年赈灾办法》相关条款。

老弱妇孺，除以原有施米施粥送钱各慈善团体资金，移充救济费用外，并募款劝捐，设立平民工厂，置备简单工作用具，使老弱妇孺入厂工作，俾得糊口之资，则利济较为普遍。"

（四）急赈

以上救济办法不能急行时，应先行急赈一次（发钱或粮由该管县酌定之），但受灾之灾民限于极贫老弱妇孺无力谋生者，其他概不能发。上项灾民应呈验保甲门牌，以凭填给赈票督同当地保甲长验发（以 12 岁以上为大口，以下为小口）。每口发赈数目由县府赈分会统计分配填注于赈票上并榜示通知。每灾民领赈时，应盖拇印于赈票上，交由办理人收存报销。

从上述四项赈济方案可以看出，平价、平粜与政府在灾前所作的防灾预备有关，既与每年的粮食收成之中所作出的灾前预案，提前留存，也与灾后的四处调集粮食与款项帮助赈灾相关。政府在其中的主导地位非常关键。然而，在战争外加天灾的时段里，好的计划与安排不一定能切实实现。因此，之后的工赈与急赈则成为政府主导赈灾不力时的补充方案。工赈属于以劳力换取赈款，因国家与社会的本身需要劳力的现实，加之灾害发生之后，灾民需要救济，当局将这两者有效结合起来了。由县府赈分会勘定工程地点及应需工人数量计划工程大小，尽量组织应征灾民，然后调集受赈灾民，分配其从事相关工作，并发给赈款或物资。而急赈则完全是在紧急情况之下，面对特殊群体，即极贫老弱妇孺无力谋生者所发给的赈票。除此类群体外，其他人等概不得发。

在官方赈济过程之中，难免会出现报灾不实、救荒舞弊、克扣挪用、失责渎职等情事。因而国民政府专门针对此弊，制定了相应制度予以规制与约束。按照颁发时间顺序，将南京国民政府制定的一系列以期约束、惩罚、奖励相关赈济工作人员及相关团体的法规、规章列举如下表。

与赈济相关的法规规章表

《赈务委员会职员请假规则》	1930 年 3 月赈务委员会公布 1933 年 3 月 1 日修正公布
《办理赈务人员奖恤章程》	1930 年 5 月 15 日行政院公布
《赈务委员会职员奖惩规则》	1930 年 6 月 28 日赈务委员会公布 1933 年 4 月 12 日修正公布
《赈务委员会放赈调查视察人员出差旅费规则》	1931 年 4 月赈务委员会公布
《办赈人员惩罚条例》	1931 年 10 月 27 日国民政府公布　同日施行
《办理赈务公务员奖励条例》	1931 年 10 月 27 日国民政府公布　同日施行
《办赈团体及在事人员奖励条例》	1931 年 10 月 27 日国民政府公布　同日施行 1932 年 7 月 1 日修正第七条条文
《赈务委员会处务规程》	1933 年 3 月 1 日赈务委员会公布
《赈务委员会职员考核等第办法》	1933 年 4 月 12 日赈务委员会公布
《公务员惩戒法》	1931 年 6 月 8 日国民政府公布　1933 年 6 月 27 日修正　同年 12 月 1 日再修正
《公务员恤金条例》	1934 年 5 月 26 日行政院公布
《惩治贪污条例》	1943 年 6 月 30 日行政院公布

　　这些法律法规主要分为两大类，一类是赈务委员会公布的，另一类就是国民政府公布的。从赈务委员会公布的对于制约相关工作人员的条规数量之多及发布时间的密集，可以想见当时在赈务工作过程中，工作人员于救荒之中的克扣挪用舞弊及失责渎职问题的严重程度。因此，在表面完善的官方赈济制度之下，民间的赈济活动也在"被需要"之中产生。

第三节　社会抚恤

一、战争抚恤

　　民国时期战事较多，内有军阀混战，外有列强入侵。军人是保障政权存在，维护民族国家生存及发展，保护国家与人民生命及财产的基本柱石。军队力量来源于国家，也理应受国家予以特殊保护。因此对军人及其家属给予物质及精神上的抚恤，则是对军人精忠报国、效命献身的有效回报。从宏观立法来看，南京临时政府、北京政府、南京（重庆）国民政府均对军人的抚恤做了专门的立法。各种法规制度颇多，对民国以来不同政府主体的主要抚恤立法列表如下。

民国以来政府军人抚恤立法

南京临时政府	《陆军部规定陆军官佐士兵恤赏表》
北京政府	《陆军部平时恤赏暂行简章》《战时陆军恤赏简章》
南京（重庆）国民政府	《国民革命军战时抚恤暂行条例》《陆海空军平时抚恤暂行条例》《陆海空军战时抚恤暂行条例》《陆军抚恤条例》《海军抚恤条例》《空军抚恤条例》

资料来源：蔡鸿源主编：《民国法规集成》，黄山书社 1999 年版。

从不同政府当局关于军人抚恤立法的变化，可以看出，抚恤范围从陆军已逐渐扩展到陆海空；时间从战时已逐渐扩展到战时与平时，不同时间段期间的抚恤。同时，以上表所列仅为主要的抚恤立法。事实上，在不同时期，政府还有相应的具体立法。比如北伐及抗战时期，因参战及死亡军人不断增加，政府为激励将士英勇参战，"使生者赖以全活，死者亦得安慰"，先后颁布了《国民革命军誓师日以前为革命殉难军人之抚恤办法》《平战时伤亡抚恤划分标准》《负伤官兵及死亡官兵遗族迁居领恤办法》《陆海空军国际战争抚恤从优办法》等，对具体各项抚恤事项作了规定。

以上关于军人抚恤的立法大多体现为对军人的直接抚恤，主要形式是发放抚恤金，当然对于已经阵亡的军人，则体现为对其遗族的抚恤。比如南京临时政府当时公布的《陆军部规定陆军官佐士兵恤赏表》，将抚恤金分为一次性恤金、年恤金及遗族恤金。民国北京政府当时公布的《战时陆军恤赏简章》分总纲、阵亡规则、因公殒命规则、积劳病故规则、恤赏规则、年抚规则、陆军佣雇人员恤赏规则和恤金给予令规则等章。而南京国民政府的《陆军抚恤条例》《海军抚恤条例》《空军抚恤条例》对于不同伤等的情况规定了不同的抚恤标准。

不只中央政府对于军人抚恤有立法，在地方对于军人家属的抚恤规定更为重要。因为大多军人来自基层，对军人家属抚恤的程度，可直接影响基层社会对于是否从军的直观判断。尤其是四川省，抗战期间大量四川壮丁组成的川军出川参加抗战，身份由普通壮丁转变为抗战军人之后，留在家乡的亲属则成为政府重点优抚的对象——壮属。

新县制推行后，各县地域范围内对于出征抗敌的军人家属成立有相应的优待组织，并制定相关规则。以四川省荣县为例，虽然荣县地处川省内陆，但关于壮属的优抚却做得很细致，不仅有具体的抚恤金额发放，同时还在县及乡镇成立了相应的抚恤委员会——出征抗敌军人家属优待委员会及其镇乡分会，作为抚恤机构专职开展对出征抗敌军人家属的抚恤工作。① 其成立是为使优待及慰问出征军人家属工作能切实周密，呈准县府于各镇乡成立荣县出征抗敌军人家属优待委员会镇乡（或场）分会（优待条例另发），并颁发图记用昭信守。分会委员定为5人至7人，除联保主任兼主任委员外，其余由联保主任聘请当地公正绅耆及公法团人员组织之。分会的任务包括：(1) 慰问当地出征军人家属（慰问办法另发），(2) 调查出征军人家属登记有无不尽不实情形，(3) 负责保管优待金，(4) 承优委会命令办理一切关于优待事宜。且优待委员均为无给职，其办事人员得调用联保书记及户籍员等，不得支给津贴。看得出来，此优委会分会主要是建立在基层乡镇或场的机构，同时联保主任兼任委员，其余大多为兼职，是不支薪的义务机构。

除了专门成立的抚恤机构外，在具体的抚恤手段方面，该优委会还制订了相应的制度予以规定，对于出征抗敌的军人家属的抚恤与优待大致有下面几种。

---

① 荣县档案馆藏：《四川省政府、川康绥靖公署、荣县政府等关于出征壮丁家属优待、慰问、阵亡抚恤、纠纷调解的指令、函、规程、细则、名册》，001-02-219。

（一）发放优待奖券 [①]

根据《荣县出征抗敌军人家属优待奖券简章》规定可知，荣县出征抗敌军人家属优待委员会根据行政院第 346 次院会修正通过的优待出征抗敌军人家属办法第十条之规定，特会同县政府召集各机关法团及地方绅耆会议决定，募集优待奖券 3 万元，以 1 万元配奖、以 2 万元作优待及救济出征抗敌军人家属之用。奖券定为 1 万张，每张票面定价 3 元计，分 10 条，每条定价 3 角。奖券以 1 万元配奖，订有印刷及办公等费。奖券须配奖外，所余存之优待费 2 万元，遵照优待办法实施细则第十八条之规定交经济股妥为保管，专作本细则第十二条、第十七条所规定各项之用，无论地方何项事件，均不得擅自挪移。奖券之募集得斟酌各区联保财力情形，分别等级派募之。奖券开奖日期及地点另定。本奖券开奖时的监察规则及管理规定另定之。办理奖券人员如发生舞弊情事应按照刑法治罪，不得宽假。

（二）代耕优待

代耕优待是针对家里的有力田壮丁征赴前方，其家境极贫，家属又无耕种能力者，得享受本《荣县出征抗敌军人家属优待委员会代耕优待办法》[②]（以下简称"办法"）的优待。在某一保内，如查出有合于第一项者，即应由该保保长以平允原则征调该保内力田壮丁若干人，自携农具，优先代为耕种或收获，其代耕人系征工性质，除得受粗能果腹之午餐外，不得索及烟酒或招待。该办法还会对代耕人进行考核："代耕人姓名及其工作日期，于每次代耕竣事时，即由保长册报联保处转报本会，以凭考核。"代耕期间所应用之耕牛农，得由保长指定住户借用，不得藉故拒绝。且每

---

① 荣县档案馆藏：《四川省政府、川康绥靖公署、荣县政府等关于出征壮丁家属优待、慰问、阵亡抚恤、纠纷调解的指令、函、规程、细则、名册》，001-02-219。

② 荣县档案馆藏：《四川省政府、川康绥靖公署、荣县政府等关于出征壮丁家属优待、慰问、阵亡抚恤、纠纷调解的指令、函、规程、细则、名册》，001-02-219。

次代耕，除因天时阻止外，须一次完成，不得半途中止，每日代耕以八小时为准，不得减缩，如保长及代耕人有故意迟误，以致收获短少时，得由受优待人报请联保处或本会处分之。代耕期间以抗战终了时为止。对于代耕人，也有相应的奖励："执行代耕之保长及代耕人如能特别努力使代耕之业收入时特别丰稔者，得由本会传令嘉奖、或给奖金、或呈请县府准予缓役，用资鼓励。"

（三）散发优待谷

荣县遵照《四川省征送壮丁及出征抗敌军人家属优待办法》酌定了《荣县出征抗敌军人家属优待委员会散发优待谷实施细则》[①]（以下简称"细则"）。对于荣县征送的壮丁需要获得优待谷的须先经该优待委员会审核，即由该会派员复查，并达到镇乡仓地点散发物质优待证及优待谷。具体程序为，荣县县各联保自后每月征送之壮丁须于征送之下月五日前，汇造名册一份，并每名附调查表一张到优待委员会，经本会审核应予物质优待时，即予发给优待证通知单，交由优分会达到镇乡仓地点散发优待证及督填收据监发优待谷石。本县征送的壮丁，除首次领取通知单领谷外，以后即持证按季填具收据领谷，其谷仍由优分会监放其放发，其间亦由优分会先期鸣锣通知（其间不得迟过每季或每月之前十五日）。本县出征部队的军人家属所持之部队证明书，一经当地联保及优分会核转本会验明后，即便给通知单，持向优分会，率向镇乡仓填明收据立即领取其应领的优待谷。

领优待谷收据定为三联：第一联，存仓首，俟满一季后会同优分会汇齐呈缴县府，以便转报省府备查；第二联，存优分会；第三联，由优分会于满一季后会同仓首汇齐呈缴本会。为便利统计及汇报起见，出征部队之

---

① 荣县档案馆藏：《四川省政府、川康绥靖公署、荣县政府等关于出征壮丁家属优待、慰问、阵亡抚恤、纠纷调解的指令、函、规程、细则、名册》，001-02-219。

收据上应加盖"出征部队"四字戳记，壮丁受一次欲优待之收据上应加盖"一次优待"四字戳记。为避免私自侵吞优待谷，所有空白收据存优分会，如有不能填注者，应由优分会代填，由领谷人盖章或捺手印。至证明保长应一律盖章，如甲长无章得准签押。通知单定为二联，一存本会，一通知优分会，镇乡仓（交仓首妥存）。

（四）出征军人家属教养院

荣县出征军人家属教养院是为扶助出征军人加强抗战力量为宗旨而建立的，该教养院订有《荣县出征军人家属教养院简章》。依据该简章其院址设立于荣县同心乡天堂寺，所有收容出征军人家属其食费学费均由教养院担负。同时因抗战时期，川内出征军人家属较多，该院收容出征军人家属，以本县人民为先收数额，如有缺空可以别籍之出征军人家属补充之。若还有缺额，可以战区难民补充之。而具体的收容之贫寒征属名额，由院预定，其等次如下：（1）现在志愿出征之士兵家属，（2）出征阵亡之士兵家属，（3）出征伤兵之家属，（4）出征军人家属。①

该教养院内对征属设立学校开班授课，或设立技能之训练，比如适宜于农场者入农场，适宜于工场者入工场。农场主要为农产制茶工场与农产制靛工场，工场主要为纺纱工场与染织工场。而对于农场与工场的具体区域与经费问题的解决，农场主要以天堂寺附近之公地办理，其施业区域呈请地方政府划拨之，农场经费依照中国农民银行战时生产农场贷款办法贷款办理；而工场经费暂由私人借垫一部分，并请政府助款扩充之。

同时，为减轻出征抗敌家属负担，行政院还制定了《出征抗敌军人家属免派积谷办法》，在征收积谷之时，出征抗敌军人家属可免于征纳。出征抗敌军人家庭每年田产收益在谷 50 市石以下或其他产业受益在 50 市石

---

① 荣县档案馆藏：《荣县政府、龙沄、双古乡公所等关于换发出征、阵亡、壮丁家属优待、抚恤证的训令、呈、名册》，001-02-349。

谷价以下者得免派积谷，但仅以直系亲属为限，以体现国家对出征抗战军人的抚恤之意。

以上基层所制定之抚恤办法及相关制度章则之最后一条，均为呈由地方政府或县级政府核定后发生效力。这些制度虽为基层区域性制度，或冠以荣县，或荣县第几区之名，但其制定主体并非为荣县县政府，其效力之确定仍须县级政权予以确认。非县府而分担本应由地方政府承担的抚恤职责，可视为是基层社会治理过程中，国家权力某种形式的授予与下放。

二、忠烈祠的设立

政府对于死伤残废革命军人之抚恤，虽已有妥善办法，似觉尚未详尽，抚恤且多只限于官长，而不及士兵，"况今国家多难，外患日亟，欲图御侮救亡，固宜物质经济尽量筹备而首要，则实在乎人心，必先使将士有敢死之心，然后可掺必胜左卷，语云死教成，则国强，劳教成，则国富，故政府若能对过去革命战争中之阵亡、残废、受伤者，均有适当之处置，则全国将士有所感动，更将不顾死伤，勇往杀敌，民族解放战争之胜利可断言也"①。因此，对于阵亡官兵提议将全国各县文庙乡贤祠之旁建筑烈士祠或忠烈祠一所，由军政部及各县县长调查各县死难烈士姓名，无论官兵均供奉牌位。于入祠之时，应由地方党政各员，以及学校等团体，以极隆重之仪节，送入祠内，并于每年7月9日（国民革命军北伐誓师纪念日）举行公祭。公祭时，该县党政军学商各界均须参加，俾人人慕其礼仪优隆，有所观感。

为加强对阵亡军人的抚恤，援古昭忠、忠义等祠之例，国民政府中央

---

① 荣县档案馆藏：《四川省政府、第二区行政公署、荣县政府等关于阵亡伤残军人抚恤、战役死难官兵入祠、建国纪念日、募捐的训令、办法、名册》，001-02-121。

下令于各县文庙乡贤祠之旁设立忠烈祠，或原有之昭忠、忠义等祠或公共庙宇改建之，如无上项地址，此由县政府设法另行建筑之，同时四川省政府的一则训令也规定"各县设立忠烈祠如必须就公共庙宇改建时，应先商得该庙宇负责人，或当地佛教会之同意等语"①。要求各县将战役死难官兵入祠，以昭抚恤。因修建忠烈祠与其他国家建设意义之不同，因此，《各县设立忠烈祠办法》②（附件5-4）规定，"修改或建筑经费由地方政府设法筹措之，但不准有勒捐摊派情事"。而对于所祭之官兵，"以抵御外辱、北伐、剿赤、各战役，死亡官兵之原籍属于某县，此即于某县忠烈祠专祀之。祠中供奉牌位书明死亡官兵级职姓名。牌位入祠应由地方党政军商各界以及学校团体用军乐（无军乐地方，即鼓乐亦可）送入祠内，其仪节须极隆重。各部队应将某某战役官兵姓名造具清册，寄由各原籍县政府汇集办理一面由各该县政府按照请册自行调查。每年于7月9日奉行公祭礼，县党政军学商各界均须参加，其礼仪须极隆重。各县忠烈祠应由该县政府随时修葺负责保护，以免损坏。各县政府设立忠烈祠务于本年六月底以前建筑齐全，以备7月9日公祭，并于落成公祭后10日以内，报由该省最高军事长官及该省政府在20日内会呈本会备案。各县目前如无死难将士，应专案呈报先供关岳等古代名将神主"。

事实上，于1937年7月8日荣县县政府已经进行了荣县籍阵亡烈士入祠暨公祭典礼之活动。从荣县档案中就该活动保留的照片，可见该活动之盛大与隆重。一个位于四川省内陆的县城也如此重视公祭典礼，可知其意义重大。

在进一步整理了《荣县历届战役死难应行入祠供奉牌位各官兵职级姓名册》后，对于入祠的官兵信息有了更多的认识。

---

① 荣县档案馆藏：《四川省政府、第二区行政公署、荣县政府等关于阵亡伤残军人抚恤、战役死难官兵入祠、建国纪念日、募捐的训令、办法、名册》，001-02-121。

② 荣县档案馆藏：《四川省政府、第二区行政公署、荣县政府等关于阵亡伤残军人抚恤、战役死难官兵入祠、建国纪念日、募捐的训令、办法、名册》，001-02-121。

荣县县政府第一科遵令汇造本县历届战役死难应行入祠供奉牌位各官兵职级姓名册

职别	姓名	家属通讯地点及其主要家属名号	死者战役地点	所属部队	备考
少将旅长	张忠频	城内现住林忠祠张益谦	1931 年 9 月江西方石岭	国民革命军五二师一五四旅	
副司令员少将	郝绮富	东外骑龙圳伊兄	1934 年 2 月 11 日宜汉马鞍山	二十一军警卫第二路司令部	
上校副团长	戴静	乐德镇人	1934 年 2 月 11 日宜汉马鞍山	二十一军警卫第二路二团	
团坿	王鸿藻	东门外人	北伐	国民革命军第四军教导第一师第一团	
中校营长	王亚军	张家场人伊兄王练如	1934 年 2 月 19 日江西永新县	国民军十五师四十四旅八十七团三营	
少校营长	周曼生	贡井人	1935 年 11 月 10 日天全县西门外	模范师二旅四团二营	
少校营长	曹伯羽	程家场人	1935 年 3 月 6 日通南巴	二十三师第三旅八团一营	
少校交际副官	罗忠兴	蓝桥坝人	1936 年 4 月 4 日瞻化县失陷	西康宣慰使署	
少校连长	罗伯耳	东街罗三和	1928 年北伐受伤，因伤殒命	国民政府警卫团时务营第一连	
上尉副营长	邓龙光	镇紫场人	1934 年 12 月 12 日江西黎川县团村前山	三十六军九十六师五百七十三团二营	
输送队上尉队长	李试光	唐述虞转李维炎	1936 年 8 月 11 日贵州息烽附近	国军九十九师输送营第一队	
上尉军医	徐思隆	柱林街人	1936 年 4 月 25 日宝兴县金山	二十一军一师一团二营	
中尉排长	蓝德章	程家场人	1933 年 3 月 14 日巴中县得胜山水狮坟	二十九军第一路十六旅三十二团一营三连	
上尉押运员	杨季绅	转令二区查填		剿匪总司令部第一军粮购运处	
中士	张树荣	高山铺人	万源县青花溪	四十四军二师五旅十五团三营九连	

续表

职别	姓名	家属通讯地点及其主要家属名号	死者战役地点	所属部队	备考
中士	钟福三	贡井人	1935年12月8日名山县大哑口	二十一军四师十旅独立营一连	
下士	刘福初			模范师一旅二团	
下士	李彬	汪家山人	1934年8月19日宣汉西旱家河	二十一军四师十二旅三十五团二营七连	
下士	李少云	西门外李玉贵		三师八旅二十四团一营三连	
上等兵	陈香廷	程家场受恤人陈宋氏	病故	二十三军教导师三旅九团三营十二连	
一等兵	黄尧均	杜家井人问毛辉武须知	1934年11月5日达县草街场杨柳垭	二十一军四师十一旅三十三团三营十二连	
一等兵	刘荣昌	杨家场人		三师八旅二十二团	
	段云武	竹园铺人		二十一军一师三旅	
	周德成	东兴场人	1934年8月6日茂县土门场老君庙	二十一军一师三旅	
	冯俊章	赵家坝人		二十一军一师三旅	
一等兵	蒋德成	墨林场	1934年1月24日巴中王家岭	二十一军四师十二旅三十四团二营八连	
一等兵	钟德沾		1934年8月19日宣汉西半家河	二十一军四师十二旅三十五团三营十二连	
一等兵	吴伯安		1935年8月13日屏山龙华寺狮子堡	二十三军边防二路一团	
二等兵	邹平贵		彰明县青莲场积劳病故	四十一军一百二十二师二旅四团一营三连	
二等兵	戈银先	墨林场	1934年11月24日宣汉浅坝场	二十一军四师十二旅三十六团二营七连	
二等兵	傅金山		1934年1月24日巴中金花寨	二十一军四师十二旅三十四团一营一连	

续表

职别	姓名	家属通讯地点及其主要家属名号	死者战役地点	所属部队	备考
二等兵	李海清		1934 年 3 月 23 日巴中草帽山	二十一军四师十旅二十八团一营一连	
二等兵	郑海云	龙潭场人	1934 年 4 月 15 日通江罗顶寨	二十一军四师十二旅三十四团一营三连	
二等兵	王楷		1934 年 8 月 19 日宜汉覃家河	二十一军四师十二旅三十四团二营八连	
二等兵	张青	程家场人	1934 年 3 月 23 日巴中尖包樑	二十一军四师十二旅三十五团一营四连	
二等兵	陈尧阶		1934 年 3 月 23 日巴中尖包樑	二十一军四师十二旅三十六团二营六连	
二等兵	罗开泉	墨林场	1934 年 8 月 19 日宜汉覃家河	二十一军四师十二旅三十六团二营六连	
二等兵	陈万和	余家坝人	1934 年 8 月 19 日宜汉覃家河	二十一军四师十二旅三十五团一营三连	
二等兵	段楷	长山桥人	1934 年 8 月 19 日宜汉覃家河	二十一军四师十一旅三十四团二营五连	
二等兵	邓少舟	桥长铺人		四十五军一二六师	
二等兵	苏楷	五宝镇	1934 年 6 月 13 日通江云龙寺	二十一军四师十旅二十八团二营七连	
二等兵	廖桂之		1934 年 6 月 13 日通江三溪口马安山	二十一军四师十旅二十八团三营十一连	
二等兵	刘作清	杨家坝人	河南省商城县宋口垭	一〇三师一旅一团三营七连	
二等兵	曾述清	曾氏祠首曾敬修便知	1935 年 7 月 22 日屏山老油坊	二十三军边防二路三团二营五连	
中校军医处长	蓝茂钧	泮水街	1935 年 10 月懋功□□	二十军一三三师师部	
少校军医	古俸筹	古文场	1936 年 6 月 12 日泸县军次	陆军一五〇师二旅三团团部	
二等兵	范楷	南门外	1936 年 10 月 20 日经扶余家河	陆军一〇二师特务连	

资料来源：荣县档案，001-02-121。

从上表可知，历届战役死难应行入祠供奉牌位各官兵共计47人，主要为抗战前各役的阵亡官兵，应为首设忠烈祠之时的第一批入祠者。入祠官兵中既有少将旅长、副司令员少将等军官，也有一等兵、二等兵等普通兵士，还有军医等不同职别之人，但总体而言，各职别的军官为19人（含军医、上尉押运员等），士兵（一等兵、二等兵、上等兵、下士、中士）为28人，入祠士兵略多于军官。此更能彰显忠烈祠之设立对于"政府对于死伤残废革命军人之抚恤，虽已有妥善办法，似觉尚未详尽，抚恤且多限于官长，而不及士兵"之现状的改观。从官兵阵亡地点看，川省内外均有，以川省内阵亡者居多。从阵亡官兵所属部队来看，大多属于二十一军四师十旅至十二旅的官兵，共计36名，占了总人数的76.6%。从入祠官兵的亲属及其通讯地址情况来看，能有通知到具体家属的仅为8人，其他不知是没有家属，还是无法通知，或不愿通知，大多数阵亡官兵实际是无法对其家属进行抚恤，因此以入祠之形式以表祭奠。

在安排公祭典礼之时，按照规定办法除召集党政军学各界莅临现场外，还通知了张忠頫、罗伯耳、王鸿藻、曾述清等之城内家属。"贵家属希于是日午前九时莅临本府取齐，送烈士牌位前往文庙忠烈祠举行公祭典礼，以示隆重而慰忠魂。"[1]从表中所列家属通讯地点来看，这些能来参加公祭典礼的家属均为在荣县县城内有具体地址、有亲属，因其还有祠堂，从侧面亦能反映出此多属于家境较为殷实之人。

而抗战以来直至新县制，各县为加强对此类忠烈祠设立与保管，相继又制定不少相关制度，比如《抗敌殉难忠烈官民祠祀及建立纪念坊碑办法大纲》（附件5-5）（1940年9月20日公布）[2]、《忠烈祠设立及保管办法》（附件5-6）（1940年9月20日公布）[3]、《抗敌殉难忠烈官民入祀忠烈祠仪式》

---

① 荣县档案馆藏：《四川省政府、第二区行政公署、荣县政府等关于阵亡伤残军人抚恤、战役死难官兵入祠、建国纪念日、募捐的训令、办法、名册》，001-02-121。

② 荣县档案馆藏：《荣县第一区1935年第338—350保壮丁名册》，001-05-031。

③ 荣县档案馆藏：《荣县第一区1935年第338—350保壮丁名册》，001-05-031。

（1940年12月31日内政部公布）①。同时，内政部要求各省市县应普遍设立忠烈祠崇祀抗战殉难烈士，经查"于二十九年十二月七日以渝礼字第一三九四号咨文请督饬所属限三十年六月底以前一律成立在卷，兹查四川省所属各市县，除灌县、马边、彭县、雷波、洪雅、松潘、江油、新津、丹棱、城口、绵竹、新繁、青神、篆江、大足、璧山、蒲江、宜宾、南溪、庆符、珙县、隆昌、渠县、南部、仪陇、蓬溪、乐至、金堂、昭化、彭明、北川等31县已遵令设立外，其余各市县均尚未设立"②。因此，四川省各县对于设立忠烈祠的实况进行了相关调查，荣县县政府在1941年5月29日上报了其忠烈祠实况调查表如下。

四川省荣县忠烈祠实况调查表 ③

1941年5月29日荣县县政府

建立情形	房屋间数：6		占用地亩：1市亩
	所在地点：荣县北门外双溪书阁		
建立时间	建筑年月改建：二十八年五月		
建筑费用	新建（无）	改建：650元	筹款办法：募集
财产及经费状况	动产：无		
	不动产：房屋6栋约值3200元		田产：无，市亩约值：无（元）
	常年经费：500元		来源列入县经费预算内
	用途：估每年春秋二祭之用		
供祀状况	供奉本县死难烈士牌位数：563		
	是否供有其他神位：无		
	过去是否遵照规定举行公祭：依照规定举行公祭		
管理状况	是否派有专员管理：由县兵役协会负责管理		
	管理情形为何：认真负责		
备考			
照缮二份分呈内政部及省府			

---

① 荣县档案馆藏：《荣县第一区1935年第338—350保壮丁名册》，001-05-031。

② 荣县档案馆藏：《荣县第一区1935年第338—350保壮丁名册》，001-05-031。

③ 荣县档案馆藏：《荣县第一区1935年第338—350保壮丁名册》，001-05-031。

此次调查表属于抗战后对阵亡烈士所建忠烈祠的实况调查。荣县县政府所建抗战后的忠烈祠选址在荣县北门外双溪书阁，这与荣县县政府首次荣县籍阵亡烈士入祠暨公祭典礼在文庙时，已新选了位置，也许与入祠人数增加，原址已无力承担相关，因此另建新址。同时，此忠烈祠供奉的本县死难烈士牌位数563个之多，较之之前入祠的47个，已大为增加。由此也可以侧面看出抗战以来，荣县出征的军人人数上升的比例之大。对于忠烈祠的进一步具体调查，既是说明国家对于阵亡官兵的抚恤之心，也是更好地了解与掌握基层社会的具体抚恤情事。

然而，忠烈祠建立后，并非所有入祠之人均为阵亡官兵，其后演化为有部分因公而亡的公务人员，甚至因地方防务过程中所出现的牺牲也可以入祠。至少在荣县档案中所看到的"五宝镇联保主任唐文彦，壮丁陈德章二员，御匪殉职，忠勇可嘉，呈请列入忠烈祠受祀，以慰忠魂由"得到的县府批复为"准予入祠"。

抗战期间直至新县制推行，四川省于人力、财力、物力之支持贡献巨大，其间基层社会又连遭灾旱，国家之困窘可想而知。面对战时的人员伤亡与灾害频发的混乱局面，如何安定基层社会，抚慰人心，以便保障再次从基层社会中汲取人力支持与物力资源，是国民政府时期面对的重要治理抉择。政府通过建立制度性的救济程序，整顿赈济工作人员，利用民间救济力量，发动社会团体参与到社会救济与赈济之中。同时，规范对这些民间团体的管理，所有民间团体自行制定的章程实则均需通过政府的认可，方能有效。同时，为了抚慰基层抗战民众，国民政府要求各地建立忠烈祠以慰忠魂，然而在基层实践过程中，入祠的忠烈牺牲之士除了军士之外，甚至还有因"剿匪"而亡的基层公务人员，这是否可以理解为国家意志下达到基层后产生的变异？国家通过制度化的形式实现了其掌握对社会救恤领域的主导与决定权，又充分动员了社会力量来补充有限的国力，以便支撑局面。尽管如此费尽心思的安排与考虑，仍免不了出现某些赈济人员利用制度漏洞，或报灾不实、救荒舞弊，或克扣挪用、中饱私囊，可谓"机关算尽"。战争和灾害之后，国民政府在基层社会渐失人心，转折开始出现。有时候，结局并不是一开始就已注定，而是在这一过程中，不断变化、修正，最后定格。

第六章 结语

　　1928 年后南京国民政府为推进基层政权建设，开始注意着手进行县制方面的改革。首部关于县行政制度的正式法律是《县组织法》，其颁行标志着行政制度法制化。该法最初公布于 1928 年 9 月，1929 年 6 月第二次公布，1930 年 7 月修正公布。[①] 该法完成了对县区乡体制的基本设计，试图按照孙中山的设想，将实现自治设定为县政治的最终前途。然而，《县组织法》没有明确规定县为自治团体，对于县政府也没有规定它具有办理地方自治事务的职能，对于县长的产生仅规定"由省民政厅提名、省政府议决任用"。因此，《县组织法》所规定的地方自治因其自身缺陷与其他原因，在各县实施中几乎陷于停顿。国民政府不得不开始思考新的县制改革。

一

　　全面抗战爆发后，南京国民政府迁都重庆，南京国民政府变为重庆国民政府，政治重心开始转移到大西南，川渝地区成为战时重要的政治中心。政治军事等形势的变化使县制改革迫在眉睫。一方面，征兵征粮等事务需要取得基层社会协助，推行地方自治大有可为。另一方面，充实基层组织、强化行政能力、强化基层控制的县制改革亦需要推进。1939 年 9

----

　　① 《国民党政府政治制度档案史料选编》下册，安徽教育出版社 1994 年版，第 524—529 页。

月 19 日，国民政府行政院公布《县各级组织纲要》。《纲要》颁行后，其他各项法令的有关内容凡与之抵触者，均被命令"暂行停止适用"。这一文件以"纲要"命名，实质不是一部正式法律，表面看具有临时性，据时任四川省民政厅厅长胡次威回忆说："就《县各级组织纲要草案》的内容看来，其实就是'县组织法'，不称为'法'而称为'纲要'的原因，是避免经过立法程序，直接由行政院通令施行。"① 因此，《县各级组织纲要》实际是由政府公布的新的县制条例，主要是针对县行政制度的改革，以行政手段推行自上而下到县级以下基层的制度实施，即本书所讨论的新县制的推行。

行政院在颁布《纲要》时，还特别宣布准许各省政府自行制定针对《纲要》的实施方案，并呈行政院核定施行，以三年为限，至 1942 年底一律施行。四川省也于《纲要》颁行后不久旋即制定了《四川省县各级组织纲要实施计划》《四川省实施县各级组织纲要三年计划大纲》以及《四川省县各级组织实施纲要实施上补充注意事项》。按照新县制推行的要求，四川省内全县实施，预计于 1940 年 3 月—1943 年 7 月完成。从《四川省实施县各级组织纲要三年计划大纲》中，第一期为自治准备时期（1940.3—1941.6）：以调整县以下各级组织纲要，培养基层干部，健全行政机构为中心；第二期为自治培养时期（1941.7—1942.12）：以组织民众，训练民众及完成地方自治所必需之事业条件为中心；第三期为自治开始时期（1943.1—1943.7）：以建立自治组织，推行自治业务，发展自治技能，以进于地方自治之确立为中心。新县制所进行的制度设计主要针对县行政制度、区乡行政制度与地方自治制度三方面。

从新县制的理论基础与地方自治理论的关系，在四川省具体实施前后情况对比来看，国民政府在重划县等、裁撤区署、建立乡镇、选任人员、

---

① 胡次威：《国民党反动统治时期的"新县制"》，全国政协文史资料研究委员会编：《文史资料选辑》第 129 辑，中国文史出版社 1995 年版。

增强县政府职能、建立基层自治民意机构、调整保甲、赈济灾害、优抚壮属等基层政权建设过程的制度设计与实效评估方面，确实进行过一些努力，也取得了一定的成效。

首先，新县制通过对县制改革，对县级及以下的基层社会地方政权结构进行了调整，从之前的"县为法人"调整为"县与乡镇均为法人"。原有的县、区、乡镇、闾、邻改为县、乡镇、保甲，区署被虚置，乡镇的地位得到加强，从县到乡镇均已设立政权组织，国家政权机关延伸到基层的权力机构得以建立。乡镇地位的强化一方面是国家权力下渗，试图进一步控制基层社会的体现。另一方面，国家权力在乡镇设治的同时，乡镇保甲等基层自治民意机关也逐渐建立，只是基层自治民意机关的核心决策权隶属于何种主体，还有待清晰。从四川部分县属的保民大会、乡镇民大会等民意机关的会议记录及决议内容，以及民众对某一行政命令不服的申诉过程，均能看到民情上呈的一条通道。基层民众在针对地方民生类诉求的理论过程、上呈渠道与最后的结果均体现出县以下的基层格局已不再是"皇权不下县"时期单通道的状况，费孝通先生所提到的"双轨制"模式得以建立。

其次，从制度层面而言，县也逐渐从单纯的制度与公文的流转机构，变为真正"承上启下"的基层政权机构。比如在县制改革中进行乡镇调整时，中央政府所颁的《县各级组织纲要》要求各地均进行不同程度的县政改革与机构调整，随后四川省颁行了《四川省政府颁发各县（局）乡镇编制调整办法》，此办法由省府下发到各县之后，四川省多地县政府也制订了相应的实施方案，比如荣县制订了《荣县县政府拟订调整乡镇实施方案》；又比如在保甲人员训练中的甲长训练制度方面，四川省政府颁行了《四川各县甲长训练大纲》，荣县县政府相继颁行了《荣县甲长训练大纲》，而在荣县下辖的各区也制订有相应的办法，如荣县第三区制订《荣县第三区甲长训练实施办法》，三种不同层级的基层政权机构与自治组织均制订了关于甲长训练的制度。各不同层级之间对同一事项实施过程的具体规定，均可以看出县承上启下的地位。同样作为文书转呈及上情下达的重要机构，县政府还颁行了不少制度予以规范各种基层行政行为，比如荣县县政府所颁的《荣县县政府办公厅各级办公人员处理文书分呈负责办法》《荣县县政府办事细则》《荣县管教养卫之实施》等。从这一点可见，县这一层级的行政机构已经由传统州县逐渐过渡为现代化国家基层政权机构，国家权力下沉所致县级及其下的政权机构的制度制订与施行空间日趋增大。

最后，从整理地方档案中的制度规定以及各级民意机关的会议记录中可看出，虽然新县制中的书面制度形式与文本记录全面且丰富，实践过程并非完全能完成纸面规定的要求，但基层毕竟迈向制度化的一步。除了规范齐整的各项制度外，还有对某项制度的宣传，如保甲改编过程中的宣传，通过各种告民众公告书、保甲宣传标语、保甲制度传抄等形式对保甲编组工作进行宣传，民众也从这些宣传中初步了解到相关法令与制度。在这样一种日渐制度化的背景下，使民众法治意识增强的同时，基层民众对基层行政公务人员的相关控案也逐渐增多，对于自身诉求提出途径与解决方式的意识开始出现，从而实现民众对公务人员群体的监督的效果，孙中山最早希望通过地方自治能实现启发民智的效果开始显现。

二

新县制推行过程中，基层政权得到重新安排与整合，虽然形式上具备了基层政权的建构要件，但事实上一种新制度的推行需要得到人财物等各方面的支持，在实践中很难全部得到落实。本书通过检讨新县制推行在四川实践中存在的问题，试图对其得失作一个比较客观的评价。因此，新县制在四川的实践并不能因为所取得的一些成效而忽略了其推行过程中遇到的问题与阻碍。

一是，基层公务人员所生的各种矛盾与摩擦形成了隐形内耗，阻碍了新县制改革的推行。新县制推行以来，在基层公务人员范围扩大、数量上升的情况下，各种矛盾及问题在实践中出现。国家权力试图通过建立基层公务人员队伍来管理基层，但却并没有协调好这一队伍之间的内部矛盾。因特殊时期，资源匮乏，国家权力机构试图通过基层公务人员替国家完成汲取基层资源的工作，殊不知对基层公务人员群体内部的资源尚未分配妥善。国家希望"位虽卑、责至重"的基层公务人员能做到"公私两德具备，上为县府股肱代推行政令以下达，下则亲民作首察民间疾苦以上溯"的结果，实践中却难能实现。在基层利益与有限的资源面前，在实践过程中深刻地体现出国家权力在基层的式微与无奈，以及基层公务人员间的内耗也在一定程度上制约了新县制的推行。

乡镇长与保甲长由民选而生，不避籍贯，以本地籍优先。因所执行的公务大多为基层社会中具体的征税征粮征兵等工作，基层公务人员又大多是生于斯长于斯的本地人，在具体执行公务过程中常左右为难。从实践中发现，若是良善之人常为无法完成任务而头疼，多以推脱、敷衍、辞职了结；若是土劣之辈则趁机欺压乡民、以公谋私、欺上瞒下，最终走向两个方向，或被民众控告而被上级机关罢免，或是因完成任务"出色"被上级机关表彰。因此，实践中常见乡镇长变动频繁的事情发生。基层民意机关也常有要求重新推选乡镇保甲长的议案为证，如"迄今不过二十月，然已三度改选，四易乡长"。基层公务人员在具体行政行为上，也常常表现出在上级命令和基层实践之间的犹疑与徘徊。基层公务人员的这种弊端使得新县制在基层推行中常因环境原因而被阻碍甚至会遇到抵制，丧失了制度设计者最初设想的应有效果。

新县制改革的推行给县级及以下的基层公务人员究竟是带来了更大的"机遇"还是"挑战"？从新县制推行过程中地方对公务人员的控告现实，可以发现从县长到保甲长均有被屡控不止的现象，同时被控之后的县长和其他公务人员却并不一定会被弹劾或离职，大多情况下是重新调任到新处任职，或换新的岗位。然而县长与保甲长又有些不同，县长大多是来自外地的人员（非自治地方民选出的），县长的避籍制度使得他们不同于来自当地自治民选出的乡镇长和保甲长。因此县长若要顺利完成在任政事，尤其遇到需要推行"新县制"这样的重大地方制度改革，就需要"和当地的豪绅巨室处得水乳交融，同气求声"。另外，从制度层面而言，新县制下的县长不同于乡镇保甲长已实现民选产生，县长的任免仍然由上级决定。因此，对于县长的政绩考核及其升迁平调，决定权更多是在上级机关，衡量政绩优劣的标准大多数时候与完成国家任务好坏挂钩。张群所说的，"民间告密，固非尽属虚诬，然流弊滋多，殊难究办……行政人员偶尔操之过急，即致控案如鳞"，实际上已隐含了上级对于基层公务人员被控案的"理解之同情"。

因此，在实践中国家行政权力在逐步向下扩展到县及其下的乡镇社会时，因各级政权所设置或者所委托的行政公务人员参差不齐，并未切实履行其"职责"。因此，有学者指出，"一方面，乡镇政权的行政效率十分低下，难以真正承担起国家进行乡村政治经济动员的责任；另一方面，乡镇底层官僚及其在乡村的代理人的'经纪人'行为越来越明显，并逐渐形成了经纪体制，国家又缺乏对其有效的约束，他们为了自己的利益而对农民的剥夺也就越来越重，乡村社会各利益主体之间的冲突也越来越尖锐"。

二是，战时的财力不足、经费短缺、资源匮乏制约了新县制的推行。同时，因经费所生的贪污腐败等弊病遭致了基层社会民众对新县制推行的反感，这间接导致新县制成为民众所认为的"吸基层血"的制度，在基层营造了负面舆论，失去民心，从而背离了新县制改革的初衷。比如，黄希濂上任荣县县长，适逢新县制改革，准备大刀阔斧在荣县推行新县制，却被民众议论："新官上任三把火，这黄希濂来头甚大，一发表县长，吹壳子坚决实行'新县制'，一到任先从乡镇长开刀，有伙滥杆文人造谣：乡长、保长、甲长大小总是官，臭虫、蚊虫、虱子横顺要吸血。新大老爷以为我们乡镇长好肥！……"[1] 但时任四川省主席张群在国民参政会上对黄县长大肆表扬，成渝各地报纸也撰稿赞扬荣县不愧为推行"新政"的"模范县"。并经张群推荐，中央政府批准，耗资旧币 96 万元，由美国摄影社来县摄制"模范县"影片。[2] 新县制推行过程中，这种上下不一致的态度，使得民心渐失。本想借新县制改革重新整合基层资源，重建基层政权体系，然而在基层政权重构过程中，实质上却间接瓦解了国民党政权在基层的民心。

新县制改革推行时的经费短缺也是新县制实践过程中多有体现的一大问题。经费的紧张包括政权机构的财政拨款、公务人员的薪给与津贴、保甲经费、防务经费、救济经费等多方面的紧张。抗战时期，财力捉襟见肘是显而易见的局面。基层社会在财力不足时出现了各种临时的变通之法，比如在地方档案中我们看到的一些变通之法：对公务人员发薪给时，鉴于财力不足，便将原执行的月薪八折发给，不足时再按八折支给，所以称为双八折发薪；比如对于财政拨款的经费中，因兼职不兼薪的现实，本应上缴财委会的节余经费，被用于机关法团中被挪借或补足其不敷之经费；比如荣县农业推广所的节余经费未上缴财委会而被用于挪借支付薪给、工饷、旅费、修葺院所之开支，经费一旦拨付给地方，其决定权就很难再收回国家财政。这也从侧面反映出，战时中央政权与地方政权之间的因财所生的"离心离德"。

与此同时，因经费短缺而出现的变通实践又反映出国家与社会在困境面前的妥协。虽然有制度规定，但为达成抗战救国的一致目标，仍需要作出妥协，以期尽快完成经费筹措等工作。事实上，从新县制施行前后某些项目经费的比较来看，过去川省各县地方的财政原极混乱，未入常轨。而至抗战军兴的要求，地方各项非常支出则骤然增加，不仅有用于抗战的征

---

[1]　中国人民政治协商会议四川省荣县委员会文史资料委员会编：《荣县文史资料选辑》第三辑，1997 年，第 107 页。

[2]　荣县档案馆藏：《荣县政府民政科关于实施新县制摄影计划的大纲》，001-03-104。

兵防空等。而至新县制时期，因干部（保甲长）选任、干部（保甲长）训练等项目再次增加。因经费数目可观，弥补为难，因此多处出现了挪借、垫款，地方财政此时显示出不胜其荷。对此，国民政府重新对经费划拨作了安排，在税收方面划拨部分补充地方财政，同时明令所有国家事务及省事务的开支均由国库及省库支给，不得令县政府就地筹款开支。新县制改革推行需要财力支撑，国家财政无法保证，自然导致制度推行遭遇短板与受到制约。

经费的短缺在基层社会的变通与挪垫并未解决根本问题，相反催生了基层民众对制度的不信任和基层公务人员的贪黩行为。国家财力保障不足，一方面使得基层公务人员在推行新县制的过程中，存在大量违规截留，增加民众负担的行为，使得民众对于新县制的抵触与反感更为强烈；另一方面，经费紧张必然造成乡镇长、保甲长们的收入较低，而其所从事工作却又事繁责重，基层公务人员的贪污腐败等弊病由此而生，基层微腐败演化为逐渐撼动中央政权在基层地方的根基。基层公务人员在从事贪黩行为之时变得心安理得，更加败坏了官场风气。因其作为国家行为的代理人，既是制度的执行者，也成为了制度的破坏者，使得新县制推行中的人员掣肘因素更加突出，导致制度破坏与人员贪腐之间存在恶性循环。

三是，基层社会中的传统习惯、组织与旧有秩序也一定程度消解新县制的推行。新县制下各种制度的推行试图全面扩张国家权力，以实现对地方基层社会的有效控制及资源汲取。然而各种制度自上而下地层层抵进基层社会时，才发现实践中真实的基层社会诉求有时是与国家意志背离的。费孝通称之为"自治单位完整性的破坏"和"政治双轨的拆除"过程，颠覆了乡绅自治的传统并导致社会秩序的紊乱。[1] 下移的国家权力并没有达到强化社会控制的目的，反而导致了地方社会的短暂紊乱。因国家派驻的机构、派出的人员并没有完成理论上希望通过制度规定所实现的某些职

---

① 费孝通：《乡土重建》，上海观察社 1948 年版，第 49—53 页。

能。在某些具体事务上，实质仍是由基层社会中的民间习惯与当地熟人社会圈协作完成的。比如社会救济问题，地方灾荒发生后，国家力量无法进行全面救济时，依靠当地的民间社会救恤团体（各种院、堂、会、厂）仍是主要的解决途径。国家通过对民间团体的制约、对团体章程的批核等方式从形式上完成对这些民间组织的监督与控制。

不论是针对治安恶化的地方防务问题，还是针对灾害突发而产生的赈济问题，即使是在国家制度主导下召开的各级基层民意机关会议所形成的决议，最后的执行也均是层层转移给保甲长来完成。想要依靠国家制度给予的保障在关键时刻却被发现无法"兑现"。由此不仅加剧了国家与基层社会之间的矛盾，还使得国家在自己制定的种种制度面前显得苍白且无力。在没有明确的制度予以支持之时，传统习惯、组织与旧有秩序则成为超越制度的潜在规则，同时也反映出基层社会由下而上的一种积极反馈与要求。国家制度与民间习惯相生相伴共同承担起基层社会潜在规则体系的建立。刚性制度并未因其单一的支撑而断裂，制度的韧性由此体现。这是中国传统县级社会从"无为而治"逐渐转化为现代国家构建制度型基层社会过渡阶段的一个中国基层特有的韧性模式。

三

新县制推行后，县级及其下基层政权正逐渐在国家政权建设中发挥日益重要的作用。对于这一新格局的成因，其背后既有长期以来对西法及制度移植所生的理论及思想基础；更有国家建设过程中，基层社会自发的需求。特别是在特殊社会历史背景下，或者源于国家对基层社会汲取资源的需求越发强大，或者源于基层社会对国家下渗所致本土秩序与传统被破坏后的变化。国家制度开始贯行于基层，同时基层社会制定的某些制度或者习惯被国家所接纳与认同。而这一转化过程，使基层社会的治理活动逐渐走向制度化的路径。从实践的分析中，我们亦能看到国民政府曾进行过基层社会现代化、制度化建设的社会动员与努力，试图通过建立一套自上而下的制度体系来完成国家基层社会治理现代化的结果。这一体系的建立包括基层政权组织建设、基层人事安排、保甲与防务、救济与赈恤等方面。以历史的态度观之，国民政府在新县制改革推动下，通过制度设计与框架搭建基础上完成的基层国家政权建设已具初步成效，这是新县制推行过程中值得肯定的变化。但是，国民政府的基层政权政治现代化努力并没有取得其预期的成功。

从传统中国社会到近代国家建构，中央和地方，或曰国家和社会，始终是一对矛盾。如何把这两者关系有效融洽起来，是制度与治理相互协调与平衡的问题。基层社会能否得到有效治理，不仅需要理性制度的建构，还需要检验在制度推行过程中，隐藏在制度之中的国家权力能否在基层得到实现，国家的意志力能否在基层得到执行，社会的力量能否在基层得到存在和发展，国家与社会的关系能否在基层社会治理的稳定实践中得到有效体现。新县制的推行使国家权力实现了一定程度的下沉。即便如此，试图通过新县制的推行把基层社会中隐藏多年的地方传统习惯与旧有秩序完全荡涤掉是不可能的。客观地讲，虽然表面上看是新县制推行不久，国民党的政权即在大陆溃败，但其实质在于国民政府并没有完成将国家权力与社会权利有效地协调。从新县制在四川省的实践而言，虽试图通过推行新县制改革这一过程，将旧有的传统、习惯、秩序等"旧酒"也装入新县制这个制度"新瓶"之中，使其成为一瓶"新酒"，以应合现代化制度型国家的需要。然而事实上却是"新的未必新，旧的也未必旧"，这正是应合了"三千年未有之大变局"。

国民政府最后 10 年所推行的新县制，最终没有完成对基层社会与政治基层政权的成功整合。究其原因，在看似完善的制度面前，实际上是忽略了政权现代化所需要的结构集中与整合，不仅仅只是停留在制度性建设、基层社会机构建置和公务人员身份选任的表面，其最终失败的根源在于未能在实践中达到有效治理的深度,未能充分理解基层社会的本质利益,未能实现基层民众的真实诉求。而这些恰是共产党政权从国民党政权中所吸取到的教训,认真思考与总结中国共产党及其政权机关在处理同群众关系问题上的根本态度、工作方法与思想认识路线,通过下沉到基层走好群众路线,相信群众、依靠群众,在全心全意为群众服务的基础上,克服官僚主义、享乐主义与主观主义,最终实现政党的成长与壮大、革命的胜利与发展、新生国家政权的建立与巩固。以新县制改革的推行到基层社会的实践,可以积极反思国家制度与基层治理嬗变之根源。从历史实践的成败中,吸取制度创新与制度改革的经验。

托克维尔的话是有启示意义的:旧制度最危险的时刻通常就是它开始改革的时刻。

附 件

附件 1-1　县各级组织纲要 [①]

民国二十八年九月十九日公布

甲　总则

一、县为地方自治单位，其区域依其现有之区域。县之废置及区域之变更应绎国民政府之核准。

二、县按面积人口经济文化交通等状况分为三等至六等，由各省政府厘分报内政部核定之。

三、地方自治之实施办法以命令定之。

四、县以下为乡（镇），乡（镇）内之编制为保甲。县之面积过大或有些特殊情形者得分区设署。

凡教育、警察、卫生、合作、征收等区域应与前项区域合一。

五、县为法人，乡（镇）为法人。

六、中华民国人民无论男女，在县区域内居住六个月以上或有住所达一年以上满二十岁者为县公民，有依法行使选举罢免创新复决之权。

有下列情形之一者不得有公民资格。（一）褫夺公权者（二）亏欠公款者（三）曾因赃私处罚有案者（四）禁治产者（五）吸食鸦片或其代用品者。

---

① 　四川省档案馆藏：《四川省实施县各级组织纲要三年计划大纲》，044-02-362。

乙　县政府

七、县设县政府置县长一人，其职权为左^①：

（一）受省政府之监督办理权限自治事项。

（二）受省政府之指挥执行中央级省委办事项。

前项执行中央级省委办事项应于公文纸上注明之。

八、县政府设民政、财政、教育、建设、军事、地政、社会各科，设科之多寡及其执掌之分配由各省政府依县之等次及实际需要拟定，报内政部备案。

九、县政府置秘书科长，指导员、督学、警佐，科员及技、士、佐、事务员必巡官其名额、官等职级及编制由省政府依县之等次及实际需要拟定，报内政部核定之。

十、县长县行政人员之考试、甄审、训练、任用、考核、罢免依法律之规定。

十一、县政府设县政会议，每两星期开会一次，议决左列事项：

（一）提出于参议会之案件。

（二）其他有关县政之重大事项。

县政会议规则由内政部定之。

十二、县行政会议在县参议会未成立前仍得举行。

十三、县政府组织规程由各省省政府订定，报内政部转呈行政院核定，县政府组织规程所无之机构不得设置。

十四、县政府组织规程由各省省政府定之，报内政部备案。

---

① 　原资料竖排左起，所以是"左"，实际就是"如下"。下同，不一一说明。

丙　县参议会

十五、县设县参议会由乡（镇）民代表会选举，县参议员组织之，每乡（镇）选举一人，并酌加依法成立之，职业同作代表为县参议员，但不得超过总额十分之三。

十六、县参议会暂不选举县长，县参议会之议长以由县参议会自选为原则。

十七、县参议会之组织职权及选举方法另定之。

丁　县财政

十八、左列各款为县收入：

（一）土地税之一部（在土地法未实施之县，各种属于县有之田赋附加全额）。

（二）土地陈报复正附溢额田赋之全部。

（三）中央划拨补助县地方之印花税三成。

（四）土地改良物税（在地方法未实施之县为房捐）。

（五）营业税之一部（在未依营业税法改完税率以前为屠宰税全额及其他营业税百分之二十以上）。

（六）县公产收入。

（七）县公营业收入。

（八）其他依法许可之税捐。

十九、所有国家事务及省事务之经费应由国库及省库支给，不得责令县政府就地筹款开支。

凡经费足以自给之县，其行政费及事业费由县库支给，收入不敷之县，由省库酌量补助，人口稀少，土地尚未开辟之县，其所需开发经费，除省库拨付外，不足之数由国库补助。

二十、县政府应建设上之需要，经县参议会之决议及省政府之核准，得依法募集县公债。

二一、县之财政均有县政府统收统支。

二二、在县参议会未成立时，县预算及决算应先经县行政会议审定，再由县长呈送省政府核准。

在县参议会成立后，县预算及决算应先送交县参议会议决，再由县长呈送省政府核定之，但有必要时得由县长先呈送省政府核准施行，再送县参议会。

二三、县金库之设置及会计稽核依法令之规定办理之。

戊　区

二四、区之划分以十五乡（镇）至三十乡（镇）为原则。

二五、区署为县政府辅助机关，代表县政府督导各乡（镇）办理各项行政及自治事务。

在未设区署之区，由县政府派员指导。

二六、区署设区长一人，指导员二人至无人，分掌民政、财政、建设、教育、军事等事项，均为有给职，非甄选训练合格人员不得委用。

二七、区署所在地得设警察，所受区长之指挥，执行地方警察任务。

二八、区得设建设委员会，聘请区内声誉素著之人士担任委员，为区内乡村建设之研究设计、协助建议之，机关由区长担任主席。

己　乡镇

二九、乡（镇）之划分以十保为原则，不得少于六保，多于十五保。

三十、乡（镇）之划分及保甲之编制由县政府拟定呈请省政府核准施行汇报内政部备案。

三一、乡（镇）设乡（镇）公所，置乡（镇）长一人、副乡（镇）长一人至二人，由乡（镇）长民代表会就公民中具有左列资格之一者选举之：

（一）经自治训练及格者。

（二）普通考试及格者。

（三）曾任委任职以上者。

（四）师范学校或初中以上学校毕业者。

（五）曾办地方公益事务著有成绩者。

乡（镇）长选举实施日期令以命令定之。

三二、乡（镇）公所设民政、警卫、经济、文化四股，各股设主任一人，干事若干人，须有一人专办户籍，由副乡（镇）长及乡（镇）中心学校教员分别担任并应酌设专任之事务员。

经费不允裕地方，各股得酌量合并或仅设干事。

三三、乡（镇）长、副乡（镇）长之任期为二年，连选得连任。

三四、乡（镇）长、乡（镇）中心学校校长及乡（镇）壮丁队队长暂以一人兼任之。

在经济教育发达之区域，乡（镇）中心学校校长以专任为原则。

三五、乡（镇）自行举办之事项应经乡（镇）务会议议决，方得施行。

三六、乡（镇）务会议由乡（镇）长主席、各股主任、干事均应出席，与所议之事项有关之保长得列席。

三七、乡（镇）长、副乡（镇）长及乡（镇）公所职员之训练办法另定之。

庚 乡（镇）民代表会

三八、乡（镇）民代表会之代表由保民大会选举之，每保代表二人。

三九、乡（镇）民代表会之主席如乡（镇）长由乡（镇）民代表会选出者得由乡（镇）长兼任之。

四十、乡（镇）民代表会之组织权及代表之选举方法另定之。

辛　乡（镇）财政

四一、乡（镇）财政收入如左：

（一）依法赋与之收入。

（二）乡（镇）公有财产之收入。

（三）乡（镇）公营事业之收入。

（四）补助金。

经乡（镇）民代表会决议征收之临时收入，但须经县政府之核准。

四二、乡（镇）应兴办造产事业，其办法另定之。

四三、乡（镇）设乡（镇）财产保管委员会，其章程另定之。

四四、乡（镇）财政之收支由乡（镇）公所编制概算，呈由县政府审核编入县概算。

壬　保甲

四五、保之编制以十甲为原则，不得少于六甲，多余十五甲。

四六、在人口稠密地方，如一村或一街为自然单位，不可分离时，得就二保或三保联合设立国民学校合作社及仓储等机关举保长一人，为首席保长，以总其成，但壮丁队仍须分保编队训练。

四七、保设保办公处，置保长一人、副保长一人，由保民大会就公民中具有左列资格之一者选举，由乡（镇）公所报告县政府备案：

（一）师范学校或触及中学毕业或有同等之学力（历）者。

（二）曾任公务人员或在教育文化机关服务一年以上著有成绩者。

（三）曾经训练及格者。

（四）曾办地方公益事务者。

在未办理选举以前保长、副保长由乡（镇）公所推定呈请县政府委任。

四八、保长、副保长任期二年，连选将连任。

四九、保长、保国民学校校长、保壮丁队长暂以一人兼任之。

在经济教育发达之区域，国民学校校长以专任为原则。

乡（镇）中心小学保国民学校之名称得沿用现行法令之规定。

五十、保办公处设干事二人至四人，分掌民政、警卫、经济、文化各事务，由保长及国民学校教员分别担任之。

在经费不充裕区域得仅设干事一人。

五一、保长副保长及保办公处职员之训练办法另定之。

五二、保民大会每户出席一人，其组织及职权另定之。

五三、甲之编制以十户为原则，不得少于六户，多余十五户。

五四、甲置甲长一人，由户长会议选举，由保办公处报告乡（镇）公所，备案，甲长之训练办法另定之。

五五、甲设户长会议，必要时并得举行甲居民会议。

五六、保之编制原有名称为村街墟场等者，得仍其旧的，应逐渐改称为保，以规划一。

五七、关于保甲之各种章则另定之。

五八、保甲户口之编查另定之。

癸　附则

五九、本纲要自公布之日起施行。

六十、本纲要施行后，各项法令与本纲要抵触之部分，暂行停止适用。

附件 1-2 四川省县各级组织纲要实施计划 [①]

一、关于总则者

一、奉颁之县各级组织纲要本省各县应遵照委员长手令于二十九年三月一日起同时普遍实施。

二、各专员应饬令辖区各县切实遵照。总裁手订之县各级组织纲要及本计划各项规定体察各县之人力、财力由县而乡镇而保分别先后规定其完成期限，但此项完成期限遵照行政院指示之原则至迟不得超过三年。

三、各县第一年即二十九年至少应完成左列各项工作。

甲．依照新制充实县政府。

乙．依照新制调整区署。

丙．依照新制改组乡镇公所，成立乡镇中心学校及乡镇国民兵队。

丁．依照省颁办法甄训保长。

四、前条所列各项工作期进行程限如左。

甲．充实县政府应依照奉计划第六条、第七条及第九条之规定，于二十九年三月底以前完成之。

乙．调整区署应依照本计划第十六条、第十七条、第十八条之规定于二十九年四月底以前完成之。

丙．改组乡镇公所成立中心学校及乡镇国民兵队应依照本计划第二十二条、第二十三条、第三十四条及第四十五条之规定自二十九年五月着手办理，于同年七月底以前完成之（查各县联保正副主任已决定自二十九年一月起集中各专员区训练，每期训练两个月，分两期训练完毕，

---

① 四川省档案馆藏：《四川省实施县各级组织纲要三年计划大纲》，044-02-3625。

各联保正副主任到毕返任即可着手此项工作）。

丁. 甄选保长应依照省颁办法于二十九年八月底以前完成之，自同年九月开始保长训练。各县所有保长分两期训练完毕，每期训练两个月，于二十九年十二月底以前即可训练。

五、各县应依照前条所规定程限分别拟具实施办法，呈核此项实施办法，务于二十九年度县地方总预算切实配合。

二、关于县等者

六、各县县等除按面积人口经济文化等状况分为三等至六等，应充分注意各县特殊情形予以升等或降等。

七、依据前条标准重行厘定各县县等。

三、关于县政府者

八、各县县政府组织应充分注意左列两原则。

甲. 减少科别，增设人员并酌量提高其待遇。

乙. 边区各县（如松理、茂懋、雷马、屏峨）情形特殊应予各该管专员县长以呈请变通之权。

九、各县县政府应设之科别如左。

甲. 民政科。

乙. 财政科。

丙. 军事科。

丁. 教育科。

戊. 建设科。

各县县政府以教建分科为原则，教育不分科之县，合并设置教建科本年度内应就第次省务会议通过之，八十一县分别设置并加入温江县，但在财政困难之县仍得暂缓分科。

己．社会科。

各县县政府得依地方需要及财政状况酌设社会科，在未设社会科之县其事并入教育科或教建科办理。

庚．地政科。

土地测量完成之县增设之。

十、各县县政府应设之人员如左。

各县县政府除秘书科长、助理秘书、技术政警队长、政务警察及公役等依照规定设置外，关于科员事务及雇员之设置，应依事实需要重行厘定，但各县县政府仍得依照实际状况及财政情形，经县行政会议及该管专属之核定酌减其额设人员。

甲．一等县县政府设一等科员四人、二等科员四人、三等科员六人，共十四人。一二级事务员各七人，共十四人及雇员十六人。

乙．二等县县政府设一等科员三人、二等科员三人、三等科员六人共十二人，一、二级事务员各六人共十二人及雇员十四人。

丙．三等县县政府设一等科员三人、二等科员三人、三等科员四人共十人，一、二级事务员各五人共十人及雇员十二人。

丁．四等县县政府设一等科员二人、二等科员二人、三等科员四人共八人，一、二级事务员各四人共八人及雇员十人。

戊．五等县县政府设一等科员二人、二等科员二人、三等科员二人共六人，一、二级事务员各三人共六人及雇员十人。

己．六等县县政府设一等科员二人、二等科员一人、三等科员二人共五人，一级事务员三人、二级事务员二人共五人及雇员十人。

其在设置社会科之县政府应增设二等科员一人一级事务员一人。

其在教建分科之县政府应增设二等科员一人及二级事务员一人。

其在设置警佐之县关于警佐之待遇应与科长同等。

各县县政府均应设置督学，但其员额应视各县县等及教育情形酌量定之（不得少于原有之督学数）。

四、关于县参议会者

十一、各县县参议会之设置应俟保民大会乡镇民代大会组织完成后办理之。

五、关于县财政者

十二、县财政之收入如左：

甲．土地税之一部（在土地法未实施之县，各种属于县有之田赋附件全额）。

乙．土地陈报正副溢额田赋之全部。

丙．中央划拨补助县地方之印花税三成。

丁．土地改良物税（在土地法未实施之县为房捐）。

戊．营业税之一部（在未依营业税法改完税率以前为屠宰税及其他营业税百分之三十以上）。

己．县公产收入。

庚．县公学营业收入。

辛．其他依法许可制税捐。

十三、县财政支出之划分办法如左：

甲．县行政经费及事业经费均由县库开支，其不足之县应由省库补助之。

乙．县司法经费改由省库负担转请中央补助。

丙．已有专案改由省库负担者，计区立联立学校经费，区立度量衡检定分所经费。县教育视导主任经费及合作指导员经费已有专案，改由县库负担者，计合作指导员临时经费等均照专案办理，但区立联立学校经费应缴斛省库之部分准划拨各该县作为省府补助提高小学教师待遇及扩充中心学校国民学校之用。

丁．国民兵团经费照国民兵组织管理教育实施办法大纲规定办理。

十四、县地方预算之收支编列办法如左：

甲．收入部分。

子．原有及第十二条各款划入之各项收入。

丑．整理财政后之增益。

寅．国库、省库之补助。

卯．筹经费之收入。

天．举办合法新税如营业牌照税行为取缔税等。

地．增加屠宰税猪每支增一元，牛每头加至五元，羊每头加至一元。

玄．国民学校经费另案办理。

乙．支出部分。

各县应就本条甲款各项收入适当分配，务须法令事实兼顾，收支实际平衡。

十五、省库补助之范围及其标准除依照第十三条甲款补助外，特规定如左：

甲．边瘠县份之县政府经费就划入之省有及新增之营业税、屠宰税与房捐尚不敷支，又无他款可资挹注者，准由省政府补助。

乙．边瘠县份之区署经费除照原案补助外，其不敷之款无法筹补者准由省政府补助。

丙．因特殊情形旧案有补助者得酌予补助。

丁．边务经费仍照旧案补助。

六、关于区署者

十六、各县现有区署之裁留在兼顾法令与事实之原则下，由专员斟酌所辖各县区署应行裁留数目列表送请省政府专案办理。

十七、区署之编制应分为甲乙两种，由各县按照纲要第二十六条斟酌地方财力及需要拟呈省政府核定。

十八、区警察所各县得依常实需要及财政情形设置之。

区警察所设巡官一人、警士二十人至四十人，每十人为一班，每班设警长一人，其待遇另定之。

十九、被裁区长之任用办法如左：

甲.提高县指导员待遇（与乙种区区署区长同等）并优先以被裁之区长调用。

乙.被裁之区长之合于县政府各科科长资格者亦得优先调用。

二十、被裁区员之任用办法如左：

甲.由该管县政府酌量录用。

乙.由该管县政府送入各该原籍地方行政干部训练班受训。

二一、被裁区教育视导员之任用办法如左：

甲.由该管县政府按照资格以小学校长教员录用。

乙.由该管县政府送入各该原籍地方行政干部训练班受训。

七、关于乡镇者

二二、乡镇划分各县应依照纲要第二九条及第三十条拟定呈核，但应尽量保留以"场"为中心之优点，并应充分注意历史关系及自然条件。

各县联保之划分如已适当，即就联保改称乡镇，不必多事纷更。

二三、乡镇公所之编制如左：

甲.乡（镇）公所应分为甲乙两种。

乡（镇）所辖之保达十五个而公所所在地较为繁盛、县财政较为充裕者，列为甲种乡（镇），其所辖之保不及十五个者为乙种乡（镇）。

乙.乡（镇）公所之人员及经费各县得视财政状况就纲要第三十二条

规定范围内增减之。

二四、乡镇长副乡镇长在未依法选举以前现任或保主任合于县各级组织纲要第三十一条之则隔着以继任乡镇长兼乡（镇）国民兵队队长为原则，其合于中心学校校长资格者，得兼充校长。其不合于中心学校校长资格者另由中心学校校长兼任副乡镇长。

二五、乡镇民代表大会应俟保民大会完成后举行之。

八、关于乡镇财政者

二六、乡镇财政应先由清理入手，依纲要第四十一条至第四十四条之规定实施。

九、关于保甲者

二七、保甲之编制及保办公处之设置应依照县各级组织纲要办理。

二八、各县保甲应于乡镇公所成立及保长人选确定后依法整编。

二九、保办公处设保长一人兼包裹民兵队队长，副保长一人兼保国民兵队队副。

三十、保长副保长在未依法选举以前由乡镇公所依照纲要第四七条第二项就具有法定资格之人员中报定呈请县政府委派。

三一、在设有国民学校之保，其保办公处第一步暂设干事一人或二人分掌民政警卫经济文化各事务，由副保长及国民学校较远分别兼任之。

三二、受训后之保长月支六元至十二元，副保长月支与马费一元或二元，干事支队付薪。

三三、保民大会应于保办公处成立及保甲整编完成后举行之。

十、关于教育者

三四、各县国民学校应依照规定于三年内完成之，但在财政特殊困难之县不能达到预定程限时得专案呈请省政府核办。

三五、前项国民学校应就原有之公私立初级小学、短期小学及民中学校乃至私塾尽量改组。

三六、乡镇中心学校在该乡镇设有完全小学者即改称为中学学校，在未设有完全小学而设有初级小学者即就初级小学改成为中心学校，逐步充实其内容。在城区各级小学过多之地方，应酌量归并或移设于个乡镇。各县所有乡镇应于第一年内以办到均有一中心学校为准，则其在边区各乡因设立中心学校不足之经费应由省库酌量补助之。

三七、在经济文化发达之地方中心学校及国民学校校长应兼任为原则，其在经济文化不甚发达之地方中心学校校长得由乡镇长兼任，国民学校校长仍由保长兼任。国民学校应设专任教员一人主持校务。

三八、中心学校校长之待遇最低不得少于三十元，中心学校教员及国民学校校长之待遇不得少于二十元，国民学校教员之待援最低不得少于十八元。

前项待遇标准以适用于合格校长教员为限，不合格者得酌量减低。

三九、中心学校经常费预算标准除教职员待遇另有规定外，其办公费以小学部一班（卅民教班一班）为计算标准，应年支七十二元购置费，另列专款统筹支配。新设立中心学校之开办费暂定为二百五十元至五百元。

国民学校之经常费预算标准除教职员另有规定外，其办公费以小学部一班（卅民教班一班）为计算标准，应年支六十元购置费，另立专款统筹支配。新设立国民学校之开办费暂定为二百元至四百元。

四十、在经济困难之地方不能依照前两条标准时得酌量地方情形办理之。

四一、小学教师待遇应另筹款项酌量提高。

四二、各县民众教育馆以继续存在为原则，并应将县图书馆、公共体育场、民众公园及其他民众教育组织一律并入。

十一、关于国民兵团及各级队者

四三、各县县政府军事科设科长一人，其编制与服务规则由省政府会同军管区司令部核定之。

军事科长由军管区司令部遴选，会同省政府委派报请军政部、内政部备案。

四四、区国民兵队队长兼区军事指导员。

四五、乡（镇）专设乡（镇）国民兵队队副一员，兼镇公所警卫股干事，与乡（镇）干部合并训练，交由各县兼团长派用。

四六、依照现制每二保设保国民兵队队副一员，兼警卫干事俟新县制并保后，仍以每保设一员为原则，特大之保，每保设一员由国民兵团会同县政府训练由国民兵团派用。

四七、原有之壮训队应依照规定改为后备队，照原队额缴费维持开支作为年次集训之用。如地方经费可能时，每乡（镇）设一分队。

四八、国民兵团及各级队之开办费（如操场、房屋修缮用具等）办公费由县区乡（镇）保统筹办理，不另列预算。至表册费、教育费、视察督导旅费等应列入县预算开支。

四九、各县后备队暂设立队为原则，民国三十年扩编后备队，如地方款不敷，请军政部酌予补助。

十二、关于合作事业者

五十、本县合作指导室照旧设立，归县政府主管。

五一、合作指导室经费由省合作主管机关依照各县应支数额补助列入县预算。

五二、各县合作指导人员应由省合作主管机关开列合格人员名单，各县长就合格人员名单中遴请省政府加委。

十三、关于各种委员会者

五三、各县国民经济建设委员会、粮食管理委员会、水利委员会、航空建设支会、文献委员会、留学代费审查委员会应即裁撤，所有业务归由主管科办理，但水利委员会及航空建设支会各县有存在必要时仍应保留。

五四、各县现有之民众教育委员会、义务教育委员会继续存在至国民学校成立之日废止。

五五、各县抗敌后援会、优待出征人家属委员会应裁并于动员委员会。

五六、各县节约建国储备委员会、检查仇货委员会、评定物价委员会、疏散委员会合并为战时工作委员会，仍得分股办事。

五七、新生活运动委员防空委员会、禁烟委员会、仓储管理委员会、赈济会、空袭紧急救济联合办事处应仍继续存在。

五八、关于各直系机关之业务应呈由省政府分别转报。

五九、战时工作委员会所需经费列入县预算作工作开支。

附件 1-3　四川省实施县各级组织纲要三年计划大纲 ①

行政院三十年八月二十九日

民国三十年十月十一日

甲　总则

一、四川省政府期于三年内完成新县制之实施起见，特遵照县各级组织纲要及四川省县各级组织纲要实施计划，订定本大纲作为分期推行之准则。

二、本省实施县各级组织纲要自二十九年三月份起分三期推进完成之：

第一期二十九年三月至三十年六月。

第二期三十年一月至三十一年十二月。

第三期三十二年一月至同年七月。

三、依推进地方自治之程序确定每一时期之中心任务如左：

第一期为自治准备时期，以调整县以下各级组织培养基层干部健全行政机构为中心。

第二期为自治培养时期，以组织民众训练民众及完成自治所必需之事业条件为中心。

第三期为自治开始时期，以建立自治组织推行自治业务发展自治机能以进于地方自治之确立为中心。

乙　第一期工作要项

一、关于组织者

---

① 四川省档案馆藏：《四川省实施县各级组织纲要三年计划大纲》，044-02-3625。

（一）调整各县区划，重行（新）厘定各县等级。

（二）制颁县以下各级机构之组织章则。

（三）改组县政府，成立国民兵团，调整区署，成立区国民兵队部。

（四）调整乡镇区制，成立乡镇公所、乡镇国民兵队部。

（五）县原有之各种委员会于改组县政府时同时加以调整裁并。

（六）县政会议、县行政会议及民意咨询委员会仍照旧举行。

（七）区署调整完成及乡镇公所成立后即按期举行区务会议及乡镇务会议。

二、关于人事者

（一）甄选各级干部人员

子．由省政府甄选者。

1.县长。

2.县行政人员及区长。

丑．由县政府甄选者。

1.区署指导员。

2.乡镇长、副乡镇长、乡镇中心学校校长。

3.乡镇公所其他职员。

4.保长、副保长、保国民学校校长。

寅．由乡镇公所甄选者。

1.保办公务职员。

2.甲长。

（二）训练各级干部人员

子．由省设置地方行政干部训练团，训练左列人员。

1.甄审合格之县行政人员及区长。

2.现任之行政人员及区长。

丑．由专员公署设置地方行政干部训练班及师资训练班，训练左列人员。

1.区指导员、区队副。

2. 次级财务人员。

3. 乡镇长、副乡镇长、乡镇队副、及乡镇公所各服主任。

4. 乡镇中心学校校长及国民教育师资。

寅．由县政府设置地方行政干部训练所记短期师资训练班训练左列人员。

1. 乡镇公所干事及助理干事。

2. 保长、副保长、保队副及保干事。

3. 保国民学校师资。

（三）制颁各级干部人员任用、考核、奖惩章则

三、关于业务者

（一）管的方面

子．于县政府区署乡镇公所分别改组成立后，即次第实行人事、文书、会计各种科学的管理办法。

丑．县以下各级组织依其层级及职权厉行督导制度，并加强其层级管理制度作用。

寅．整编保甲，清查户口。

（二）教的方面

子．调查学龄儿童及失学成年，并增筹教育经费，确定三年普及国民教育计划。

丑．每乡镇设一乡镇中心学校，每三保设一保国民学校。

寅．各乡镇组织建校委员会，筹划学校建筑设备之进行。

各乡镇中心学校及保国民学校组织基金，筹集保管委员会，筹集并保管基金。

卯．加强国民教育视导工作。

（三）养的方面

子．整理财务收支及公学产。

丑．就重要县份办理土地陈报，确定地籍改订税则。

寅．筹设县银行，建立县党委之金融机构。

卯．增设并改进各级合作社及产业推广所。

辰．实施粮食之增产调查登记及管理。

（四）卫的方面

子．举办国民兵之调查编组及训练。

丑．组织国民兵团各种任务班。

寅．健全保安团队实施清剿清查肃清零匪。

卯．整顿警务，肃清娼赌烟毒。

辰．就重要县份成立县卫生院。

丙　第二期工作要项

一、关于组织者

（一）健全并充实县以下各级组织。

（二）普遍完成保办公处、保国民部队。

（三）整理各种人民国体。

（四）健全民众组织。

（五）整理现有合作社并分期建立乡镇保合作社。

二、关于人事者

（一）继续训练各级干部人员及国民教员师资。

（二）举办各种人民团体及民众组织干部人员讲习会。

（三）举办乡镇保合作社干部人员讲习会。

（四）举办户籍人员讲习会。

（五）甄选并训练卫生人员。

三、关于业务者

（一）管的方面

子．继续整理保甲户口，办理户口异动登记。

丑．次第实施户口普查。

寅．普行国民兵身份证。

卯．各种人民团体及民众组织完成后实施管理及监督。

（二）教的方面

子．充实乡镇中心学校及保国民学校，并按照失学学龄儿童及失学成人数目增加班级。

丑．每三保成立保国民学校二所。

寅．推广乡镇中心学校及保国民学校举办之社会事业并择要设立民众阅览处、民众食堂及民众运动场。

卯．运用各种人民团体及民众组织训练民众自治能力并推行三大运动。

辰．举办教育师资暑期讲习会。

（三）养的方面

子．继续整理县财务收支及公学产，并次第实施公库法。

丑．继续办理土地陈报。

寅．发展县公营事业并建立乡镇财产，于乡镇公所设置财产保管委员会及公产建造委员会。

卯．整理恢复及筹设收养孤老残废等慈善机关及事业。

辰．充实并增设县银行。

巳．开阔县道及乡镇道，并整理及增设乡村电话。

午．次第整理河渠利用溪流扩充改善堰沟池塘。

未．调查及开阔荒地。

申．扩充县产场，并择要设置乡村中心农场及保农田。

酉．增设乡镇保合作社并择要建立各级粮仓及推进其他各种经济事业。

戌．提高手工业及开发工矿事业。

亥．继续实施粮食之增产调查登记及管理。

（四）卫的方面

子．完成乡镇国民兵队及保国民兵之编组，并编造国民兵名簿，切实实施训练。

丑．试行警察、保甲、国民兵联系制度。

寅．增设县卫生院并酌设乡镇卫生所及保卫生员。

丁　第三期工作要项

一、关于组织者

（一）举办各甲户长会议。

（二）举行保民大会。

（三）举行乡镇民代表会。

（四）成立县参议会。

二、关于人事者

（一）举行各甲户长会议选举甲长。

（二）举行保民大会选举乡镇民代表会代表。

（二）举行乡镇民代表会选举县参议会议员及乡镇长、副乡镇长。

（四）选出之乡镇长、副乡镇长及保甲长于就任前举行讲习会。

三、关于业务者

（一）继续发展第二期管教养卫各项事业，并次第充实完成之。

（二）由县政府及县党部合组地方自治督导团，发动党员及曾受训练之各级干部分赴各乡镇保切实指导地方自治之推进。

（三）各级自治机关成立后自治工作之推进仍由政府做作有计划之扶持及推动。

戊　附则

一、各期工作如因人力、财力或特殊情形之限不能如期完成者，得延至次期加速完成之，但必须于第三期终了时达到各级自治机构完全建立之程度。

二、各期工作时间与进度之支配由各县斟酌环境自定之。

三、各县各年度实施新县制工作计划由各县依照本大纲制定之。

四、本大纲自公布之日施行。

附件1-4　四川省县各级组织实施纲要实施上补充注意事项 ①

一、关于县等者

一、各县县等除按面积人口经济文化等状况分为三等至六等外，应充分注意各县特殊情形予以升等或降等。

二、依据前条标准重行厘定各县县等如此件一。

二、关于县政府者

三、各县县政府组织应充分注意左列两原则。

甲．减少科别增设人员并酌量提高其待遇。

乙．边区各县（如松理、茂懋、雷马、屏峨）情形特殊应予各该管专员县长以呈请变通之权。

四、各县县政府应设之科别如左。

甲．民政科。

乙．财政科。

丙．军事科（参照第三十二条第一项）。

以上三科各县县政府均一律设置之。

丁．教育科。

戊．建设科。

各县县政府以建设分科为原则，本年度内，应就第次省务会议通过之八十。

---

①　四川省档案馆藏：《四川省实施县各级组织纲要三年计划大纲》，044-02-3625。

一县分别设置（见附件二）并加入温江县但在财政困难之县仍得暂缓分科。

己．社会科。

各县县政府得依地方需要及财政状况酌设社会科。在未设社会科之县其事业并入教育科办理；在未设教育科之县其事业并入民政科办理。

五、各县县政府应设之人员如左。

各县县政府除秘书科长、助理秘书、技术政警队长、政务警察及公役等依照规定设置外，关于科员事务员及雇员之设置应依事实需要重行厘定，但各县县政府仍得依照实际状况及财政情形经县行政会议及该管专属之核定酌减其额设人员（见附件三）。

甲．一等县县政府设一等科员四人、二等科员四人、三等科员六人共十四人，一、二级事务员各七人共十四人及雇员十六人。

乙．二等县县政府设一等科员三人、二等科员三人、三等科员六人共十二人，一、二级事务员各六人共十二人及雇员十四人。

丙．三等县县政府设一等科员三人、二等科员三人、三等科员四人共十人，一、二级事务员各五人共十人及雇员十二人。

丁．四等县县政府设一等科员二人、二等科员二人、三等科员四人共八人，一、二级事务员各四人共八人及雇员十人。

戊．五等县县政府设一等科员二人、二等科员二人、三等科员二人共六人，一、二级事务员各三人共六人及雇员十人。

己．六等县县政府设一等科员二人、二等科员一人、三等科员二人共五人，一级事务员三人、二级事务员二人共五人及雇员十人。

在其设置社会科之县政府应增设一等科员一人及一级事务员一人。

在其教建分科之县政府应增设二等科员一人及二级事务员一人。

各县县政府均应设置督学，但其员额应视各县县等及教育情形酌量定之（不得少于原有之督学数）。

三、关于县财政者

六、省县财政收入之划分办法如左。

甲．省有屠宰税及房捐之全部。

乙．中央补助印花税款总额百分之三十。

丙．土地陈报完成后，省田赋溢额之一部。

第一款及第二款之收入均自新县制实施之日起划分，第三款之收入应自土地陈报第四期各县全部完成实行新科则之日起划分。

七、省县财政支出之划分办法如左。

甲．县财政经费及事业经费均由县库开支。

乙．县司法经费改由省库负担转请中央补助。

丙．已有专案改由省库负担者，计区立、联立学校经费。区立度量衡检定分开经费。县教育视导立仕经费及合作指导员经费，已有专案改由县库负担者，计合作指导员临时经费等，均照专案办理，但区立、联立学校经费应缴解省库之部分准划拨，各该县作为省府补助提高小学教师待遇及扩充中心学校国民学校之用。

丁．国民兵团经费另案办理。

八、县地方预算之收支编列办法如左。

甲．收入部分。

乙．原有及第六条各款划入之各项收入。

丙．整理财政后之增益。

丁．国库省库之补助。

戊．增筹经费之收入。

己．举办合法新税如营业牌照税行为取缔税等。

庚．增加屠宰税猪 5 增一元，牛每头加至三十元，羊每头加至一元。

辛．筹收国民学校经费依照本府前颁县各级组织纲要实施上应注意事项第二三条第三项之规定办理。

除以上各目准予参酌情形办理外，不得再增人民负担。

壬．支出部分。

各县应就本条甲款各项收入适当分配，务须法令事实兼顾收支实际平衡。

九、省库补助之范围及其标准如左。

甲．边瘠县份之县政府经费就划入之省，有及新增之屠宰税与房捐尚不敷支，又无他款可资捐注者，准由省政府补助。

乙．边瘠县份之区署经费依照原案补助外，其不敷之款无法筹补者，准由省府补助。

丙．因特殊情形旧案有补助者得酌予补助。

丁．边务经费仍照旧案补助。

四、关于县征收处及财务委员会者

十、县征收处之设置办法如左。

甲．现存各县征收局应按照中央核定原案分期裁撤完成征收处制度。

乙．裁撤征收局之县应改设征收处征收省县各项税款，受县长之监督改核、指挥，其未裁之局仍照旧代征赋税。

丙．征收局长或征收处长由省政府委任。

丁．征收处之人员设置及经费开支均依照规定办理。

十一、县财务监督机关在未依法完成以前，县财务委员会仍照旧设其职权，除照下列两项改定办法办理外，余均照旧办理。

甲．公学产及契约之保管在公库未成立以前由省分支金库负责，无省分支金库之县，暂由财委会保管。

乙．财委会应收各款自新县制实施之日或县征收处成立之日起交由征收处经收，收存办法与税款同。

十二、征收局及征收处之经费仍由省库开支，代征县附加税款之百二代征费仍照案斛省。

五、关于区署者

十三、各县现有区署之裁留在兼顾法令与事实之原则下由各专员斟酌所辖各县区署应行裁留数目，列表送请省政府备案办理（见附件四）。应裁各区署之结束手迹应于二月底以前办理完竣。

十四、被裁区长之任用办法如左。

甲．提高县指导员待遇（与乙种区区署区长同等）若优先以被裁之区长调用。

乙．被裁区长之合于县政府各科科长资格者，县长亦得优先调用。

十五、被裁区员之任用办法如左。

甲．由该管县政府酌量录用。

乙．由该管县政府送入各该该原籍地方行政干部训练班受训。

十六、被裁区教育视导员之任用办法如左。

甲．由该管县政府以小学校长教员录用。

乙．由该管县政府送入各该管原籍地方行政干部训练班受训。

十七、区署之编制及经费如左。

甲．区署应分为甲乙两种，由各县斟酌地方财力及需要拟呈省政府核定。

乙．区署之人员及经费如附件五。

六、关于乡镇者

十八、各县乡镇以维持原有联保区划为原则，但因经济情形必须扩并者，得酌量扩并。

十九、现任联保主任之仕用办法如左。

甲．以现任联保主任继任乡镇长为原则。

乙．其合于中心学校校长资格者得兼充校长。

丙．其不合于中心学校校长资格者另由中心学校校长坚韧副乡镇长。

二十、乡镇公所之编制及经费如左。

甲．乡（镇）公所应分为甲乙两种。

乡（镇）所辖之保在十五个以上而公所所在地较为繁盛、县财政较为充裕者，列为甲种乡（镇），其所辖之保不及十五个为乙种乡（镇）。（见附件六）

乙．乡（镇）公所之人员及经费各县得视财政状况就规定范围内增减之。

七、关于保甲者

二十一、保甲之编制应依照县各级组织纲要办理。

二十二、保办公处设保长一人、副保长一人兼队副一人。

二十三、受训后之保长月支六元至二十元，副保长月支与马费一元或二元，干事支队附薪。

八、关于教育者

二十四、各县国民学校应依照规定于三年内完成之，但在财政特殊困难之县不能达到预定程限时，得专案呈请省政府核办。

二十五、在经济文化发达之地方，中心学校及国民学校校长应以专任为原则；其在经济文化不甚发达之地方中心学校校长及国民学校校长得由乡镇长兼任国民学校校长，仍应由保长兼任。

二十六、乡镇长、保长之兼任校长者，其中心学校应设置专任教导主任一人，国民学校应设专任教员一人主持校务。

二十七、中心学校校长之待遇最低不得少于三十元，中心学校教师及国民学校校长待遇最低不得少于二十元，国民学校教师之待遇最低不得少于十八元。

前项待遇标准适用于合格校长、教师为限，其不合格者得酌量减低。

二十八、中心学校经常费预算标准除教职员待遇另有规定外，其办公费以小学部一班（卅民教班一班）为计算标准，应年支七十二元购置费，另列专款统筹支配。新设立中心学校之开办费暂定为二百五十元至五百元。

国民学校之经常费预算标准除教职员另有规定外，其办公费以小学部一班（卅民教班一班）为计算标准，应年支六十元购置费，另立专款统筹支配。新设立国民学校之开办费暂定为二百元至四百元。

二十九、在经济困难之地方不能依照前两条标准时得酌量地方情形办理之。

三十、小学教师待遇应另筹款项酌量提高。

三十一、各县民众教育馆以继续存在为原则，并应将县图书馆、公共体育场、民众公园及其他民众教育组织一律并入，但在经济困难之县其原设之民众教育馆准予缓办。

九、关于国民兵团及各级队者

三十二、各县县政府军事科设科长一人、副科长一人，分役务及训练两股，其编制与服务规则由省政府会同军管区司令部厘定之。

前项科长、副科长由县长兼团长，就现任国民兵团副团长及兵役科长中按其资质能力优秀者择一人任军事科长兼国民兵团副团长其一人仕副科长兼团副，报由省政府会同军管区司令部核委，并由军管区司令部呈报军政部备案。军事科职员应兼为国民兵团职员，并在县政府合并办公。

前项经费列入县政府预算内，国民兵团团部不另列经费。

三十三、区军事指导员应兼区国民兵队队副。

三十四、乡（镇）专设乡（镇）国民兵队队副一员兼镇公所警卫股干事与乡（镇）干部，合并训练交由各县兼团长派用，月支二十至三十元，另每月补助乡镇公所办公费十元，均由军政部支给。（平均月共需约十八万元）。

乡（镇）警卫股主任应兼乡（镇）国民兵队队副。

三十五、依照现制，每二保设包国民兵队队副一员兼警卫干事，特大之保设一员由国民兵团会同县政府训练由国民兵团派用，月支九元至十五元，由军政部支给。（以四万保计，平均月需四十八万元，连同前项全年约需八百万元）。

三十六、原有之壮训队应依照规定改为后备队，照原队额经费维持开支，作为年次集训之用（全省共一百八十五队，月需约十九万元）。如地方经费可能时，每乡（镇）设一分队。

三十七、国民兵团及各级队之开办费（如操场、房屋修缮用具等）办公费由县区乡（镇）保统筹办理，不另列预算。至表册费、教育费、视察督导旅费等应列入县预算开支。

三十八、后备队以暂不扩编为原则，保队副兼警卫干事之经费，民国三十年应由地方款支给，即将军政部所支该项经费移作扩编后备队之用，如地方款不敷，仍请军政部酌予补助。

十、关于合作事业者

三十九、合作事业应归县政府建设科掌管，县政府建设科只设合作指导人员，不另设合作指导员室。

四十、合作指导人员经费由省合作委员会依照各县应支数额补助列入县预算。

四十一、各县合作指导人员应由省政府公布合格人员名单，各县长就合格人员名单中遴请省政府加委。

十一、关于各种委员会者

四十二、各县现有之民众教育委员会义务教育委员会继续存在至国民学校成立之日废止。文献委员会、留学代费审查委员会应即裁撤所有业务归由主管科办理。

四十三、各县现有之水利委员会、航空建设支会、粮食管理委员会应即裁撤所有业务归由主管科办理，但水利委员会各县有存在至必要时仍应保留。

四十四、国民经济建设委员会、兵役协会、抗敌救援会、国民总动员委员会即约建应即合并为战时工作委员会，应分总务、经济、宣传、兵役四组，设秘书一人，由县长遴请省政府委任办理会务。

四十五、新生活运动委员会、防空协会、禁烟委员会、仓储管理委员会、赈济会、空袭紧急救济联合办事处仍继续存在。

四十六、其应裁撤或归并之各种委员会向有专款者，应由县长兼主任委员交银行保存，仍作各该事业之用不得挪移。

四十七、关于直系机关之业务仍应分别呈报。

四十八、战时工作委员会所需经费列入预算，作正开支。

十二、附则

四十九、各县二十九年度县地方总预算收支科目表照另案修订之，县预算岁入来源别岁出政事别科办理之。

五十、四川省县各级组织纲要实施上应注意事项，及行政院办法、县各级组织纲要实施办法三原则事项，凡与本补充注意事项抵触之部分应为无效。

附件 2-1 四川省各县保甲经费收支规程 [①]

第一条 本规程依据行营颁发《修正"剿匪"区内各县编查保甲户口条例》第三十三条及《修正"剿匪"区内各县保甲经费收支规程》之规定，并参酌本省实际情形制定之。

第二条 本省各县保甲及联保办公处经费之收支均依照本规程办理。

第三条 保甲及联保办公处之经费开支数目规定如左：

1.保长办公处每月支二元，其用途列后。

2.保长办公处纸张笔墨灯火及其他必需之用。

3.保甲会议与壮丁集合训练时之茶饮。

4.甲长办公必需之费用。

5.联保办公署经费依照本府民字第九七零五号训令颁发预算标准及各县核定案开支。

第四条 保甲及联保经费以下列各款充之：

1.向保甲内各住户征集保甲捐款。

2.地方公款。

第五条 前条第一项所列保甲捐款每保每月以五元为限，每户每月摊缴数同，应按其财产之多寡，列为等级。最低伍仙，最高不得超过二角，极贫寒者免派，由各县斟酌地方情形拟定适当标准。令饬全县各保、各联保遵照办理，一面呈报备查，（例如，财产达于若干元以上者，列为某等；若干元以下，或全无资产者，列为极贫免派）。其保内户数不止一百者每多十户，每月最少应多筹洋五角，至前条第二项所列地方公款应彻底加以清理，列表专案呈报，由县政府财委会统筹办理，并层报本府查核。

---

① 荣县档案馆藏：《四川省第二区行署、荣县政府、第四区等关于保甲经费征收、预算、公款房屋培修概算的训令、呈、表册》，001-02-060。

第六条　保甲捐款之征集以由县统筹为原则，其办法如左：

1.由各县财委会制具保甲捐款票是（事）项，捐票应按捐款等级分别印制，并编号数票列附后。

2.各县保甲长及联保主任应将管辖区内捐款额数、住户姓名、及其每月纳捐数目与等级层报县政府核准后，令饬财委会填发保甲捐票，并登记数目。

3.为节省手续及费用起见，将前项保甲捐款于一年度内得分作四季征收，每季一次收足三月之款，其第一季定自当年会计年度开始之日即七月一日起征，第二季定自十月一日起征，第三季定自次年一月一日起征，第四季定自四月一日起征。

4.前项捐款应由保长负经收之责，各甲长负督催之责，各联保主任负汇集之责，区长负复查及审核之责，县政府负抽查之责，保长将款收得后除依第三条第一项之规定将该保应支办公费（每月二元，每季六元）扣出后，其余之数应即汇缴联保主任，联保主任除将该联保本月份核定应支之款扣出后，其余之数应汇缴区署，转缴县财务委员会其联保经费以后，由区按其领，转发联保所辖保数，过少保甲所缴经费尚不足开支者，其相差数目应由县财委会就其他各区署各联保所解款内，照数拨给保与联保及区署缴解款时均应分别备具解款凭单及收据，其联保与区署并应各列具收支简明表，各种样式附后。

5.以上各种票据统由县财委会制发，其工本费得就收得之保甲经费内开支。

第七条　联保主任或保长未取得县财委会捐票时不得径向住户收捐，违者严惩，住户对保甲人员之无票收捐者得拒绝付款或专法究办。

第八条　各保保长各联保主任于每季收得捐款后，应即将出款人姓名、纳捐数目等级及解款金额列榜周知，其每月开支款项亦应按月公布区长于收缴捐款时亦应将各联保所缴所领及解县之款分析列明榜示周知。

第九条　保甲内各住户如有异动时在原保甲已缴之捐款不予退回，但异动户得持原住保甲之捐票向迁住之保甲声述以免重征。

第十条　各县保甲经费除去保及联保办公处费用外，解县节余之款，连同第四条所列地方固有经费应由县统筹分配，作为保甲及联保事业经费以及集中训练壮丁补充械弹及调遣壮丁、击匪等需口食费用。

第十一条　各县保甲捐款均一律按照国币征收，其以辅币缴纳捐款者应按该地市价折合国币并应由各县详查情形，明定适当折算标准。

第十二条　各县保甲经费应由各县财委会列为专款办理，并应将收支及分配数目按季（每年分四季）列表，年终造报决算，分别呈由该管行政督察专员公署转呈本府查核，其决算书内，凡关于联保及大宗开支如调集壮丁、击匪费用等应附具印领粘据及详细账目。

第十三条　自本规程颁行后，所有报价经费即依此办理，各县不得于规定以外擅自筹集分文或巧立名目收捐，违则重究。

第十四条　保甲经费经手收支人员如有浮收滥支侵蚀等情兴（形），一经查明或被举发县府依照修正《剿匪区内惩治土豪劣绅条例》严行惩处。

第十五条　本规程自公布之日施行。

附件 2-2　四川省各县区署组织规程 ①

第一条　本省各县实施县各级组织纲要后之区署组织应依照本规程之规定办理之。

第二条　区署为县政府辅助机关，代表县政府指导各乡（镇）办理各项行政及自治事务。

第三条　区署设区长一人，承县长之命综理全区各项行政及自治事务，并指挥监督所属员司及机关团体，由县长就甄别训练合格人员中遴请省政府委任，但应回避本县原籍。

第四条　区署依其等级遵照编制设置指导员协助区长分掌民政、财政、教育、建设及军事等事项，由区长依法遴请县政府核委汇报该管行政督察专员公署，核转省政府备案。

第五条　区署依其等级遵照编制设置雇员及公役承办文书缮写及一切杂务均由区长雇用（佣）之。

第六条　区长薪俸暂定为委任一级至八级，区指导员薪俸暂定为委任三级至十一级。

第七条　区长任期定为三年非受惩戒或刑事处分不得撤换，但在试署期间成绩不良，才力不胜或人地不宜者不在此限。

第八条　区长之升迁调补及奖惩、撤换，各县县政府应详举事实呈由该管行政督察专员公署核转省政府核夺，但经专员就县长查明如有违法失职或其他不法情事确有实据，须立即撤免者得由县长先行停职遴派妥员代理，惟应于三月内检举事实，检同有关证件呈报省政府核办。

第九条　区署钤记应由县政府呈请省政府依照印信条例第三条第四款

―――――――――

① 荣县档案馆藏：《四川省、荣县政府关于县、区组织规程、行文办事规则、乡、镇改组的训令、名册》，001-02-449。

及委任式钤记之规定刊发。

第十条　区署行文对该管县政府及其他上级机关用呈，对各区往来用公函，对所属乡（镇）保甲及机关团体用令，对区民得用令或批示、布告。

第十一条　区署经费应由乡政府按照编制规定编入县地方预算，呈由该管行政督察专员公署，转请省政府核定后，由县库支给之。

区署编制及月支经费标准表另定之。

第十二条　区署得设置区警察所受区长之监督指挥执行地方警察任务，其组织规程另定之。

第十三条　区署得设区调解委员会及区建设委员会，其组织规程分别另定之。

第十四条　区署办事通则另定之。

第十五条　本规程自公布之日施行。

附件 2-3　四川省各县区署办事通则 [①]

第一条　本通则依据四川省各县区署组织规程第十五条之规定制定之。

第二条　区长应就其主管事项按照区内实际情形斟酌轻重缓急于每年度开始前拟具区政实施计划，呈由县政府核定施行，并层报省政府备查。

第三条　区长应每两月巡视所属各乡（镇）一次，并将巡视情形摘要编呈报告呈报县政府查核。

第四条　区指导员应承区长之命巡回指导各乡（镇）办理各项行政及自治事务。

第五条　区署为推进区政应每三月举行区务会议一次，其出席人员如左：

一、区长

二、区指导员

三、区警察所所长

四、乡（镇）长及副乡（镇）长

五、专任之中心学校校长

六、区属各种委员会委员

七、区内各团体代表及公私企业之重要负责人员

八、地方公正士绅

区务会议议决案应呈报县政府核准施行。

第六条　区署为推进区政，除定期召开区务会议外，并得经政府核准召集所属各级干部人员举行讲习会。

---

① 荣县档案馆藏：《四川省、荣县政府关于县、区组织规程、行文办事规则、乡、镇改组的训令、名册》，001-02-449。

第七条　区署职雇员除奉派出差或因故请假者外，均应依照规定办公时间到署办公，不得迟到早退，并应于规定办公时间以外派员轮值日。区署办公时间由县政府定之。

第八条　区署遇有紧急事件，虽非办公时间或在假期内亦应指定主管人员处理之。

第九条　区署处理公文须分紧急、次要、普通三种，限日办竣，不得积压。

第十条　区长因公外出或请假离职，应指定指导员一人代理其职务，其离职期间在一月以上者，得由县政府派员代理，并层报省政府备查。

区长请假在七日以内者，得由该管县政府核准，在七日以上十五日以内者，应由县政府报由该管行政督察专员公署核准，在十五日以上者应层报省政府核准，方得离职。

第十一条　区署职雇员请假应经区长核准方得离职，其请假在十五日以上者，得由区长派员代理，并报县府备查。

第十二条　区署应置考勤簿稽核职雇员之勤惰。

第十三条　区署收发文件、收支公款、保管公物及职雇员办公到退请假出差均应分别置簿登记。

区署所属乡（镇）区划保甲编制乡（镇）保甲长及机关团体负责人员姓名均应分别制成图表存署。

前项簿册图表，如遇交代时应连同其它公物文件等项一并移交后任点收。

第十四条　区署除依法设置调解委员会外，不得受理民刑诉讼。

第十五条　区署职员因公出差不得接受任何供应。

第十六条　区署办事细则由各区署拟呈县政府核定施行。

第十七条　本通则自公布之日施行。

附件 2-4　四川省各县保务会议规则 ①

第一条　本规则依据四川省各县保办公处组织章程第十二条之规定制定之。

第二条　本会议的左列人员组织之

一、保长及副保长

二、保办公处干事

三、本保国民学校校长及教职员

四、本保国民兵队队长及队坿

五、本保合作社理事

六、本保各甲甲长。

第三条　本会议开会时得邀请左列人员列席

一、与所议事项有关之本保机关团体代表

二、木保热心地方公益之公正士绅。

第四条　本会议讨论之事项如左

一、保自行举办之事项

二、乡镇公所饬令办理之事项

三、保民大会议决案之执行事项

四、保民大会提案之标准事项

五、出席人员提议事项

六、列席人员建议事项

七、本保机关团体代表之建议事项

八、保公民十人以上之建议事项

---

① 荣县档案馆藏：《四川省政府关于乡镇划分、职员、保甲长考选、甄审、任免、行文、办事、文书处理、保办设备、经费标准、保务会的规则、章程、办法》，001-03-545。

九、其他有关保务之重大事项。

第五条 本会议由保长召集之并为主席保长因故不能出席时由副保长代理主席。

第六条 本会议每月开会一次，必要时得召开临时会议。

第七条 保办公处于保务会议开会三日前，应报请乡镇公所派员出席指导。

保务会议开会时，乡镇公所为便于派员出席指导起见，得将各保保务会议开会日期（临时会议除外），按各保变通情形路程远近及场期先后编定全部乡镇各保保务会议日程表通饬遵行。

第八条 本会议须有三分二以上人员之出席始得开会出席人员过半数之同意始得为决议，可否同数时取决于主席。

第九条 本会议之会议记录（记录式样附后）应由保办公处呈报乡镇公所备案，其重要决议案件并应呈由乡镇公所转呈县政府核准后方得执行。

第十条 应出席本会议之人员除有正当事故经核准请假者外，不得无故缺席，无故缺席一次者，警告连续缺席二次以上者，由保长呈请乡镇公所依照四川省各县乡镇保甲人员考核奖惩暂行办法第四条及第十一条之规定从重惩罚。

第十一条 本规则自公布之日施行。

附保务会议记录式样

某某县第几区某某乡（镇）第几保保务会议记录

时间年月日午时

地点

出席人

列席人

缺席人（应分别注明其缺席原因）

主席记录

开会如仪

报告事项

一、

二、

讨论事项

一、

决议：

二、

决议：

临时动议

一、

决议：

二、

决议：

散会

主席签名

附件 2-5　四川省各县保民大会会议规则 ①

第一条　本规则依据保民大会组织规程第十九条之规定制定之。

第二条　本会议除依保民大会组织规程之规定外，悉依本规则之规定。

第三条　保民大会开会之日期、时间、地点及讨论事项，由保长于开会二日前通知各甲长转知各户，并于保办公处正式公布之。

第四条　保民大会会场设于办公处或其他所在地。

第五条　保民大会议场内设座位，按甲户之次序分成排列，不得紊乱。

第六条　保民大会出现公民均须于出席簿上签到。

第七条　保民大会开会时，保长主席、保长有事故时，副保长主席、保长、副保长均有事故时，由大会推举一人主席。

保长大会开会时，保长、副保长对于与本身有利害关系之事件应即回避，由大会推举临时主席。

第八条　保民大会非有本保各户出席人数过半之数出席，不得开议。

议案之表决，以出席人数过半数之同意行之，可否同数时取决于主席。

罢免案之成立应有出席人三分之二以上之同意。

第九条　保民大会出现人对于与本身有利害关系之议案，不得参与表决。

第十条　主席于出席人已足法定人数时，应即按时宣告开会，如已届开会时间，不足法定人数，得宣告延展半小时开会或改开谈话会。

前项谈话会通过之决议案，应报告大会追认之。

---

① 《县政》，成都县政月刊社，1942 年。

第十一条　保民大会开会时，由主席指定保办公处职员或国民学校教员一人或二人担任记录。

第十二条　保民大会应有记录事项如左：

一、开会次数及日期

二、开会地点

三、出现人姓名、人数及其甲户别

四、缺席人数及甲户别

五、主席姓名

六、记录员姓名

七、报告事项

八、讨论事项

九、临时动议事项

前项记录应由主席及记录员签名盖章，送由保办公处保存。

第十三条　保民大会选举或罢免保长、副保长及乡镇民代表会代表时，应另制记录其内容如左：

一、开会日期

二、开会地点

三、出现人姓名及甲户别

四、缺席甲户别

五、主席姓名

六、记录员姓名

七、选举或罢免事由

八、投票经过情形

九、投票人与票纸比较数目（说明是否相符）

十、投票结果

第十四条　出席公民有左列情事之一者，主席应予制止或令其退席，并按其情节轻重科以一角以上一元以下之公益捐款或其他处分。

一、未得主席许可，擅自离席者

二、不遵守会场秩序者

三、发言逾越讨论范围者

四、携带以妨碍会场秩序之器物者

五、有违反三民主义或国策之言论者

第十五条　出席公民欲为发言时，须先起立报告甲、户别，如二人以上同时起立时，由主席指定其发言之先后。

第十六条　出席公民对每一议题之发言，不得过二次，每次不得过十分钟，但主席许可者不在此限。

第十七条　出席公民对保办公处经办事件有所询问时，保长应即予以解答。

第十八条　每次会议完毕后，记录员应将本次会议记录当众朗读之，出席公民如认为记录有错误时，得即时请求更正，对于更正记录之请求发生争议时，应付表决。

第十九条　本规则自公布之日施行。

附件 2-6　四川省各县保民大会组织规程 [①]

第一条　本规程依据县各级组织纲要第五十二条及乡镇组织暂行条例第五章之规定制定之。

第二条　保民大会由本保每户公民一人组织之，如一户有公民二人以上时，以户长为当然出席人或由户长指定一人出席。

第三条　保民大会之职权如左：

一、议决本保保甲公约

二、议决本保与他保间相互之公约

三、议决本保人工征集事项

四、议决保长交议及本保内公民五人以上提议事项

五、选举或罢免保长或副保长

六、选举或罢免乡镇民代表会代表

七、听取保办公处工作报告及向保办公处提出询问事项

八、其他有关本保重要兴革事项

本条第一项第五项及第六款开始实行之区域及日期另以命令定之。

第四条　保民大会议场设于保办公处或其所在地。

第五条　保民大会每月开会一次由保长召集之，遇有特别事故由保长或本保二十户以上之请求召集临时会议。

第六条　保民大会之召集须于开户前用书面通知各甲长转知各户。

第七条　保民大会之会期不得逾一日。

第八条　保民大会开会时，保长主席保长有事故时，副保长主席保长、副保长均有事故时，由大会推举一人主席。

保民大会开会时保长、副保长对于本身有利害关系之事件，应即回

---

① 《县政》，成都县政月刊社，1942 年。

避，由大会推举临时主席。

第九条　保民大会非有本保各户出席人数过半数之出席，不得开议。

议案之表决以出席人数过半数之同意行之，可否同数时取决于主席。

罢免案之成立应有出席人数三分二以上之同意。

第十条　本保各户无正当理由而不出席保民大会者，应科以定额之公益捐，其额应于本保保甲公约中规定之，但因特殊情形事先请假，经召集人准许者不在此限。

第十一条　保民大会出席人对于本身有利害关系之议案，不得参与表决。

第十二条　保长提案应以书面行之。

第十三条　公民出席于保民大会时，其提案得用言词行之，但须有二人以上之附议，并由记录员记录之。

第十四条　保长对于保民大会负左列各任务：

一、布置议场及办理会议记录

二、报告经办事项

三、答复出席人知询问

四、厘定议决案件

五、公布大会决议案

第十五条　保民大会决议事项与现行法令抵触者无效。

第十六条　保民大会决议案送请保长分别执行，但须先行呈报乡镇公所备案，其依法令须呈准执行者，并须专案呈准方得执行。

前项决议案，如保长延不执行或执行不当，得请其说明理由，如仍认为不满意时，得报请乡镇公所转呈县政府核办。

第十七条　保长对于保民大会之决议案，如认为不当时，理由送请覆议，对于覆议结果仍认为不当时，得呈报乡镇公所转呈县政府核办。

第十八条　乡镇公所对于保民大会之决议案认为有违反三民主义或国策情事者，得开明事实，呈请县政府核准予以解散。

另行召集并由县政府呈报省政府备案。

第十九条　保民大会会议规则及开会秩序另定之。

第二十条　本规则自公布之日施行。

附件 2-7　四川省各县乡镇民代表会组织规程 [①]

第一条　本规程依据县各级组织纲要第四十条及乡镇组织暂行条例第二章之规定制定之。

第二条　乡镇民代表会由本乡镇之保民大会各选举代表一人组织之。但未满七保之乡（镇）仍应选出代表七人。

第三条　乡镇民代表会之职权如左：

一、议决乡镇概算、审核乡镇决算事项

二、议决乡镇公有财产及公营事业经营与处分事项

三、议决乡镇自治规约

四、议决本乡镇与地（他）乡镇间相互之公约

五、议决乡镇长交议及本乡镇内公民？议事项

六、选举或罢免乡镇长

七、选举或罢免本乡镇之县参议员

八、听取乡镇公所工作报告及向乡镇公所提出询问事项

九、其他有关乡镇重要兴革事项

乡镇民代表会议决之概算应经县政府核准，并编入县概算，其审核之决算应经县政府复核并公布之。

本条第一项第六款及第七款开始行使之区域及日期另以命令定之。

第四条　乡镇民代表任期二年得连选连任。

第五条　乡镇民代表于任期内因事故去职或被罢保免时由该候补当选人依法递补，无候补当选举时，依法另选其任期，以补足前任未满之期为限。

乡镇民代表如一会期内，均未出席而无正当理由者视为辞职，依前项

---

① 《县政》，成都县政月刊社，1942 年。

之规定办理。

第六条　乡镇民代表不得兼任乡镇公所及保办公处职员。

第七条　乡镇民代表为无给职，但在开会期内得斟酌给膳宿费。

第八条　乡镇民代表会置主席一人，由乡镇民代表互选之。

各乡镇长由乡镇民代表会选出者得由乡镇长兼任之

乡镇民代表会开会时，主席对于本身有利害关系之事件应行回避。

第九条　乡镇民代表会主席缺席或依前条第二项之规定回避时由出席乡镇民代表互推一人为临时主席。

第十条　乡镇民代表会每三个月开会一次，第一次会议由乡镇长召集之，其余会议由主席召集之，如遇特别事故经乡镇长或乡镇民代表三分之一以上之请求时得举行临时会议，均不得逾三日。

第十一条　乡镇民代表会议场设在本乡镇公所或其所在地

第十二条　乡镇民代表会之召开集须于开会五日前将开会日期用书面通知各代表，临时会议至少于开会一日前通知。

第十三条　乡镇民代表会开会时，除通知乡镇长、副乡镇长、乡镇中心学校校长、乡镇国民兵队队长及乡镇合作社理事列席外，其余与所议事项有关之机关团体代表或其他人员得由代表会通知其列席。

第十四条　乡镇民代表会非有本乡镇全体乡镇民代表过半数之出席不得开议。

议案之表决以出席代表过半数之同意行之，可否同数时取决于主席。

罢免案之成立应有出席代表三分之二以上之同意。

第十五条　乡镇民代表对于本身有利害关系之议案不得参与表决。

第十六条　乡镇民代表会会议公开之，但经主席或代表三人以上之提议得禁止旁听。

第十七条　乡镇民代表提案以书面行之，但开会时遇有必要事件得为临时动议。

第十八条　乡镇长提交乡镇民代表会之案件以书面行之。

第十九条 本乡镇内由公民向乡镇民代表会建议时，应有十人以上之连署。

第二十条 乡镇长对于乡镇每年代表会负左列各任务

一、布置议场，办理会议记录

二、报告经办事项

三、答复乡镇民代表之询问

前项会议记录得就乡镇公所职员中调派兼办之。

第二十一条 乡镇民代表会决议事项与现行法令抵触者无效。

第二十二条 乡镇民代表决议案送请乡镇长分别执行，但须先口呈报县政府备案，其依法令须呈请县政府核准执行者，并须专案呈准方得执行。

前项决议案如乡镇长延不执行或执行不当，得请其说明理由，如仍认为不满意时，得报请县政府核办。

第二十三条 乡镇长对于乡镇民代表会之决议案，如认为不当，得附理由送请复议，于复议结果如仍认为不当时，得呈请县政府核办。

第二十四条 县政府对于乡镇民代表会之决议案，认为有违反三民主义或国策情事者，得开明事实，呈请省政府核准后予以解散，并应于解散后三个月内依法重选补报内政部备案。

第二十五条 乡镇民代表选举规则即乡镇民代表会会议规则另定之。

第二十六条 本规程自公布之日施行。

附件 2-8　四川省各县乡镇民代表会会议规则 ①

第一条　本规则依据乡镇民代表会组织规程第二十五条之规定制定之。

第二条　本会议除依乡镇民代表会组织规程之规定外，悉依本规则之规定。

第三条　乡镇民代表会之召集应于通知书内载明开会日期、地点、收支提案日期及其他应行注意事项。

第四条　乡镇民代表会议场设在本乡镇公所或其所在地。

第五条　各代表之席次抽签定之。

第六条　会议前应将出席人及缺席人之姓名及人数分别载明于签到簿。

第七条　乡镇民代表会非有本乡镇全体乡镇代表过半数之出席，不得开议。

议案之表决以出席过半数之同意行之，可否同数时，取决于主席。

罢免案之成立应有出席代表三分之二以上之同意。

第八条　乡镇民代表会会议公开之。

第九条　主席于出席人数已足法定人数时，应即按时宣告开会。如已届开会时，尚不足法定人数，得宣告延展一小时开会或改开谈话会。

前项谈话会通过之议决案应报告大会追认之。

第十条　开会时之记录员及其职员由乡镇公所职员调派充任。

第十一条　出席人非经主席许可不得退席。

第十二条　出席人有左列情事之一者，主席应于制止或令其退席。

其情节重大者并得经大会议决予以其他处分

---

① 《县政》，成都县政月刊社，1942 年。

一、未得主席许可擅自离席者

二、不遵守会场秩序者

三、发言逾越讨论范围者

四、携带足以妨碍会场秩序之器物者

五、有违反三民主义或国家之言论者

第十三条　乡镇民代表会主席应斟酌议案繁简预定本届会议时间，按日分别上午一次，下午一次编排，议事日注于开会前公告之，并通知各代表。

第十四条　前条议事日程之编排顺序如左：

一、报告事项

二、依法应经会议议决事项

三、乡镇长交议事项

四、乡镇民代表提议事项

五、乡镇民代表询问事项

六、乡镇公民建议事项

七、临时动议事项

八、选举或罢免事项

第十五条　乡镇长交议及乡镇民代表提议事项，应以书面行之。

第十六条　乡镇公民之建议事项须有十人以上之连署并经乡镇民代表二人以上之介绍或主席之许可，始得付议。

第十七条　临时动议须有出席代表二人以上之附议始得付议。

第十八条　议案未付讨论前，原提案人得申请撤回或修正之。

前项议案之撤回如原连署人不同意时，应先为准许撤回与否之表决。

第十九条　代表欲为发言时，须先起立报告席次号数，如二人以上同时起立时由主席指定其发言之先后。

第二十条　代表对每一议题之发言不得过二次，每次不得过十分钟，但经主席许可者不在此限。

第二十一条　代表在会内发言对外不负责任，但有第十二条第五款情形者，不在此限。

第二十二条　议定案件审查者由主席于出席代表中指定若干人组织审查委员会审查之。

第二十三条　审查委员会应就原案参加意见制成审查报告等，于会议时报告之。

第二十四条　主席得因审查提案宣告休会一次或二次。

第二十五条　议案之表决方式如左：

一、举手或起立

二、投票

第二十六条　议案被否决后，在同一会期内不得再行提出。

第二十七条　代表对于本人缺席时议决之议案不得另持异议。

第二十八条　主席对于本身有利害关系之议案应自请回避，由出席代表另推临时主席。

出席代表对于与本身有利害关系之议案，不得参与表决。

第二十九条　议案经会议讨论表决，由主席宣布结果者即成决议案，应以书面制成会议录其内容如左：

一、开会次数及日期

二、开会地点

三、出席人姓名及人数

四、缺席人姓名及人数

五、列席人姓名及人数

六、主席姓名

七、记录员姓名

八、报告事项

九、讨论事项

十、临时动议事项

第三十条 乡镇民代表会关于选举罢免事项应另制会议录其内容如左：

一、开会日期

二、开会地点

三、出席人姓名及人数

四、缺席人姓名及人数

五、列席人姓名及人数

六、主席姓名

七、记录员姓名

八、选举或罢免事由

九、投票经过情形

十、投票人数票选之

十一、投票结果比较数目

第三十一条 每次会议完毕，记录员应将本次会议录当众朗读之，出席代表如认为记录有错误时，得即时请求更正，对于更正记录之请求发生争议时，应付表决。

主席及记录员对于会议录应为签名盖章。

第三十二条 本规则自公布之日施行。

附件 2-9 四川省各县户长会议会议规则 ①

第一条 本规则依据县各级组织纲要第五十五条及乡镇组织暂行条例第八章之规定制定之。

第二条 甲设户长会议，由本甲各户长组织之户长有事故不能出席时，应派一人代表出席。

第三条 户长会议之职权如左：

一、选举或罢免甲长

二、政令之执行事项

三、本甲内户口之稽查填报事项

四、本甲内清洁卫生事项

五、本甲内应兴应革事项

本条第一项第一款开始行使之区域及日期，以命令定之。

第四条 户长会议在本甲公共处所举行，无公共处所者在户长住宅或保办公处或本甲居民住宅举行。

第五条 户长会议由甲长召集，每月开会一次，必要时经甲长或三户以上之请求得举行临时会议，开会时甲长主席甲长有事故或所议事项与甲长本身有利害关系时，由出席人推举一人主席。

第六条 户长会议之召集须于开会前一日通知各户户长。

第七条 户长会议之会期不得逾半日。

第八条 户长会议开会时由主席指定出席居民一人担任记录。

第九条 户长会议开会时，应置出席簿，由出席居民亲自划"O"符号于姓名之下，其缺席者由召集人代划"X"符号于姓名之下。

第十条 户长无正当理由而不出席户长会议者，应科以定额之公益

---

① 《县政》，成都县政月刊社，1942 年。

捐，其数额依本保保甲公约之规定，由特殊情形事先请假，经召集人准许者不在此限。

第十一条　户长会议非有本甲户长过半数之出席，不得开议。

议案之表决以出席人过半数之同意行之，可否同数时取决于主席。

行使选举或罢免时，须有居民三分二以上之出席，始得开会，出席居民四分三以上之同意，始得决议。

第十二条　出席户长有左列情事之一者，主席应予制止或令其退席，并按其情节轻重科以一角以上一元以下之公益捐或其他处分：

一、未得主席许可擅自离席者

二、不遵守会场秩序者

三、发言逾越讨论范围者

四、携带足以妨碍秩序之器物者

五、有违反三民主义或国策之言论者

第十三条　户长会议之提案得以言词行之，但须记录。

第十四条　户长会议议案之表决以举手行之，但对特别重要事件须用投票。

第十五条　出席户长欲为发言时须先起立，如二人以上同时起立时，由主席指定其发言之先后。

第十六条　出席户长对每一议案之发言不得逾二次，每次不得过五分钟，但经主席许可者，不在此限。

第十七条　户长会议议案应由主席指导记录记载其要点。

第十八条　户长会议决议案由甲长执行之。

第十九条　本规则自公布之日施行。

附式一 户长会议出席簿式样

户别	姓名	一月	二月	三月	四月	五月	六月	七月	八月	九月	十月	十一月	十二月
出席户数													
主席签名盖章													
记录员签名盖章													

附件 3-1　四川省各县乡镇公所职员之甄选任免暂行办法[①]

一、四川省各县在"民选乡镇长"未实施以前，所有乡镇公所职员之甄审选拔任用免职，除其他法令别有规定外，悉依照四川省各县乡镇公所职员甄选任免暂行办法办理之，（以后简称本办法）。

前项所称乡镇公所职员指乡镇长副各股主任干事等事务员而言。

二、乡镇公所职员之甄审选拔由各县设置乡镇公所职员甄选委员会办理之，委员会以县长为主任委员，县党部、书记长、县政府、秘书、民政科长及教育科长为委员。

前项被甄审人员暂以乡镇长副，各股主任及专任户籍干事为限。

三、合于下列各款者得申请甄审

甲、中华民国之男子年在二十五岁以上五十岁以下，身体强健而有左列资格之一者，得申请甄审乡镇长。

子、在联保改乡镇时，现任联保主任者。

丑、曾受自治训练成绩及格，领有证书者。

寅、师范或初中以上学校毕业，领有证书者。

卯、普通考试及格领有凭证者。

辰、曾任委任职一年以上而有文件证书者。

巳、文理通达，办理地方公益三年以上卓著成绩而有事实证明者。

午、文理粗通、乡望素孚而有本乡镇之保长过半数联名负责保荐经县长核准者。

乙、中华民国之男子年在二十三岁以上四十岁以下，身体强健而有左列资格之一者，得申请甄审副乡镇长。

---

① 荣县档案馆藏：《四川省政府关于乡镇划分、职员、保甲长考选、甄审、任免、行文、办事、文书处理、保办设备、经费标准、保务会的规则、章程、办法》，001-03-545。

子、合于"甲"款"子""丑""寅""卯""辰"多项资格之一者

丑、曾任高小以上学校校长二年以上而有文件证明者。

寅、曾任党务工作一年以上而有文件证明者。

丙、中华民国人民不分性别，年在二十岁以上，身体强健而有左列资格之一者得申请甄审乡镇公所各股主任。

子、合于"甲"款"子""丑""寅""卯""辰""已"及"乙"款多项资格之一者。

丑、曾任初小以上学校教员二年以上而有文件证明者。

寅、曾在各机关团体服务二年以上而有文件证明者。

丁、中华民国之男子年在二十岁以上，身体强健而有左列资格之一者得申请甄审担任户籍干事。

子、合于"甲"款"子""丑""寅""卯""辰""已"及"乙""丙"两款各项资格之一者。

丑、粗通问你算数，而有服务社会之修养与精神者。

四、除前条执行申请甄审者外，县长应博访周谘，如有具备前条甲项资格之一，确为贤能志士，虽未经甄审者，亦得由县政府委任之。

五、有左列各款情事之一者，不予甄审，如于事后发现者

甲、褫夺公权尚未复权者。

乙、亏欠公款尚未清偿者。

丙、曾因赃私处罚有案者。

丁、吸食鸦片及其代用品者。

戊、残废衰弱不堪服务者。

己、禁治产者。

庚、有土豪劣绅行为曾受处刑之宣告者。

六、申请甄审人员应填具申请书履历表，连同资格证明文件送请甄审委员会审查，审查合格者榜示周知，定期测验（申请书履历表式附后）。

七、测验方法如左

甲、个别谈话：由县长兼主任委员会同各甄选委员分组接谈，并就县政府、县党部调派职员协同，接谈时应注意考察被甄审者之"体格""态度""言语""常识"，分别记录，其分数按百分数平均计算其成绩（谈话记录表式附后）。

乙、文字测验：测验公文程式及行政实务，其试卷由甄选委员会各委员评定，没卷必须经过三人核阅，其记分核算与上款办法同，惟同一被甄选者担任个别谈话之评判人员不能同时担任文字测验之评判，以资严密。

八、甄审完毕后，县政府即将合格人员榜示周知，并造具清册分呈省政府专署备查（清册式附后）。

前项甄审合格人员乡镇长副不得超过应设之员额，各股主任及户籍干事不得超过应设员额二分之一，又前项合格人员平时应严切注意其思想行动，并尽量介绍其加入中国国民党。

九、凡甄审合格人员须加以训练，其办法另定之。

十、乡镇公所职员之任用依照下列规定行之

甲、乡镇公所职员凡依法应行兼职者，其任免概不依其本职为转移。

乙、乡镇长副由县政府就甄审合格者委任之，其合于中心学校校长资格者得兼任校长。

丙、乡镇长出缺时以副乡镇长递补为原则。

丁、乡镇公所各股主任及专任户籍干事由乡镇长就甄审训练及格暨法定兼职者呈请县政府委任之。

戊、乡镇公所职员除依上列各款任用外，其余人员概由乡镇长委任呈款县政府备查。

以上各员之任用以"就地取材"为原则，如本籍人不敷应用或不适当者，亦得委用外籍人，但乡镇长副中至少须有一人系本籍人。

十一、乡镇公所职员除前条规定外，概不准任用，既经委任之后，如无正当理由，亦不准拒绝接受。

十二、乡镇公所职员之去职依照下列规定行之。

甲、依法升迁调用者。

乙、违法失职经查照撤职者。

丙、能力薄弱贻误公务经考核免职者。

丁、怠忽职务不服指挥经主管人员呈请撤职者。

戊、自请辞退理由充足，经主管人员核准者。

除上列各款规定外，概不准撤换或辞退。

十三、乡镇公所职员去职时，非将交代办清不准离职，违者以擅离职守论，除取消其资格外，并勒令回归清理交代，交代办法另定之。

十四、本办法自公布之日施行。

附件 3-2　四川省各县保长甄选任免暂行办法 [①]

一、本省各县在"民选保长"未实行以前，所有保长及副保长之甄选任免，除法令别有规定外，悉依本办法之规定办理之。

二、保长、副保长之甄选由各县设置保长甄选委员会办理之，委员会以县长为主任委员，县党部书记长、县政府秘书、民政科长、教育科长及各区区长为委员。

三、国民年在二十五岁以上四十五岁以下，家世清白，品行端正，身体强健而有左列资格之一者，得申请甄选保长或副保长

甲、师范学校或初级中学以上学校毕业，领有证书者。

乙、曾任公务员或在教育文化机构服务一年以上，著有成绩而有文件证明者。

丙、经自治保甲训练成绩及格领有证书者。

丁、曾任自治保甲职员，小学教员或办理地方公益事务二年以上而有文件证明者。

戊、经小学教员检定合格者。

己、高级小学以上学校毕业或有同等学力者。

庚、初级小学毕业，公正勇敢，热心公益，富有办事能力及经验者。

辛、在地方办理社会事业者，著有声誉者。

四、有左列各款情事之一者，不予甄选，如于事后发现者，取消其资格

甲、褫夺公权尚未复权者。

乙、亏欠公款尚未清偿者。

---

① 荣县档案馆藏:《四川省政府关于乡镇划分、职员、保甲长考选、甄审、任免、行文、办事、文书处理、保办设备、经费标准、保务会的规则、章程、办法》，001-03-545。

丙、曾因赃私处罚有案者。

丁、吸食鸦片或其他代用品或有其他不良嗜好者。

戊、残废衰弱不堪服务者。

己、禁治产者。

庚、有土豪劣绅行为曾受处刑之宣告者。

五、保长副保长之甄选由乡镇长就本保内居民合于第三条规定资格而又无第四条所列各款情事者，择选加倍人数，报请县政府交由保长甄选委员会甄选之。

同保内无前项人员或不敷时，得就邻保内选择之。

六、凡合于本办法第三条规定资格而又无第四条所列各款情事，未经乡镇长选送者亦得迳向甄选委员会申请甄选，惟此项申请甄选人员取录总数，不得超过全体取录人员五分之一。

七、申请甄选人员应填具申请书及履历表（书表式附后）连同应缴证件，缴由乡镇公所报请县政府交保长甄选委员会审查合格者，由县政府榜示周知并通令各乡镇公所转知各该合格人员定期集中县城举行测验其应缴证件如左：

甲、毕业证明书或修业证明书。

乙、服务证明书。

丙、最近照片一纸（暂无照片或无照相馆之县应于事后补缴）。

丁、其他有关证件。

前项测验如保数或参加甄选人员过多，不能一次办理完毕之县，得以区为单位，分期集中县城举行，惟各期试题之质量应力求相称内容，应避免重复。

八、测验方法如左：

甲、体格检查由甄选委员会聘请当地公私立医院医师担任，体格不及格者不予录取。

乙、个别谈话由县长兼主任委员会同各甄选委员分组接谈，并就县政府党部调派职员协同办理，接谈时应注意考查被甄选者之"精神""思想""言语"及"办事经验"分别记录其分数（谈话记录表式附后）。

丙、文字测验分国语及常识两种测验，试卷由甄选委员评定分数经主任委员复核后，再与个别谈话，分数合并按百分数平均计算，其成绩惟同一被甄选者，担任个别谈话之评判人不能同时担任文字测验之评判人，以资严密。

九、测验后应按成绩优劣，依照左列标准录取之

甲、每保以录取本保籍之保长、副保长为原则。

乙、本保籍参加甄选人员中成绩过劣不堪任职者，应不予录取，另就邻保参加甄选人员中成绩次优者录取之。

丙、本保籍参加甄选人员中除以其成绩最优者录取为保长、副保长外，其余人员之成绩确属优良者得录为备取。

丁、正取人员总额不得超过应设员额，备取人员总额最高不得超过应设员额五分之一。

戊、凡申请甄选保长者得以副保长录取，申请甄选副保长者亦得以保长录取，由各县保长甄选委员会，按各人测验成绩，学历、经历、办事能力及地方声誉决定之。

十、甄选完毕后应即将合格人员之姓名及乡镇保籍榜示周知，并造具清册分呈省政府及该管行政督察专员公署备查，一面开列名单令饬各有关区署及乡镇公所知照（清册式附后）。

十一、凡甄选合格人员，平时应注意其思想行动，并尽量介绍其加入中国国民党。

十二、凡甄选合格人员应一律参加受训，经训练合格后，始得正式任用又备取人员亦得由县政府按成绩指定其全部或一部参加受训训练办法另定之。

十三、各县除由乡镇公所选送及自行申请参加甄选者外，县长应博访周谘如有具备法定资格确为地方贤能之士而未及参加甄选者亦得由县长特

予选用，但仍须参加受训。

十四、各县甄选训练合格人员于任用后，经过若干时，日因人事变迁致不敷应用时得专案呈请省政府核准举行临时甄选并继续实施训练。

十五、保长、副保长之任用依照左列规定行之

甲、保长、副保长由县政府就甄选训练合格者委任之。

乙、保长、副保长任用时以本保籍为原则，本保籍无合格人员或不敷时得就邻保合格人员中委任之。

丙、正取训练合格人员不敷任用或因故不能到职时，应尽先以本保籍备取训练合格人员递补本保籍，无备取训练合格人员或不敷时得就邻保或较近各保备取训练合格人员中委任之。

丁、保长出缺时，以副保长递补为原则

十六、保长副保长除前条规定外，概不准任用，经委任后如无正当理由，亦不准拒绝接受。

十七、保长副保长及保办公处职员，凡依法应行兼职者，其任免概依本职为转移，但保长不得兼任甲长、乡镇长不得兼任保长。

十八、保办公处职员由保长呈请乡镇公所委任之。

十九、保长、副保长任期二年，但经考核成绩优良者得加委连任之。

二十、保长副保长之去职，依照左列规定行之

甲、"民选保长"产生时。

乙、任期届满经考核成绩平庸不再加委时。

丙、依法升迁调用时。

丁、违法失职经查明撤职时。

戊、能力薄弱、贻误公务，经考核免职时。

己、怠忽职务，不服指挥，经主管人员呈请撤职时。

庚、经甄选训练合格任用后，发现冒名顶替时。

辛、自请辞职理由充足，经主管人员核准时。

壬、其他依法应行去职时。

除以上各款规定外，概不得撤职或辞职。

二一、保长、副保长去职时，非将交代办清不得离职，违者以擅离职守论，除取消其资格外，并勒令回归清理交代，交代办法另定之。

二二、各县办理保长、副保长甄选应用书及清册，概由县政府制发。

二三、各县办理保长、副保长甄选所需经费，准在各县保甲临时费项下动支，无保甲临时费或不敷时，准在县地方总预备费项下动支，由县政府以最经济原则核实，拟具预算呈请省政府核定。

前项经费不满五百保之县，得在不超过三百元之范围内，五百保以上之县得在不超过五百元之范围内，先行动支，并一面拟具预算呈请省政府核定。

附件 3-3　四川省各县乡镇长交代暂行规则 ①

第一条　本规则依据公务员交代条例第十四条及四川省各县乡镇公所职员甄选任免暂行办法第十三条之规定制定之。

第二条　本省各县乡镇长交代除法令别有规定外，悉依本规则之规定。

第三条　前任乡镇长应将左列各件移交后任乡镇长接收

一、经费实领实支及其余存数。

二、经收款项已解未解数。

三、经管仓储积谷、谷款、仓廒及各种登记簿册，收支凭据。

四、公款公产公物及公有房屋器材。

五、印章及各种文卷簿册、保甲户口册籍、户籍地籍册、图书表册、□□收支凭证、乡镇公所职员名册。

六、经管枪械子弹及其他武器。

七、票照存根及未用票照与票照性质相类似之各种单据。

八、其他应行交代事项。

第四条　乡镇长交代应由县政府派员监盘。

第五条　前任乡镇长应于后任□□□之当日，将印章文卷及一切存款移交清楚，其余交代事项至迟应于十日内逐项造具移交清册，汇订交代，总册悉数移交后任接收，非经取得交代清结证明书，不得擅自离去供职所在地，但因奉令调职或因病卸职或在职病故者，得委托所属职员或其他人员代办交代（移交清册及交代清结证明书式附后）。

前项代办交代人员应由前任乡镇长或受托人将委代事由代理人姓名，

---

① 荣县档案馆藏：《四川省政府关于乡镇划分、职员、保甲长考选、甄审、任免、行文、办事、文书处理、保办设备、经费标准、保务会的规则、章程、办法》，001-03-545。

及代理人与前任乡镇长之关系呈报县政府备查。

第六条　前任乡镇长未能如限办理，交代者应由后任呈报县政府传案严惩并依法议处。

第七条　后任乡镇长接到移交清册时，应即会同监盘员于七日内照册逐项盘查清楚，如有疑问，应即通知前任解答更正，交代清楚后，即由后任出具交代清结证明书，交前任乡镇长收执。

前项移交清册应同样缮具三份，以一份交前任乡镇长存执，以一份存乡镇公所，余一份由前后任乡镇长及监盘员会衔呈报县政府查核。

第八条　凡依法令应行专案移交之件，应由前任另造移交清册，专案移交后任接收，后任于接收清楚后，仍应出具交代清结证明书交给前任收执，其他交代手续适用前三条之规定。

第九条　前任乡镇长拒绝交代者，应由后任呈报县政府强制执行并依法严惩。

第十条　后任乡镇长或监盘员发现前任有亏空公款情事及潜逃嫌疑者，应密报县政府或区署予以扣留。

第十一条　前任乡镇长因交代不清，私自逃匿或谎报病故者，除查封其财产抵偿外，并依法严惩。

第十二条　后任乡镇长对于交代故意留难或延不结报者，得由前任呈报县政府，令其结报并依法议处。

第十三条　后任乡镇长及监盘员，如发现前任移交清册有虚谎或漏列情事，应即据实揭报，不得帮同蒙蔽，违者以通同舞弊论，除将前后任乡镇长及监盘员依法惩处外，如有损失并应负共同赔偿责任。

第十四条　前任乡镇长应领经费截至卸前一日止。

第十五条　前任乡镇长经办案件或事务，未及结束者应于交卸时将有关法令表册财务及办理情形专案移交后任接办。

第十六条　前任乡镇长所兼之职务，依照法令，应随本职解除者，其交代办法适用本规则之规定。

第十七条 本规则自公布之日施行。

附件一 移交清册式

四川省县图记乡（镇）公所移交清册

兹将前任乡（镇）长自民国年月日到任日起至年月日交卸前一日止内实领实支经费，经收解支各款、各种凭证，及经管各项公款公产、文卷簿册、暨公共房屋、器材、公用物品、武器等造具四本清册，送请

查收

计开

经费（各种应行移交事项均仿此开造）

旧管

一、收前任移交经费若干元（应分别款目年月日逐项开列）

二、收……

以上共收经费若干元

新收

一、收某年某月份木公所经费若干元

二、收……

以上共收经费若干元

开除

一、支某年某月份本公所经费若干元

二、支……

以上共支经费若干元

实存

一、实存未发某年某月份经费若干元

二、实存……

以上收支相抵，实存经费若干元

附＊＊簿＊＊本

附＊＊单＊＊纸

＊　＊　条　＊　＊　纸

卸任乡镇长　＊　＊　＊

附件二　交代清结证明书式

四川省县乡（镇）公所交代清结证明书

兹证明前任乡（镇）长自民国年月日到任起至年月日交卸前一日止，任内实领实支经费，经收解交各款各种凭证，及经管各项公款公产、文卷簿册暨公共房屋器材、公用物品、武器等均经乡（镇）长会同监盘员查明，照册接收清楚，理合出具交代清结证明书，交由前任收执。

乡镇长（签名）

监盘员（盖章）

中华民国年　月　日　图记

附件 3-4　四川省各县联保办公处结束办法 [①]

一、本省各县原有联保办公处应于乡镇划分完毕，新乡镇公所成立之日全部办理结束。

二、联保办公处结束时，新乡镇区划与原有联保区划相同者，其经管公款公产文令簿册房屋器材公用物品及武器等全部应由各该联保主任依照公务员交代条例移交新乡镇公所逐一点收清楚，并由各该新任乡镇长出具清结三份，交由卸职联保主任□存一份，余二份，呈由该管区署分别核转县政府（无区署之区迳呈县政府）查核。

三、联保办公处结束时，新乡镇区划系两个以上联保区划合并时，应分别情形按照左例方法办理交接。

甲、乡镇公所所在地之联保办公处或乡镇公所在地无联保办公处，其距离乡镇公所最近之联保办公处经管公款公产文令簿册房屋器材公用物品及武器等全部应由各该联保主任依照公务员交代条例移交新乡镇公所逐一点收清楚，并由各该新任乡镇长出具清结三份交由卸职联保主任抽存一份余二份，呈由该管区署分别核转县政府查核。

乙、非乡镇公所所在地或距离乡镇公所甚远之联保办公处，其经管房屋器材及公用物品应由各该联保主任依照公务员交代条例移交，各该联保办公处所在之保长办公处点收并由各该保保长出具清结二份，交由各该联保主任抽存一份，余一份，连同经管之公款公产文令簿册及武器等依照公务员交代条例移交所并乡镇之乡镇公所点收清楚，仍由各该新任乡镇长出具清结三份，交由各该卸任联保主任抽存一份余二份，呈由该管区署分别核转县政府查核。

---

① 荣县档案馆藏：《四川省、荣县政府关于县、区组织规程、行文办事规则、乡、镇改组的训令、名册》，001-02-449。

四、联保办公处结束时，其原有联保区划划归两个以上乡镇管粮时，应分别情形照左列方法办理交接。

甲、原有联保办公处经管房屋器材及公用物品应交由各该联保办公处所在地之新乡镇公所点收，原有联保办公处所在地无新乡镇公所者，应交由距离各该联保办公处最近之新乡镇公所点收。

乙、原有联保办公处经管公款公产文卷簿册及武器等物，确认为某保所有者，应交由各该保之直属乡镇公所点收，如不能确认为某保所有者，仍应交由各该联保办公处所在地或距离联保办公处最近之新乡镇公所点收。

丙、交接手续办理清楚后，应由接收之新任乡镇长出具清结三份，交由移交之卸任联保主任抽存一份，余二份，呈由该管区署分别核转县政府查核。

五、联保办公处结束后，其经办未完事务，应由各该接收之新乡镇公所延续办理。

六、联保办公处结束后，几与联保有关之诸子，如仓储保管委员会等应一律依照新制规定分别改组、废止或设置之。

七、联保办公处结束后，其原有联保主任书记及户籍员如合于法定资格者，得尽先以乡镇公所职员存记任用，但仍应依照四川省各县乡镇公所职员甄选任免暂行办法之规定参加甄选。

八、联保办公处应领经费以截至各该联保办公处结束之前一日为止。

九、联保办公处结束后，联保组织应即撤销，不得再以联保办公处名义对外，其原有联保图记应一律呈由该管区署转呈县政府截角销毁之。

十、各县联保办公处结束工作应自新乡镇公所成立之日起，十日内办理完毕，并由各该县政府汇案呈由该管行政督察专员公署转省政府查核。

十一、本办法自公布之日施行。

附件 3-5　四川省各县乡镇公所组织规程 ①

第一条　本规程依据县各级组织纲要之规定并参酌本省实际情形制定之。

第二条　本省各县乡镇公所之组织悉依本规程之规定办理。

第三条　现在公所直隶于县政府，承县政府之监督指挥，受该管区署之督导办理本乡镇各项行政及自治事务。

第四条　乡镇公所设乡镇长一人，综理本乡镇事务，并监督指挥所属机关团体及职员，设副乡镇长及名誉副乡镇长各一人襄助之。

第五条　乡镇长因故不能执行职务时，由副乡镇长代理之。

第六条　乡镇公所设置左列各职

一、民政股

二、警卫股

三、经济股

四、文化股

以上各股暂将民政股与警卫股合并为民政警卫股，经济股与文化股合并为经济文化股，又各该股合并时，其职掌亦同时合并。

第七条　各股设主任一人，承乡镇长之命办理各该股一切事宜，民政警卫股设民政干事及警卫干事各一人，经济文化股设经济干事及文化干事各一人，承股主任之命办理各该股主任主管事务。

第八条　乡镇公所设事务员一人，承命办理文书会计及庶务事宜，设助理干事二人，专办户籍。

第九条　乡镇长合于中心学校校长资格者兼任校长，其不合中心学校

---

① 荣县档案馆藏：《四川省、荣县政府关于县、区组织规程、行文办事规则、乡、镇改组的训令、名册》，001-02-449。

校长资格者由中心学校校长兼任副乡镇长。

第十条　乡镇长兼乡镇国民兵队队长

乡镇专设乡镇国民兵队队附兼乡镇公所警卫干事。

乡镇非专设乡镇国民兵队对附，由民政警卫股主任兼任。

第十一条　乡镇公所分为左列两种，其编制及经费标准表另定之

一、乡镇所辖之保在十五个以上，而公所所在地较为繁盛，县财政较为充裕者列为甲种乡镇。

二、乡镇所辖之保不及十五个，而公所所在地并不繁盛，县财政较为困难者，列为乙种乡镇。

前项乡镇等级及乡镇公所之人员与经费由各县县政府拟定，呈由该管行政督察专员公署转呈省政府核准施行，其人员及经费并得视各该县财政状况，就本规程规定范围内专案呈请增减之。

第十二条　乡镇财政应先从清理入手，依照县各级组织纲要第四十一条至四十四条之规定逐步实施在乡镇财政尚未确立以前，其经费应由县政府就县地方经费统筹支给列入县地方概算，呈由该管行政督察专员公署转呈省政府核定之。

第十三条　乡镇公所与乡镇中心学校及乡镇国民兵队部以同在一处办公为原则。

第十四条　乡镇公所图记由县政府依照规定制发取具图模汇案呈报省政府备查，图记式另定之。

第十五条　乡镇公所设乡镇务会议，其规则另定之。

第十六条　乡镇得依照规定设置各种委员会，其章程另定之。

第十七条　乡镇公所办事通则另定之。

第十八条　本规程自公布之日施行。

附件3-6　荣县乡镇长候选人候选暂行办法 [①]

一、乡镇长候选人由各保保民大会选举之。

二、每保选举候选人二名，以得票最多数者为当选，但以保内居民并合于一种公职候选人之资格者为限（已撤职或免职乡镇长不得为乡镇长候选人）。

三、所有乡镇长候选人选票由县府统筹制发，交乡镇民代表会按各保户数发给使用。

四、各保选举乡镇长候选人，以保长为召集人，该保乡民代表为监选人。

五、各保选举开票完竣后，即将选票封存签章，至迟于此日送交乡镇民代表会负责保管，俟县政府所派乡镇长监送人到达时，再会同乡镇民代表会当场检查，以杜流弊。

六、乡镇长候选人确定后，由县政府所派监选人将每保候选人姓名列单宣布，即由各乡镇民代表就候选人中选举乡镇长。

七、每保选举时，如因事实需要，得以国民学校校长或教员为选票代书人。

八、乡镇长选举时，及选票后所有应备手续仍依照乡镇自治人员选举规则办理之。

---

① 荣县档案馆藏：《四川省政府、荣县政府关于乡镇选举、职权划分、经费预算的训令、呈、记录、选票表》，001-03-198。

附件 4-1 四川各县三十年度乡镇保甲户籍
经费预算审核标准 [①]

一、各乡镇公所经费：应依照四川省各县乡镇公所编制及经费标准表之规定，及整编保甲清查户口澈底调查确定后之乡镇数目拟列，如乡镇数目尚未确定，或所划乡镇辖保过于悬殊，或故意扩大乡镇范围，致违规定之县，应按各该县旧有联保保甲户口数目代为估列，再令各县就估列范围内自行调整，甲种乡镇公所，月支二百二十八元，年支二千七百三十六元，乙种乡镇公所，月支一百八十二元，年支二千一百八十四元，其多列者照列，少列者代为补列。

二、各保办公处经费：应依照四川省各县保办公处编制及经费标准表之规定，及澈底整编确定后之保数拟列，如保数尚未确定，或故意扩大保之范围，减少保之单位，致违规定之县，应按各该县原有保甲户口数代为估列，再令各县就估列范围内自行调整，（保办公处月支十三元至三十二元，年支一百五十六元至三百八十四元）。

三、保甲临时费：包括整编保甲费，乡镇保甲人员奖恤费，保甲杂支费等，应查照二十九年所列数目及三十年度实际需要数拟列，（大概照各县原报数核准为原则。）

四、乡镇公所职员调训旅费，包括乡镇长副及各股主任干事等，如二十九年已调训完毕者不列，已训练一部分者应减列。

五、保长副训练费：应依照四川省各县地方行政干部训练所组织规程，及训练实施办法之规定，并查酌地方财力暨实际需要拟列，如二十九年已训练完毕者不列，已训练一部分者应减列。

六、甲长训练费：各县应按照甲长人数及实际需要，酌为拟列。

---

① 《四川省政府公报》第 217 期。

七、乡镇公所设备费：应依照四川省各县乡镇公所设备标准之规定，并查酌地方财力及实际需要，酌为拟列，每乡镇公所以伍佰元为标准，其多列者准予照列，少列或漏列者代为补列。

八、保办公处设备费：应依照四川省各县保办公处设备标准之规定，并查酌地方财力及实际需要，酌为拟列，每保办公处以三百元为标准，其多列者准予照列，少列或漏列者代为补列。

九、乡镇公所修建费：应按照乡镇公所数目，及实际需要，酌为拟列，漏列者代为补列。

十、县政府户籍室开办费：每县以五百元为标准，多列者准予照列，少列或漏列者代为补列。

十一、县政府户籍室增设人员薪给：查照四川省各县设置户籍行政人员办法第四条之规定审核（科员一人，事务员一人或二人，其等级按各县所列者予以核准）。

十二、户口普查费：按照每户五角之标准拟列，如在五角范围以内，照原报预算数核准，漏列者应酌为补列。

十三、户籍及人事登记表册费：按照每户五角之标准拟列，如在五角范围以内，照原报预算数核准，漏列者应酌为补列。

十四、乡镇公所专设民政干事薪给：乡镇公所，有于原有专设户籍干事外，设置专任民政干事者，甲种乡镇公所专设民政干事，月支二十四元，乙种乡镇公所，专设民政干事，月支二十元。

十五、乡镇公所增设户籍助理干事薪给：查照四川省各县设置户籍行政人员办法第五条之规定审核，甲种乡镇助理干事月支十二元，乙种乡镇助理干事月支十元，但自行提高待遇者，一律准予照列。

附件 4-2　四川省各县保长训练大纲 [①]

第一条　四川省政府为增进各县保长办事能力起见，特制定本大纲责成各县调集全县保长实施政治军事训练，俾能澈底推行政令，以加速行政效率。

第二条　关于各县保长训练事项，由省政府派遣政治军事指导员，会同各县县政府负责办理，以县长为训练班班长，区长副之。

第三条　各县保长训练期间定为两星期，以一次调集训练完竣为原则，但县境辽阔，保长较多，或有其他特殊情形之县，得酌量分区次第训练完毕。

第四条　各县保长训练科目如左：

甲　政治科目

（一）保甲法令摘要

（二）民众组织与训练

（三）义务征工

（四）筑路

（五）农村合作社条例摘要

（六）禁烟法令摘要

（七）新运纲要

（八）公民常识

（九）精神讲话

乙　军事科目

（一）制式教练

---

①　荣县档案馆藏：《四川省政府、第二区行政公署、荣县政府等关于保甲人员训练的指令、纲要、规则、名册、计算书》，001-02-091。

（二）野外勤务摘要

（三）射击教范摘要

（四）夜间演习

（五）陆军礼节摘要

（六）剿匪须知

（七）碉堡

第五条　前条所列训练科目，由政治军事指导员及各县县长科长区长分别担任，但不另支给薪津。

第六条　各县调训之保长须具有左列各项资格。

（一）年龄在二十岁以上，五十岁以下者。

（二）识字明理身心健强者。

（三）有相当家产及乡望者。

（四）思想村政而素无劣点败行者。

第七条　凡未具有前条各项资格之保长，不得调训，应在各保内，另选合格人员，受训后接替保长职务。

第八条　各县保长在受训期内之伙食费，及办理训练所需公费，应于保甲内搏节开支，保甲经费不足，得在县预备费内拨用，如县预备费不足时，保长伙食应归自备，不得摊筹。

第九条　各县办理保长训练完竣后，须将办理情形及费用数目详报省政府督核。

第十条　本大纲如有未尽事宜，由省政府以命令修正之。

第十一条　本大纲由省政府通令施行。

附件 5-1 济生会章程 [①]

济生会序

今之天下，乃三民主义唯一不二之天下也。三民之中，首重民生，民既得生，初教德育以重七端。次明种族，而敦八目，自然人才出而天下平矣。近来连年干旱，中日战争，兼之兵役流离，百物昂贵，以致弱小贫妇，难以谋生。于是溺女打胎，慈变为忍，抑或抛弃道路，骨月离分，呜呼惨矣。一胎一女可成万物之灵，不谙忽生忽灭竟作含冤之鬼。稍有仁心，谁不痛恨。若不设法拯救，虽有民生之名，亦难博施济众。然则婴孩受屈而死，人才何由而多，天下又至何时而见太平之象乎。自来堂堂中国，民为邦本，本固邦宁，又曰人才之盛衰，系邦家之治忽。追想清末时代，列强蚕食鲸吞，当其时若无孙总理以及各烈士挣扎于前，蒋委员长领导各级机关继起于后，而汉族与疆域，皆无余矣，据此，益信人才出而天下平之不谬也。然则，民遂其生，既遂其生，又不可不育其德以养其才也。欲养其靡有孑遗，无一不遂其生而后可，果能如斯，天道福善见太平之象矣，何有旱既太甚兵连莫解之患乎吁愚耳。何敢妄谈治乱，不过愿补政教之不及，故同人集议，捐以济生死之关头，而免无辜之夭折。不但可以同结且实多国民一份。况善恶之报如影随形，故曰作善降作不善降之百殃。试看川东荣昌县，烧酒房一带，原系贫无，收百石之租者。前清光绪末年，适有庠生李君，名铭三，开办育婴会以济贫妇而救婴孩。不数年，贫转为富而收百百石租者勃然叠起。可知，天有好生之德，报施于人殆亦显矣。同人拟

---

① 荣县档案馆藏：《四川省政府、第二区行政公署、荣县政府等关于难民救济、禁毒、募捐、宗教哥老会清查、监视、已送、军纪整顿的训令、指令、函》，001-02-411。

欲倡仿消愆，抑或战争息而国泰民安，干旱消而雨旸时若，庶乎贫妇从此有赖，不致抛男溺女，婴孩籍遂其生养成国器完人。立见人才渐多转弱为强，共乐。雍熙同登盛世，然则人遂其生，国赖其治，是即祸福无门惟人自召之明证也。愚是以倡约同人，皆愿自行乐捐，设一当铺，名曰济生当。盖本当之意义，取其贫无法设，不过暂当以救燃眉，并非籍当为名，暗中垄断，只可当极贫价少之物，薄取微息以救贫妇产育之赀，必使当物者有鮒涸之苏，临盆者无诞宪之患，自然人才多而国家治，天心顺而时序调，是一举而数得也，至于请示办法，所有一切条规，暂革于后，惟冀□勉同心向善，感动皇天，从此敌减旱消，老少安堵，是同人之祝祷也，故不顾不文，略表俗语于篇首，若要办法求精，尚待诸君讨论云□。

中华民国二十九年岁次庚辰五月二十七日朱鑑明撰

第一章　宗旨及名称

第一节　宗旨

本会原系不忍见死不救，以免打胎溺女而济生活，培养德教，以望国器而多人才，振兴汉族，预抗敌寇为宗旨，窃揣清末以来，盖已三十余年矣，其间战事，殆无宁息，总之，莫如倭寇为甚，始而侵占关东，继又割据河北，近且节节逼近江河腹地，因此军民公愤，团结反攻，所以连年抗战，兵役流离，又因干旱叠起，贫妇无家，于是迫于衣食艰难，以致打胎者有之，溺女者有之，将婴儿抛弃于道路者亦有之，故同人目不忍视，自愿乐捐，永不挪回或作别用，将此款开当取息，以作月妇婴儿之费，而塞打胎溺女之源，上遵国府民生主义以济其生，下增人口培养德育而广其才，将来集众抗敌，扫雪国耻，并且积善消愆，永无干旱，从此风调雨顺，国泰民安，本会之所以由起也。

第二节　名称

本会遵民生主义，以补政教之不及，凡有贫产难育者，不论月妇婴儿皆可得领当物之息金，以延生活，应名其会曰济生会。

第三节　戳记请示

本会刊成木质条戳一颗，文曰，荣县济生会，当铺记，以昭信用。外刻木质方章一颗，文曰，荣县济生会，当铺印，呈请荣县县政府立案，批示指令祗遵，从当物开幕之日实行。

第四节　会员姓名及乐捐

姓名、性别、祖籍、现住省名、县名、乡名、保数、甲数、地名、职业、乐捐、缴款日期。

第二章　组织

第一节　办法条规

第一条　由荣县县政府批准后，即函知全体同人开第一次茶花社会，当众算明，本会共计捐有基金若干圆，票选股实二人，一，任济生会主任，一，任济生会兼理，同管本会基金，开设当铺，取息济生之责，同人列列签押，协呈荣县县政府核准，正式承充接办，应尽义务，并无薪水，倘有欺吞，主任兼理，同负赔偿之责，但开会时，务照会内人数过半似场，方为有效。

第二条　主管与兼理，既有赔偿责任，应由主任与兼理，聘请管事一人，专管当物及监察进出数目，另聘会计一人，专司账簿文件。

第三条　管事与会计，均要请保负责，由主任兼理许可后，每年有议定薪赀多寡，开会时，当众宣布，批簿为据，其火食出包，以便每月报销，至于当铺房租，亦宜预定。

第四条　本会成立以后，不论何省何县人民，如自愿参加乐捐者，即由入会之年，仍照第一章第四节方式，填列本会流年册簿上。

第五条　主任与兼理，限定一年一换，永不改移以杜流弊，由主任前一月函知同人等，每年二月初六日，开常年会一次，以便春景融合，老少欣赏，自无吝步之虞，临期当场票选二人以充，主任兼理之缺席，纵要留充前任，亦宜开会或留充，或另选由票定之，票定以后经众盖章呈请荣县县政府核准，方为有效，但不准会外任何军政机关，滥充本会主任及兼理之关，至于更换另选之日，照本会册内一名一人，从俭招待一餐，外无他费。

第六条　凡属自愿乐捐者，呈请荣县政府批准后，其款永不准扯回，以及挪作别用，开设本当内所有会金头息，均请县政府出示保护，无论军政营业，概不抽息纳税，亦不得估借估拨，勒提此款。

第三章　当物济生

第一节　当铺

第七条　本当开设原为济急扶危起见，当价至多不得超过叁拾圆，稍有设法之家，断不当此贱价之物，倘有来铺估当，籍事生非，呈请县府制止。

第八条　本铺当物，量时估价，自承当之日起，至赎取之日止，以六个月对期为限，每月取息贰分，如过期未取，即将当物另卖，因六个月，四季已占其二，贫户全年之山粮，已收其半可以变卖而取其物也。

第九条　本会逢双日，当期每日由会计记一出入总数，每月底又记一总数，复由主任同兼理人，澈查核算，请示报销。

第二节　施济

第十条　凡在荣县编入保甲册内极贫之孕妇，自临盆之日起，至四十日止，准经当地保甲，具领盖戳，持交本当主任，量款拨给。如有业可抵，抑或有钱放借，并非极贫而图财妄领者，查确，报请政府处，以该保甲同负赔偿之责。若极贫所产之婴儿满了三月，亦由当地保甲盖戳具领，产母同婴儿，务到本铺，将婴儿乳名注册，填给生庚年月日时，照像（相）二张，亦照生庚年月日时箕斗，写于像片上，以一张存本铺，以一张发给婴儿之母，依像领款，以杜诈取之弊，体变另照，以便考察发展如何。一岁至三岁，每月十五日，发给婴儿扶养之费，量款支给三岁满后，即行停止，其照像费由本会支给。

第四章　培养正气因才指引

第一节　培养

第十一条　凡领济生会之婴儿，已满六岁时，即嘱其以七端八目之字音与意义，再教以国民公约之顺其儿童力量，而教以字母之多寡，务求字音明解为度，一年毕业，至次年，婴儿已经七岁，到了二趁开会票选主任与兼理的日期，即于是日来会比赛，分为甲乙丙三等，每等考列一二三名者，每名额奖量款支给，三名以后者，无奖，但比赛前十日内，各持像片，来会报到。

第二节　指导

第十二条　儿童至七岁比赛以后，即嘱其家长，教以体育舒其发展，量其儿童个性如何，指以相当之业而学之，盖极贫之家，智识尚浅，不知量性从师者，多误前途，故儿童比赛以后，由本会主任，顺其性情而指以相当之学校而学之。若家长另选职业者听便。凡儿童七岁以前，若有夭殇者，亦必来铺销册，注明死亡年月，发给抚恤，量款支给，若遇残废代请荣县县政府核夺。

综上济生会设当之宗旨及办法条例，缕呈荣县县政府核夺，是否有当，请予采择施行，指令祇遵。

荣县区乡保倡约发起人

荣县区乡保赞助经理人

荣县第三区余家乡第六保邲稿兼撰者朱鉴明

中华民国二十九年岁次庚辰五月三十一日稿竣

附件 5-2　四川省政府查灾放赈注意事项 ①

甲、关于查振方面者

（一）查振员须择头脑清晰、体力强壮、能耐劳苦而有救灾志愿者为宜。

（二）查振员须避本籍，最好能在邻县互相对调为宜，至低限亦必互易其所住之乡镇。

（三）查振员应择各镇乡赶集之期扩大宣传，1. 政府给振之意义，2. 灾民应遵守之秩序，3. 保甲之舞弊情形，4. 准灾民随时而报舞弊情事。

（四）放振非普通慈善性质，只须稍能生活及有力谋生者均不应给振。

（五）孤独残废普通皆为保甲所不重视甚多，未列入户籍应特别注意加入。

（六）查振员须约计道里大概规定时间，有特殊情形者，可临时通融，一面延时过久。

（七）灾民调查表式须力求简单，如愈详则愈迟，且保甲长中亦绝少智识高深者。（附式）

灾户姓名	年龄	大小口		灾等可用□号	住址	备考
		大口	小口			

（八）查振员亲询灾民时不能令保甲长等代为说话，以杜朦蔽。

乙、关于放振方面者

（一）凡所用布告应以最浅显之语体文字为宜，如能分条布告尤妙。

---

①　荣县档案馆藏：《四川省政府、报务会、荣县政府等关于振灾的训令、办法》，001-02-017。

（二）散放地点之选择及安全问题应由县区斟酌，全负全责。

（三）散放时应以最敏捷之方式，力求迅速为要，并应督饬各负责人员不可稍事偷闲。

（四）散放时间如遇灾民面述请求补振者，须细心详询，但除有特殊情形外，均不能徇情要求。

（五）振票于灾民领到赈款后，须饬捺手印收回，以资查考。

（六）孤独残废不能面来领款者，须由其邻近数户公推一人代领（保甲长不可代领），并当众宣布应共同负责，以后发生弊端须连坐。

（七）散放之前，应抽短时间召集灾民集团讲话，第一使知不能扣捐扣款及暂时索债等，第二使知办事人有公费不须保甲供给以杜不肖者藉派招待费。

（八）散放时须饬唱名人，令灾民口诵其全家大小口各若干，亦可借征其口数确实与否。

附件 5-3 四川省赈务会暂定二十六年赈灾办法 [①]

甲、平价

一、受灾县份由县府就赈分会召集机关法团及地方公正士绅，增推派若干人共同经理其事，事竣仍照原有组织办理。

二、由地方筹集劝募的款，或挪借地方不急公款，向外购运粮食办理平价，事毕归还原款（如有折耗得以劝募之款弥补）。

三、由县府出事劝谕殷实绅商将存储米粮，除家口足食外，悉数照平价办法陆续售出，不得违令储藏，至地方公有之米粮亦应照此办理，以资调节。

四、严禁奸商买空卖空操纵粮价及国债，居奇偷运高价等事，违者由该管署查明依法严办。

五、赈分会应会同县府遴派廉干人员分赴各乡调查，如有三四两项情事发生，即由县府查酌情形处理，勒令平价出售，派出之员亦不得从中包庇需索及纠众估借非法封仓等事。

六、每一家口购买米粮数量应视该县人口粮食之多寡平均定出，限度以防多买专卖之弊。

乙、平籴

一、照平价第一条办理受灾县份，由县府就赈分会召集机关法团及地方公正士绅增推派若干人共同经理其事，事竣仍照原有组织办理。

---

① 荣县档案馆藏：《四川省政府、振务会、荣县政府关于灾情调查、赈济、严禁米价飞腾的训令、调查表》，001-02-016。

二、本办法以救济购买力薄弱之贫民为主旨。

三、各乡应设平籴处所，由县府赈分会调查灾区面积及贫民多寡，而定每处由县府赈分会派廉干人员前往监督办理。

四、购买平籴之贫民责成甲长将该田花户门牌汇集呈缴该管区长督同联保主任严加审核后，分别填给三联购粮证，以为购粮之证据，并将存根一联汇报县府备查。

五、每人日购米粮若干，由县府及赈分会统计规定。

六、平籴价值由县府赈分会共同议定，总以平价低廉适合平民购买力为原则。

七、平籴所属款粮，除照平价二三两条办法办理外，其灾情特重者得由本会酌量补助之。

八、平籴事竣应由县府赈分会报销榜示，并汇报本会备核。

丙、工振

一、工振系为救济极贫灾民之无法谋生者而设。

二、由县府赈分会召集机关法团及地方绅士妥议举行，以有利该县农事之工程为原则（如凿塘筑堤修堰等事，如所作工程属于私人者应照省府规定田业主酌给口食），绅士中有熟习工程或能指导技术者聘为赈分会工振指导员协助办理之，如附近公路铁路地方有相当需要工作，应由赈分会尽量组织应征并加以指导（如运土木石料等）。

三、由县府赈分会勘定工程地点及应需工人数量计划工程大小，然后调集受赈灾民分配工作。

四、举办工程所需之赈款，应由本地设法筹募，如须动用本会旧存振款或新领振款者，须由县府赈分会将计划书报核批准后，始能动支，如动用其他地方公款，亦须先报主管机关核准，不得先支后报。

五、应受工振之灾民，应照平籴第四条规定手续，发给工振证于工作时凭证发赈务，须严防坐领及尅扣等事。

六、工作时每灾民应领之工振由县府赈分会议定公布之，至低数须能维持个人一人之生活，不得义务征工。

丁、急振

一、以上救济办法不能急行时，应先行急振一次（发钱或粮由该管县酌定之），但受灾之灾民限于极贫老弱妇孺无力谋生者，其他概不能发。

二、上项灾民应呈验保甲门牌，以凭填给振票督同当地保甲长验发（以十二岁以上为大口，以下为小口）。

三、每口发振数目由县府振分会统计分配填注于振票上并榜示通知。

四、每灾民领振时，应盖拇印于振票上，交由办理人收存报销。

附件 5-4　各县设立忠烈祠办法 ①

1. 援古昭忠忠义等祠之例，于各县文庙乡贤祠之旁设立之。

2. 就各县文庙乡贤祠之旁原有之昭忠忠义等祠或公共庙宇改建之如无上项地址，此由县政府设法另行建筑之。

3. 修改或建筑经费由地方政府设法筹措之，但不准有勒捐摊派情事。

4. 凡抵御外辱、北伐、剿赤、各战役，死亡官兵之原籍属于某县，此即于某县忠烈祠专祀之。

5. 祠中供奉牌位书明死亡官兵级职姓名。

6. 牌位入祠应由地方党政军商各界以及学校团体用军乐（无军乐地方，即鼓乐亦可）送入祠内其仪节，须极隆重。

7. 各部队应将某某战役官兵姓名造具清册，寄由各原籍县政府汇集办理一面由各该县政府按照请册自行调查。

8. 每年于七月九日（国民革命军北伐誓师纪念日）奉行公祭礼，县党政军学商各界均须参加，其礼仪须极隆重。

9. 各县忠烈祠应由该县政府随时修葺负责保护，以免损坏。

10. 各县政府设立忠烈祠务于本年六月底以前建筑齐全，以备七月九日公祭，并于落成公祭后十日以内，报由该省最高军事长官及该省政府在二十日内会呈本会备案。

11. 各县目前如无死难将士，应专案呈报先供关岳等古代名将神主。

---

① 荣县档案馆藏：《四川省政府、第二区行政公署、荣县政府等关于阵亡伤残军人抚恤、战役死难官兵入祠、建国纪念日、募捐的训令、办法、名册》，001-02-121。

附件 5-5　殉难忠烈官民祠祀及建立纪念坊碑办法大纲 [①]

廿九年九月廿日公布

第一条　抗敌殉难忠烈官民祠祀及建立建立纪念坊碑依本大纲行之。

第二条　抗敌殉难忠烈官兵有左列情事之一者，得入祀忠烈祠并得建立纪念碑或纪念坊。

　1. 身先士卒，冲锋陷阵者；

　2. 杀敌致果，建立殊勋者；

　3. 守土尽力，忠勇特著者；

　4. 临难不屈或临阵负伤不治者；

　5. 其他抗敌行为足资矜式者。

第三条　抗敌殉难忠烈人民有左列情事之一者，得入祀忠烈祠并得建立纪念碑。

　1. 侦获敌人重要情报者；

　2. 组织民众协助军队工作或执行军队命令者；

　3. 刺杀敌人或汉奸者；

　4. 破坏敌人重要交通线路者；

　5. 焚毁敌人仓库者；

　6. 破获敌伪间谍组织者；

　7. 被掳不屈者；

　8. 救护抗敌官民者；

　9. 组织民众实行国民公约者；

　10. 其他忠勇抗敌者。

第四条　凡合于前二条规定各款情事之一者，得由其事迹表著地、殉

---

① 荣县档案馆藏：《荣县第一区 1935 年第 338—350 保壮丁名册》，001-05-031。

难地或原籍地之公正人民或乡邻亲属填具详细事迹表,呈由各该县(市)政府调查属实后,呈请省政府转咨内政部分别核准入祀或建立纪念坊碑,抗敌殉难忠烈官兵应由其原属部队填具事迹表并造具清册,报由军政部转咨内政部核准事迹表及清册,格式由内政部定之。

第五条　各级地方政府应随时查访,遇有合于第二条、第三条规定各款情事之一者,应详具实事,比照前条规定办理。

第六条　忠烈祠设于省市(包括院辖市及省辖市),县政府所在地乡(镇)亦得设立之,纪念坊碑建立于事迹表着地、殉难地或原籍地。忠烈祠及纪念坊碑之建立经费由地方政府支出之。

第七条　国民政府于首都所在地建立忠烈祠,并得特准建立专祠专坊或专碑。首都忠烈祠及专祠、专坊、专碑之建立经费由国库支出之。

第八条　忠烈祠之入祀及纪念坊碑之建立由内政部核准时定之。忠烈事迹特着及建有特殊勋绩者,入祀首都忠烈祠并得同时入祀各省市县忠烈祠,入祀首都忠烈祠者,应由国民政府明令行之。保卫地方建有功绩者,入祀省忠烈祠并得同时入祀原籍市县忠烈祠。其他忠烈行为入祀原籍县市(院辖市或省辖市)忠烈祠。

第九条　忠烈祠应祀古代名将及革命先烈。

第十条　忠烈祠设立及保管办法另定之。

第十一条　本大纲自公布尔日施行。

附件 5-6　忠烈祠设立及保管办法 [①]

二十九年九月廿日公布

第一条　本办法依抗敌殉难忠烈官民祠祀及建立纪念坊碑办法大纲第十条之规定订定之。

第二条　国民政府所在地各省（市）政府及县（市）政府所在地均应设立忠烈祠一所，乡（镇）公所所在地如有公共寺庙亦得设立之。

第三条　设立忠烈祠得就公共祠庙改建，但应事先商请各该祠庙负责人之同意，并报内政部核准行之。

第四条　各地忠烈祠成立后，当地原有各类似忠烈祠之祠庙得由各该官署酌予归并，呈报内政部备案。

第五条　烈士牌位之式样尺度如左：

1.牌位一律蓝底金字，边绫花纹，上加额，下设座；

2.牌位中直书烈士姓名，有衔者具衔，左书年龄、籍贯，右书殉难事由；

3.牌位尺度以国定市用尺为标准，长二尺，横宽五寸，两边各宽一寸五分，额高二寸，座高三寸；

4.如烈士人数过多时，得分排书写，每牌十排，每排十名。

第六条　忠烈祠应征集下列物品，辟室陈列，以供瞻仰。

1.烈士遗像；

2.烈士遗物；

3.有关烈士之文献；

4.有关烈士之摄影。

---

① 荣县档案馆藏：《四川省政府、等二区行署、荣县政府等关于抗敌殉难忠烈官民祠祀及纪念碑的训令、办法、大纲、调查表》，001-05-351。

第七条　忠烈祠内或附近得斟酌情形，辟设花圃或公园。

第八条　各地忠烈祠应于每年七月七日，依公祭礼节举行公祭，首都忠烈祠由内政部部长主祭，省（市）忠烈祠由省政府主席或市长主祭，县（市）忠烈祠由县（市）长主祭，乡（镇）设忠烈祠者，由乡（镇）长主祭，当地各机关法团均须参加。

第九条　各地忠烈祠保管机关规定如左：

1.首都忠烈祠由内政部保管之；

2.省（市）忠烈祠由省政府民政厅或市社会局保管之；

3.县（市）忠烈祠由县（市）政府保管之；

4.特殊行政区（如威海卫管理公署及设治局等）忠烈祠由各该官署保管之；

5.乡镇设有忠烈祠者，由乡镇公所保管之。

第十条　忠烈祠之保管经费应列入预算。

第十一条　各地忠烈祠保管机关应于每年终将保管实况呈报上级政府转咨内政部备查，如有特殊情形并应项目具报，首都忠烈祠保管实况由内政部报由行政院转报国民政府备案。

第十二条　忠烈祠不得占用或处分。

第十三条　本办法自公布之日施行。

主要参考和征引文献

一、档案、方志、史料

基层档案史料：

四川省档案馆，四川省参议会，全宗号 049，案卷号 218。

四川省档案馆，四川省政府会计处，全宗号 044，案卷号 3625。

四川省档案馆，民政厅档案，全宗号 054，案卷号 5535。

四川省档案馆，民政厅档案，全宗号 054，案卷号 3263。

四川省档案馆，民政厅档案，全宗号 054，案卷号 5678。

四川省档案馆，民政厅档案，全宗号 054，案卷号 7948。

四川省档案馆，省社会处，全宗号 186，案卷号 3278。

荣县档案馆：《四川省政府、第二区行政公署、荣县政府关于合署办公、行文规定、征收讼费、县长到任程限的训令、规则》，001-01-030。

荣县档案馆：《四川省政府、第二区行署、荣县政府、各区区署关于呈报联保工作报表的训令、月报表》，001-01-056。

荣县档案馆：《四川省政府、第二区行政公署、荣县政府等关于处分县长、公务员奖惩、信鸽繁殖、监察、役政的训令、办法、规程、条例、表》，001-01-179。

荣县档案馆：《四川省第二区行政督察专员兼保安司令公署、荣县临时参议会关于县长黄希廉被控案的令、呈、函、回批》，001-01-288。

荣县档案馆：《四川省政府、振务会、荣县政府关于灾情调查、赈济、严禁米价飞腾的训令、调查表》，001-02-016。

荣县档案馆：《四川省政府、报务会、荣县政府等关于振灾的训令、办法》，001-02-017。

荣县档案馆：《四川省政府、第二区行政公署、荣县政府等关于编查保甲户口、保甲人员考核、编查支出的训令、办法、预算书》，001-02-027。

荣县档案馆：《四川省政府、第二区行政公署、荣县政府等关于壮丁编队、训练的训令、条例、进度表》，001-02-032。

荣县档案馆：《四川省第二区行政公署、荣县政府等关于壮丁训练的训令、办法、报告书》，001-02-033。

荣县档案馆：《四川省第二区行署、荣县政府、第四区等关于保甲经费征收、预算、公款房屋培修概算的训令、呈、表册》，001-02-060。

荣县档案馆：《四川省第二区行署、荣县政府、第二区等关于保甲壮丁队经费、征收、预算、保甲工作的训令、呈、表册》，001-02-061。

荣县档案馆：《四川省政府、第二区行政公署、荣县政府等关于保甲人员训练的指令、纲要、规则、名册、计算书》，001-02-091。

荣县档案馆：《四川省政府、第二区行政公署、荣县政府等关于成立慈善团体的训令、办法、函、职员表、调查表》，001-02-104。

荣县档案馆：《四川省政府、第二区行政公署、荣县政府等关于阵亡伤残军人抚恤、战役死难官兵入祠、建国纪念日、募捐的训令、办法、名册》，001-02-121。

荣县档案馆：《四川省政府、第二区行政公署、保安司令部、荣县政府关于募捐、纪念日、设立忠烈祠的训令、办法、函、清册》，001-02-122。

荣县档案馆：《荣县政府、第三区署、五宝镇公所关于保长委任、死亡逃匿、辞职、贪污、保甲划分、工作移交、邮政代理的训令、呈、名册》，001-02-173。

荣县档案馆：《荣县政府、各区区署关于水灾情形的训令、调查表、函》，001-02-187。

荣县档案馆：《荣县政府、第一区区署关于同心乡保甲长委任、辞职、撤查、户口异动、启印的训令、履历表、呈》，001-02-196。

荣县档案馆：《四川省政府、第二区行政公署、荣县政府关于公务员登记、任用、甄别审查、铨叙补救的指令、审查表、月报表》，001-02-201。

荣县档案馆：《四川省政府、川康绥靖公署、荣县政府等关于出征壮丁家属优待、慰问、阵亡抚恤、纠纷调解的指令、函、规程、细则、名册》，001-02-219。

荣县档案馆：《四川省政府、荣县政府、白庙乡公所等关于彻查保长贪污振谷、就职、工作移交的指令、呈》，001-02-222。

荣县档案馆：《四川省振务会、荣县政府、收容所等关于儿童教养、灾民资遣、保甲费收支、救济经费的训令、呈、名册、表》，001-02-231。

荣县档案馆：《荣县救济院工作概况的报告》，001-02-277。

荣县档案馆：《荣县政府、地方干训所、第二区等关于保甲长培训、经费拨付的训令、名册表》，001-02-313。

荣县档案馆：《荣县政府、龙沄、双古乡公所等关于换发出征、阵亡、壮丁家属优待、抚恤证的训令、呈、名册》，001-02-349。

荣县档案馆：《四川省政府、第二区行政公署、荣县政府等关于难民救济、禁毒、募捐、宗教哥老会清查、监视、已送、军纪整顿的训令、指令、函》，001-02-411。

荣县档案馆：《四川省政府、田赋管理处、荣县政府等关于田赋减免办法、查报灾情、散振户的训令、代电、名册》，001-02-426。

荣县档案馆：《四川省、荣县政府关于县、区组织规程、行文办事规则、乡、镇改组的训令、名册》，001-02-449。

荣县档案馆：《四川省政府、第二区行政公署、荣县政府关于办法新县制、组织纲要、办事规则的训令》，001-02-454。

荣县档案馆：《荣县政府关于发动富有绅商赈济贫苦实施办法的训令》，001-02-460。

荣县档案馆：《四川省政府、第二区行署、荣县政府关于示范乡镇调查、工作计划完成情况的训令、呈》，001-02-616。

荣县档案馆：《荣县政府民政科关于实施新县制摄影计划的大纲》，001-03-104。

荣县档案馆：《荣县五宝镇关于镇民代表会选举正、副镇长的会议记录》，001-03-107。

荣县档案馆：《考试院考选委员会、荣县政府关于各级干部考试的注意事项、规则、办法、表》，001-03-112。

荣县档案馆：《荣县度佳、正紫、来牟乡公所等关于选举正副乡镇长情况的呈、记录、表》，001-03-150。

荣县档案馆：《荣县富北、度佳、龙潭镇乡公所等关于保民大会、保务会议的记录》，001-03-157。

荣县档案馆：《荣县龙潭、度佳、鼎新乡等1945年保务会议记录》，001-03-158。

荣县档案馆：《荣县度佳、双石、富北乡1945年保务会议记录》，001-03-159。

荣县档案馆：《荣县白庙、高山、度佳乡等1945年保务会议记录》，001-03-162。

荣县档案馆：《荣县政府、团管区、望佳、墨林乡公所等关于壮丁征补、公物移交、禁烟、赈灾、职员考核、奖惩、待遇、工作询报的训令、呈、名册、表》，001-03-176。

荣县档案馆：《四川省政府、荣县政府关于乡镇选举、职权划分、经费预算的训令、呈、记录、选票表》，001-03-198。

荣县档案馆：《四川省地方行政干部训练团、荣县墨林、附东、附南乡公所等关于重要法规名目、乡保民会议的令、记录、清单》，001-03-231。

荣县档案馆：《荣县正紫、正江、龙潭乡公所等关于乡保民会议的记录》，001-03-233。

荣县档案馆：《荣县永兴、白庙、双石乡公所等关于乡保民会议的记录》，001-03-234。

荣县档案馆：《荣县白庙、于佳、富东乡公所等关于乡保民会议的记录》，001-03-235。

荣县档案馆：《荣县于佳、高山、正紫乡公所等关于乡保民会议的记录》，001-03-236。

荣县档案馆：《荣县观山乡公所 1945 年保民大会记录》，001-03-281。

荣县档案馆：《荣县政府、永兴、观山、长山镇乡公所等关于保甲长选举、撤、辞、免、委任的训令、呈、名册》，001-03-284。

荣县档案馆：《四川省政府、荣县政府、商业同业公会、古文乡公所等关于年度工作、灾情调查、自治人员奖惩、辞职、员工津贴、军烈属补助的训令、呈、名册、表》，001-03-314。

荣县档案馆：《四川省政府、统计处、民政厅、荣县政府等关于公务统计调查的训令、代电、呈、表册》，001-03-351。

荣县档案馆：《四川省政府、荣县政府、县地方法院、东佳、吕观、东兴等乡关于乡、保、甲长渎职、贪污公款等违法案的训令、函、呈》，001-03-357。

荣县档案馆：《四川省政府、荣县政府关于填报人民行使四权概况表的代电、呈、表》，001-03-434。

荣县档案馆：《四川省政府、第二区行署、荣县政府关于户政人员设置、户口清查、保甲整顿、户政工作的训令、条例法令、代电、表》，001-03-443。

荣县档案馆：《四川省政府关于乡镇划分、职员、保甲长考选、甄审、任免、行文、办事、文书处理、保办设备、经费标准、保务会的规则、章程、办法》，001-03-545。

荣县档案馆：《四川省第二行政督察区所属各县关于编查保甲户口实施的程序》，001-03-546。

荣县档案馆：《荣县救济院 1942 年工作汇报、检讨》，001-03-547。

荣县档案馆：《四川省政府、等二区行署、荣县政府等关于抗敌殉难忠烈官民祠祀及纪念碑的训令、办法、大纲、调查表》，001-05-351。

荣县档案馆：《四川省、荣县政府、征收局关于征收保安费、交纳粮款、税款的训令、函》，001-08-006。

其他史料：

《中华民国法规大全》，商务印书馆 1936 年版。

《四川省民政法规汇编》，四川省政府民政厅编印，1939 年。

中国第一历史档案馆编：《光绪宣统两朝上谕档》第 32 册，广西师范大学出版社 1996 年版。

《四川府州县志·荣县志》，第四册，共 17 册，故宫博物院编：《故宫珍本丛刊》，海南出版社 2001 年版。

四川省地方志编纂委员会：《四川省志·公安司法志》，四川人民出版社 1997年版。

中国人民政治协商会议四川省荣县委员会文史资料委员会编：《荣县文史资料选辑》，1995 年、1997 年。

陈开泗演讲：《县政建设之步骤与方针》，四川省新都实验县县政府印，1938 年。

《四川省政府民政厅联合在川各大学考察县政总报告》，1939 年，四川大学图书馆藏。

二、民国时期报纸、期刊、论著

报纸：

《川督奏请设立警务部要稿》，《新闻报》，微缩号 0039，1903 年 1 月 22 日。

《四川官报》乙巳年，奏议，第五册。

《四川总督岑制军奏设成都劝工局折》，载《申报》（73），1903 年 4 月 18 日。

《四川省第三区各县冬防期间调练壮丁加紧防务暂行办法》，载《四川月报》第 7 卷 6 期，1935 年 12 月。

《认清土豪劣绅》，载《新新新闻》1948 年 3 月 11 日。

金梁：《官制议》，载《大公报》1911 年 1 月 5 日。

《县长须知》，载《中华民国法规大全》，商务印书馆 1936 年版。

孔宪铿：《县长的人选》，载《中央日报》1928 年 10 月 9 日。

《施行县组织法的意义》，载中央日报副刊《大道》，《中央日报》1929 年 10 月 22 日。

章子鸿：《怎样做个好县长》，载《中央日报》1930 年 12 月 2 日。

《慎选县长——内部规定办法四项》，载《中央日报》1929 年 11 月 27 日。

平陵：《澄清吏治问题》，载《中央日报》1930 年 10 月 31 日。

《申报》年鉴，1933 年、1945 年。

期刊：

《四川省政府公报》、《地方自治》（成都）、《四川保安季刊》、《四川月报》、《四川农业月刊》、《新政月刊》、《县政》、《警务月刊》、《保甲半月刊》、《荣县县政月刊》、《荣县县政月刊》。

论著：

张翼鸿：《社会救济法实施成效之检讨》，《社会工作通讯》第 2 卷第 3 期，1945 年。

魏德良：《社会救济设施问题商榷》，《社会工作通讯》第 4 卷第 7 期，1947 年。

王佐相：《文官制度的检讨》，《社会科学月刊》，1939 年。

李景汉：《北平郊外之乡村家庭》，1929 年。

李景汉：《定县社会概况调查》，1933 年。

费孝通：《江村经济——中国农民的生活》，1936 年初版（商务印书馆 2001 年版）。

闻钧天：《中国保甲制度》，商务印书馆 1935 年版。

亢真化：《地方民意机关与基层政治》，国民图书出版社 1942 年版。

陈柏心：《中国县制改造》，国民图书出版社 1942 年版。

陈柏心：《中国地方制度及其改革》，广西建设研究会，1939 年。

徐德嶙：《地方自治之理论与实施》，上海法学编译社 1933 年版。

翟克：《中国农村问题之研究》，广州国立中山大学出版社 1933 年版。

言心哲：《中国乡村人口问题之分析》，商务印书馆 1935 年版。

董修甲编著：《中国地方自治问题》（1—5 册），商务印书馆 1936 年版。

程方：《中国县政概论》，商务印书馆 1940 年版。

高亨庸：《县政机构之改造》，正中书局 1941 年版。

粟显运：《新县制的实施》，国民图书出版社 1941 年版。

江士杰：《里甲制度考略》，商务印书馆 1944 年版。

李宗黄：《新县制之理论与实际》，中华书局 1945 年版。

李宗黄：《宪政与地方自治》，正中书局 1945 年版。

李宗黄：《县各级组织纲要要义》，正中书局 1945 年版。

李宗黄：《现行保甲制度》，中华书局 1945 年版。

李宗黄：《党政军工作要诀》，文化服务社 1945 年版。

李宗黄：《地方自治人员手册》，青年书店 1945 年版。

乐天：《公务员待遇史料》，载吉人等著：《中国政治内幕》，光明出版公司 1946 年版。

胡次威：《乡镇自治提要》，大东书局 1947 年版。

费孝通：《乡土中国》，上海观察社 1948 年版。

费孝通：《乡土重建》，上海观察社 1948 年版。

胡次威：《民国县制史》，大东书局 1948 年版。

张金鉴：《均权主义与地方制度》，正中书局 1948 年版。

社会部编印：《社会福利统计》，1945 年。

蔡天石编：《办理保甲须知》，四川省政府民政厅，1939 年。

三、论著

［英］吉登斯：《民族—国家与暴力》，胡宗泽、赵力涛译，生活·读书·新知三联出版社 1998 年版。

［英］吉登斯：《社会的建构》，载谢立中：《社会学名著提要》，江西人民出版社 1998 年版。

［美］费正清、刘广京编：《剑桥中国晚清史》上、下卷，中国社会科学出版社 1985 年版。

［美］费正清、［美］费维恺编：《剑桥中华民国史》上、下卷，中国社会科学出版社 1994 年版。

［美］黄宗智：《华北的小农经济与社会变迁》，中华书局 2000 年版。

［美］黄宗智：《长江三角洲小农家庭与乡村发展》，中华书局 1992 年版。

［美］孔飞力：《中华帝国晚期的叛乱及其敌人——1796—1864 年的军事化与

社会结构》，谢亮生等译，中国社会科学出版社 1990 年版。

[美] 施坚雅：《中国农村的市场和社会结构》，史建云、徐秀丽译，中国社会科学出版社 1987 年版。

[美] 费正清、赖肖尔：《中国：传统与变革》，陈仲丹等译，江苏人民出版社 1992 年版。

[美] 杜赞奇：《文化、权力与国家——1900—1942 年的华北农村》，王福明译，江苏人民出版社 1988 年版。

[美] 罗伯特·A.柯白：《四川军阀与国民政府》，殷钟崃、李惟健译，四川人民出版社 1985 年版。

[美] 柯文：《在中国发现历史——中国中心观在美国的兴起》，林同奇译，中华书局 1997 年版。

[美] 明恩溥：《中国乡村生活》，午晴、唐军译，时事出版社 1998 年版。

[法] 谢和耐：《中国社会史》，耿升译，江苏人民出版社 1997 年版。

[美] 牛铭实：《中国历代乡约》，中国社会出版社 2005 年版。

[韩] 河连燮：《制度分析：理论与争议》，李秀峰、柴宝勇译，中国人民大学出版社 2014 年版。

[美] 曾小萍：《自贡商人：近代早期中国的企业家》，董建中译，江苏人民出版社 2014 年版。

[美] 李怀印：《华北村治——晚清和民国时期的国家与乡村》，王士皓、岁有生译，中华书局 2008 年版。

《黄遵宪全集》，中华书局 2005 年版。

《孙中山全集》第 1 卷，中华书局 1981 年版。

《孙中山全集》第 5 卷，中华书局 1985 年版。

《孙中山全集》第 9 卷，中华书局 1986 年版。

严耕望：《中国政治制度史纲》，上海古籍出版社 2013 年版。

吕思勉：《中国制度史》，上海三联书店 2009 年版。

陈寅恪：《隋唐制度渊源略论稿》，生活·读书·新知三联书店 2001 年版。

钱端升：《民国政制史》，上海世纪出版集团 2008 年版。

余英时：《中国传统思想的现代诠释》，江苏人民出版社 1989 年版。

周开庆：《民国川事纪要》，（台北）四川文献研究社 1974 年版。

费孝通：《费孝通论小城镇建设》，北京群言出版社 2000 年版。

张仲礼：《中国绅士》，上海社会科学出版社 1991 年版。

梁治平：《习惯法、社会与国家》，载张静主编：《国家与社会》，浙江人民出版社 1998 年版。

周庆智：《县政治理：权威、资源、秩序》，中国社会科学出版社 2014 年版。

王先明主编：《乡村社会文化、权力结构的历史演变》，人民出版社 2002 年版。

王先明、常书红：《传统与现代的交错、纠葛与重构》，《近代中国的乡村社会》，上海古籍出版社 2005 年版。

章开沅、马敏、朱英主编：《中国近代史上的官绅商学》，湖北人民出版社 2000 年版。

王笛：《茶馆：成都的公共政治和微观世界 1900—1950》，社会科学文献出版社 2010 年版。

王笛：《街头文化：成都公共空间、下层民众与地方政治，1870—1930》，李德英、谢继华、邓丽译，中国人民大学出版社 2006 年版。

赵秀玲：《中国乡里制度》，社会科学文献出版社 1998 年版。

戴炎辉：《清代台湾之乡治》，台湾联经出版公司 1979 年版。

王铭铭：《村落视野中的文化与权力》，生活·读书·新知三联书店 1997 年版。

王沪宁：《当代中国村落家族文化——对中国社会现代化的一项探索》，上海人民出版社 1991 年版。

张厚安、白益华主编：《中国农村基层建制的历史演变》，四川人民出版社 1992 年版。

冉绵惠：《民国时期四川保甲制度与基层政治》，社会科学文献出版社 2010 年版。

王玉娟：《民国川省县长的铨选与考绩》，四川大学出版社 2014 年版。

张静如、卞杏英主编：《国民政府统治时期中国社会之变迁》，中国人民大学出版社 1993 年版。

何一民：《成都通史》卷七《民国时期》，四川人民出版社 2011 年版。

周振鹤：《中国地方行政制度史》，上海人民出版社 2005 年版。

柏桦：《明代州县政治体制研究》，中国社会科学出版社 2003 年版。

朱德新：《二十世纪三四十年代河南冀东保甲制度研究》，中国社会科学出版社 2008 年版。

刘志伟：《在国家与社会之间：明清广东地区里甲赋役制度与乡村社会》，中山大学出版社 2010 年版。

沈怀玉:《清末西洋地方自治思想的输入》,载台北"中研院"《近代史研究所集刊》1978 年第 8 期。

马小泉:《国家与社会——清末地方自治与宪政改革》,河南大学出版社 2001 年版。

刘子扬:《清代地方官制考》,紫禁城出版社 1994 年版。

刘伟:《晚清督抚政治——中央与地方关系研究》,湖北教育出版社 2003 年版。

桑兵等:《近代中国的知识与制度转型》,经济科学出版社 2013 年版。

故宫博物院明清档案部编:《清末筹备立宪档案史料》上册,中华书局 1979 年版。

张鸣:《乡村社会权力和文化结构的变迁(1903—1953)》,广西人民出版社 2001 年版。

李德芳:《民国乡村自治问题研究》,人民出版社 2001 年版。

吴毅:《村治变迁中的权威与秩序——20 世纪川东双村的表达》,中国社会科学出版社 2002 年版。

周积明、宋德金主编:《中国社会史论》上、下卷,湖北教育出版社 2000 年版。

王笛:《跨出封闭的世界——长江上游区域社会研究(1644—1911)》,中华书局 2001 年版。

谢振民编著:《中华民国立法史》下册,张知本校订,中国政法大学出版社 2000 年版。

蔡鸿源主编:《民国法规集成》第 1 册,黄山书社 1999 年版。

郑大华:《民国乡村建设运动》,社会科学文献出版社 2000 年版。

朱汉国主编:《中国社会通史》(民国卷),山西教育出版社 1996 年版。

陈达:《我国抗日战争时期市镇工人生活》,中国劳动出版社 1993 年版。

胡惠春:《民初的地方主义与联省自治》,中国社会科学出版社 2001 年版。

任爽、石庆环:《科举制度与公务员制度——中西官僚政治比较》,商务印书馆 2001 年版。

李孔怀:《中国古代政治与行政制度》,复旦大学出版社 1998 年版。

薛君度、刘志琴主编:《近代中国社会生活与观念变迁》,中国社会科学出版社 2001 年版。

邓正来:《国家与社会》,载张静主编:《国家与社会》,浙江人民出版社 1998 年版。

杨念群：《当代中国史研究中的市民社会》，载张静主编：《国家与社会》，浙江人民出版社 1998 年版。

朱宇：《中国乡域治理结构：回顾与前瞻》，黑龙江人民出版社 2006 年版。

周庆智：《县政治理：权威、资源、秩序》，中国社会科学出版社 2014 年版。

杨国安：《国家权力与民间秩序：多元视野下的明清两湖乡村社会史研究》，武汉大学出版社 2012 年版。

魏光奇：《官治与自治：20 世纪上半期的中国县制》，商务印书馆 2004 年版。

杨红运：《复而不兴：战前江苏省保甲制度研究（1927—1937）》，山西人民出版社 2013 年版。

谢庆奎、陈淑红等：《县政府管理》，中国广播电视出版社 1994 年版。

周晓虹：《传统与变迁——江浙农民的社会心理及其近代以来的嬗变》，生活·读书·新知三联书店 1998 年版。

刘石吉：《明清时代江南市镇研究》，中国社会科学出版社 1987 年版。

陈家骥主编：《中国农民的分化与流动》，农村读物出版社 1990 年版。

乔志强主编：《近代华北农村社会变迁》，人民出版社 1998 年版。

武岩、廖树芳、秦兴洪：《中国农民的变迁》，广东人民出版社 1999 年版。

侯建新：《农民、市场与社会变迁——冀中 11 村透视并与英国乡村比较》，社会科学文献出版社 2002 年版。

程幸超：《中国地方政府》，中华书局香港分局 1987 年版。

彭勃：《乡村治理：国家介入与体制选择》，中国社会出版社 2002 年版。

马敏：《官绅之间：社会巨变中的近代绅商》，华中师范大学出版社 2003 年版。

徐勇：《乡村治理与中国政治》，中国社会出版社 2003 年版。

邓正来：《市民社会理论的研究》，中国政法大学出版社 2002 年版。

张静：《基层政权——乡村制度诸问题》，浙江人民出版社 2000 年版。

徐勇：《中国农村村民自治》，华中师范大学出版社 1997 年版。

王铭铭：《村落视野中的文化与权力》，生活·读书·新知三联书店 1997 年版。

四、论文

曾宪义、马小红：《中国传统法的"一统性"与"多层次"之分析——兼论中国传统法研究中应慎重使用"民间法"一词》，《法学家》2004 年第 1 期。

王奇生：《民国时期县长的群体构成与人事嬗递——以 1927 年至 1949 年长江

流域省份为中心》，《历史研究》1999 年第 2 期。

王奇生：《党政关系：国民党党治在地方层级的运作（1927—1937）》，《中国社会科学》2001 年第 3 期。

王先明：《晚清士绅基层社会地位的历史变动》，《历史研究》1996 年第 1 期。

王先明：《县政建设运动与乡村社会变迁》，《史学月刊》2003 年第 4 期。

王先明、常书红：《晚清保甲制的历史演变与乡村权力结构——国家与社会在乡村社会控制中的关系变化》，《史学月刊》2000 年第 5 期。

朱德新：《乡村基层行政人员的实际职能：三四十年代冀东村落的透视》，《民国档案》1994 年第 4 期。

曹成建：《试论 20 世纪 40 年代四川新县制下的基层民意机构》，《四川师范大学学报》2001 年第 5 期。

张佩国：《近代山东的征税体制与村落权力结构》，《文史哲》2000 年第 2 期。

王兆刚：《论南京国民政府的县自治》，《安徽史学》2001 年第 2 期。

贺跃夫：《晚清县以下基层行政官署与乡村社会控制》，《中山大学学报（社科版）》1995 年第 4 期。

许纪霖：《近代中国政治变迁中的权力聚散》，《读书》1992 年第 7 期。

刘海燕：《30 年代国民政府推行县政建设原因探析》，《民国档案》2001 年第 1 期。

孙海泉：《清代中叶直隶地区乡村管理体制——兼论清代国家与基层社会的关系》，《中国社会科学》2003 年第 3 期。

黄小彤：《从军法到司法——20 世纪三四十年代国民政府贪污案审理权的转移》，《云南民族大学学报（哲学社会科学版）》2007 年第 2 期。

李怀印：《晚清及民国时期华北村庄中的乡地制——以河北获鹿县为例》，《历史研究》2001 年第 6 期。

张大伟：《略论民国时期福建救济经费管理的演变》，《福建论坛》2008 年第 6 期。

牛贯杰：《从"守望相助"到"吏治应以团练为先"》，《中国农史》2004 年第 1 期。

张德昌：《评〈张仲礼：中国的绅士；中国绅士的收入〉》，香港中文大学编：《中国文化研究所学报》第 1 卷，1968 年 9 月。

冉绵惠：《抗战时期"国统区"抓壮丁现象剖析》，《史林》2009 年第 4 期。

冉绵惠：《抗战时期的兵役制度——以四川为例》，《四川师范大学学报》2007

年第 9 期。

王笛：《晚清长江上游地区公共领域的发展》，《历史研究》1996 年第 1 期。

魏光奇：《北洋政府时期的县知事任用制度》，《河北学刊》2004 年第 3 期。

姬丽萍：《北京政府时期文官考试与任用制度评析》，《史学月刊》2005 年第 12 期。

邓亦武：《论袁世凯政府的文官制度》，《济南大学学报》2002 年第 1 期。

鲁卫东：《制度设计与实践的背离——北洋政府时期文官考试初探》，《安徽史学》2008 年第 1 期。

郑卫东：《"国家与社会"框架下的中国乡村研究综述》，《中国农村观察》2005 年第 2 期。

徐勇：《内核—边层：可控的放权式改革——对中国改革的政治学解读》，载徐勇：《乡村治理与中国政治》，中国社会出版社 2003 年版。

沈延生：《中国乡治的回顾与展望》，《战略与管理》2003 年第 1 期。

五、学位论文

强世功：《惩罚与法治——中国刑事实践的法社会学分析（1976—1982）》，北京大学博士学位论文，1999 年。

蔡勤禹：《国家、社会与弱势群体》，南京大学博士学位论文，2001 年。

王春英：《民国时期的县级行政权力与地方社会控制——以 1928—1949 年川康地区县政整改为例》，四川大学博士学位论文，2004 年。

黄小彤：《民国时期民控官的途径与控案处置——以川政统一后的四川基层政权为例》，四川大学博士学位论文，2007 年。

武艳敏：《民国时期社会救灾研究——以 1927—1937 年河南为中心的考察》，复旦大学博士学位论文，2006 年。

汪巧红：《民国时期湖北的新县制研究（1939—1949）》，华中师范大学博士学位论文，2007 年。

化贯军：《南京国民政府时期湖北省干部训练研究（1939—1949）》，华中师范大学博士学位论文，2012 年。

吴燕：《南京国民政府时期四川基层司法审判的现代转型》，四川大学博士学位论文，2007 年。

李振武：《督抚与清末预备立宪研究》，中山大学博士学位论文，2007 年。

邢巍巍：《南京国民政府时期县长职能研究（1928—1937)》，南开大学博士学位论文，2010 年。

曾绍东：《南京国民政府地方自治研究——以赣南（1939—1949）为中心的考察》，西南政法大学博士学位论文，2011 年。

刘永刚：《基层政治变迁中的权威、自主与制度——近百年云南宝秀镇为中心的表达》，中央民族大学博士学位论文，2010 年。

周学勤：《民国时期宁夏省地方行政制度研究（1929—1949)》，宁夏大学博士学位论文，2014 年。

房政：《中国现代国家的型构（1842—1953)》，复旦大学博士学位论文，2007 年。

后　记

　　本书的萌芽可以追溯至 2012 年秋天我的读博生涯开始，着手出版则自 2023 年 9 月我自德国博士后结束回国，正式将该书出版估计已到 2024 年秋天。可以说，这本书自萌芽到问世，跨越 12 年，恰好一个生肖的轮回。这 12 年的时间如一个初生的婴孩已长到小学毕业之岁。这期间伴随我发生了很多事，见证了自己、身边人甚至这个世界的变化。蒙文通先生曾说，"事不孤起，必有其邻"。这些年的遇见，让我深有所感。

　　自读博士开始，我学会将读书作为一种生活方式，开启了一段清淡但有意义的日子，让我感受到生命长度之外的厚度。也是自读博士开始，从接触基层地方档案起，到埋头川省市县档案馆中的查阅，我学会在"故纸堆"中"上穷碧落下黄泉，动手动脚找东西"。曾经一段时间，我沉浸在各种档案馆中翻看摘录影印本或电子化的档案，在过刊室里翻阅那些泛黄的期刊与著述，想象当年的场景与故事。也曾在各种档案馆中遇到多位埋首于历史档案中的"同路人"。多年后，曾经档案馆里偶遇的"查档之友"，有的竟成为同一战线上的"战友"，从北来蓉，安家立业、结婚生子。想来，这都是时空所赐。

　　从某种意义而言，本书所做的主要工作是对曾经过往历史和史料的整理和回顾。它缘起于荣县档案，但又不限于荣县档案，在微观层面展现出以荣县为代表的四川县域社会场景。清末民国时期四川地处内陆，基层档案未被战争完全毁损，相较他地而言保存较完整，基层县域档案时间跨度从清末民初直到新中国成立，涵盖整个南京国民政府与重庆国民政府时期。自"皇权不下县"到新县制的推行，县作为中国古代的初级政区，无论朝代更迭后的政权结构怎样变化，它始终作为基层社会的主要形式保留下来。以四川为样本展现出新县制在基层推行的实践过程，国家制度如何深入基层，对县及以下政权组织、公务人员、保甲与普通民众等的影响，基层制度的脉络如何逐渐清晰，制度变迁延续性背后的历史本源等问题的思考，都为我们进一步研究基层制度与治理问题提供了难得的历史资料与印记。

基层社会治理是现阶段我较为关注的问题之一，不仅因为其是学界的一个研究热点，还因为基层社会中总是带着那么一些吸引人的烟火气。与为帝王将相写传不同，偶然保存的笔墨也为这些土生土长的基层平凡人留下存在过的证明。这些为生计奔波的普通人也曾是历史的参与者与推动者，我们需要为他们留下些痕迹。在不变的空间范围里，时间维度虽然在变化，但空间的永恒能让时间去伪存真。

时光容易把人抛，红了樱桃，绿了芭蕉。又到了甲辰龙年的春日，重思这本书的诞生历程，把过去交给岁月去处理，把未来留给时间来证明。再次感叹时间的力量与空间的永恒。

樊英杰

2024 年 12 月